北京师范大学史学探索丛书

陈其泰史学萃编

再建丰碑：班固与《汉书》

◎陈其泰 著

华夏出版社

HUAXIA PUBLISHING HOUSE

图书在版编目（ＣＩＰ）数据

再建丰碑：班固与《汉书》 / 陈其泰著 . —— 北京：华夏出版社，2018.1
　　（陈其泰史学萃编）
　　ISBN 978-7-5080-9363-5

　　Ⅰ . ①再… Ⅱ . ①陈… Ⅲ . ①班固（32-92）－人物研究②《汉书》－研究Ⅳ . ① K825.8 ② K234.042

中国版本图书馆 CIP 数据核字 (2017) 第 288422 号

陈其泰史学萃编 · 再建丰碑：班固与《汉书》

著　　者　陈其泰
责任编辑　杜晓宇 董秀娟 王　敏
责任印制　汪　军 周　然

出版发行　华夏出版社
经　　销　新华书店
印　　装　三河市万龙印装有限公司
版　　次　2018 年 1 月北京第 1 版
　　　　　2018 年 1 月北京第 1 次印刷
开　　本　720×1030　1/16 开
印　　张　20
字　　数　273 千字
定　　价　60.00 元

华夏出版社　地址：北京市东直门外香河园北里 4 号　　邮编：100028
　　　　　　　网址：www.hxph.com.cn　电话：(010) 64663331 (转)
若发现本版图书有印装质量问题，请与我社营销中心联系调换。

　　陈其泰　广东丰顺人，1939 年出生。1963 年毕业于中山大学历史系。现为北京师范大学历史学院教授、博士生导师，山东大学兼职教授，全国哲学社会科学规划学科组成员，享受国务院政府特殊津贴专家。主要著作有：《陈其泰史学萃编》（九卷）、《中国史学史·近代卷》、《从文化视角研究史学》、《历史学新视野——展现民族文化非凡创造力》。主编《20 世纪中国历史考证学研究》及《中国马克思主义史学的理论成就》，分获北京市第九届、第十一届哲学社会科学优秀成果二等奖、一等奖。发表论文、文章约三百篇。

就读于中山大学 / 1960 年

与白寿彝先生合影 / 1985 年

出版缘起

在北京师范大学的百余年发展历程中，历史学科始终占有重要地位。经过几代人的不懈努力，今天的北师大历史学院业已成为史学研究的重要基地，是国家"211"和"985"工程重点建设单位，首批博士学位一级学科授予权单位。拥有国家重点学科、博士后流动站、教育部人文社会科学重点研究基地等一系列学术平台，综合实力居全国高校历史学科前列，被列入国家一流大学、一流学科建设行列，正在向世界一流学科迈进。在教学方面，历史学院的课程改革、教材编纂、教书育人，都取得了显著的成绩，曾荣获国家教学改革成果一等奖。在科学研究方面，同样取得了令人瞩目的成就，在出版了由白寿彝教授任总主编、被学术界誉为"20世纪中国史学的压轴之作"的多卷本《中国通史》后，一批底蕴深厚、质量高超的学术论著相继问世，如十卷本《中国文化发展史》、二十卷本《中国古代社会与政治研究丛书》、三卷本《清代理学史》、五卷本《历史文化认同与统一多民族国家的发展》、二十三卷本《陈垣全集》以及《历史视野下的中华民族精神》、《上博简〈诗论〉研究》等巨著，这些著作皆声誉卓著，在学界产生较大影响，得到同行普遍好评。

上述著作外，历史学院的教师们潜心学术，以探索精神攻关，又陆续完成了众多具有原创性的成果，在历史学各分支学科的研究上连创佳绩，始终处在学科前沿。为了集中展示历史学院的这些探索性成果，我们组织了这套"北京师范大学史学探索丛书"，希冀在促进北师大历史学科更好发展的同时，为学术界和全社会贡献一批真正立得住的学术力作。这些作品或为专题著作，或为论文结集，但内在的探索精神始终如一。

当然，作为探索丛书，不成熟乃至疏漏之处在所难免，还望学界同仁不吝赐教。

北京师范大学历史学院

北京师范大学史学理论与史学史研究中心

北京师范大学史学探索丛书编辑委员会

自　序

我于 1939 年农历十月十九日出生在粤东韩江边的一个小镇。我的外祖父是清末秀才，曾担任本地一所小学的校长，母亲于 20世纪 30 年代初在粤东著名的韩山师范学校就读，后来辍学出嫁到陈家，我舅舅是镇上中心小学的教师。我在少年时代经常随母亲到江对岸十几里地外的外祖父家，最有兴趣的一件事情，是读舅舅房间小楼上保存得很完整的《小朋友》《东方杂志》等书刊。我的父亲和叔叔也都上过中学，家里有一个小书橱，记得书架上摆有《辞源》，鲁迅、周作人、孙伏园的散文著作集，《三国演义》和中国地图、世界地图等书，因年龄小读不懂鲁迅的文章，而《三国演义》则很有吸引力，在家里曾经如饥似渴地读过。我母亲平日也常将她学习过的古诗和散文名篇给我背诵、讲解。因此，我从小就培养了阅读的兴趣，以后上初中、高中至大学，都喜欢在课余阅读文学作品和各种报章杂志，从中吸取知识和思想营养。

我的初中、高中阶段更有许多值得回忆的地方。1951 年，我考入家乡的球山中学。在我就读的三年中，担任校长、教导主任的都是教育界的精英，又恰好学校从汕头、潮州聘来一批有学识、有新的观念和作风、热爱教育事业的青年教师，课程开设齐全，采用新的"五分制"，老师认真改进教学方法，重视课堂上师生互动，提高教学效果，体育课也上得新颖、活泼，活动多样，总之整个学校呈现出蓬勃向上的景象。1954 年我考入丰顺中学读高中，学校设在县城，是县里的重点中学。这里不仅学校规模更大，环境更优美，更重要的是许多任课老师讲课都很精彩，每天引导我们在知识的海洋中畅游。县城离家乡山路一百里，我们这些来自球山中学的学生只有放寒假、暑假才回家，平时每个星期天上午都坐在教室里安静地做作业，或预习，下午则到操场锻炼身体，整理内务，生活过得很充实、愉快。在校也不是死读书，学校重视社会实践和参加生产，安排学生上山植树、挖水渠，参加附近乡村的生产劳动和抗旱，我虽然个子小，视力不好，但也能在烈日下蹬水车，蹬几个小时车水抗旱，干得劲头十足。从 1951 年上初中到 1957 年 9 月考入大学，这六年时间，正是新中国成立后国家蒸蒸日上、社会风气良好的时期，六年时间，我在老师指导下专心地读书，广泛地吸收知识，并且接触了一些社会实践。这是一段极其珍贵的岁月，使我以系统、坚实的各学科知识和奋发向上的社会理想武装了头脑，这对于我的人生道路和学术历程是极其重要的。在许多年之后，我的《史学与民族精神》出版，有一位作者在书评中说，"阅读本书能强烈地感受到著者论述诸多史家史著和文化传统时所怀有的昂扬、饱满的热情"。我以为这话讲出了书中的一个特点，而它恰恰是我在中学时代这一关键时期形成的世界观、价值观奠定的。

在中学阶段，我的文科、理科成绩都属优良，喜欢钻研数学、物理问题，记得高一《物理学》课本后面有约三百六十道总复习题，有的题很有难度，我利用假期大部分都做完了。当时对历史课兴趣一般，对地理却很有兴味，家中那两本《中国地图》《世界地图》是彩色大开本，虽是解放前出版的，却印制精美，又采用了一些很直观的显示方法，如"世界十大河流"，按比例并排地宛延画出每条河流从发源地流到海洋的示意图，依照当时测量的长度顺序为：密西西比河，尼罗河，亚马逊河，长江，多瑙河……并在地图边整齐地标出公里数，使读者一目了然，印象深刻难忘。我常常双手捧着"读"地图，一遍遍阅读、记忆图中城市、铁路、地形、河流、山脉、海岸线、港口、湖泊、名胜、沙漠、国界、省界、洲界等等，读得津津有味，许多知识历久而不忘。到了高中二年级时，我面临着高考选择什么志愿的问题。记得是和同学散步时一起议论，问到我报考什么时，我脱口而出："我当然报理工科。"立即有一位同学表示十分惊异，说："你怎么不报文科？你如果报理工科，考上名牌大学不一定有把握，如果报文科，就准能考上。"同学的话引起我的一番思索，我倒并不同样认为考文科定能考上最好的学校，而是考虑到自己先天性近视，报考理工科有许多限制；那就报文科吧！就这样，也没有请教过老师或其他长辈，报考文科的事情便这样决定了。到高三临近填报高考志愿时，班主任何方老师找我谈话，他是优秀数学老师，表示为我未报考理工科感到遗憾，建议我在志愿表中加填哲学系，说如学哲学，数理知识能有用处。事后多年回想起来，虽然我后来走上学习历史学科的道路，未能直接用上数、理学科知识，但是，在老师教育下长期下功夫学习数学、物理、化学、生物学等学科知识，长期地训练逻辑思维与严谨、严肃的治学态度和方法，对于以后在历史学领域的发展，仍然是十分重要的。

1957 年高考，我幸运地考上中山大学历史系。这一年正赶上大学招生的"低谷"，因为上一年，全国"向科学进军"，大学扩大招生，到这一年就赶上调整压缩，全国只招生 10.7 万人，录取率为 40%。丰顺中学由于师生奋发努力，成绩良好，录取率超过 60%，且有不少学生考上全国著名大学，我的母校因而一下子在粤东出了名。考上中山大学，当然是我学习的新起点。踏进美丽的康乐园，见到一座座古典式建筑的教学楼，藏书丰富的图书馆，宽敞的操场……这里一切都是那么新鲜！特别是，历史学系拥有一批全国著名的教授，陈寅恪、岑仲勉、刘节、梁方仲、戴裔煊、董家遵、金应熙，还有当时比较年轻的李锦全、蔡鸿生等先生，他们有的亲自为我们授课，有的虽未授课却能读到他们的著作或耳闻师生对其为人为学的讲述，让青年学子感受到他们的学术风范。我就在这样优越的环境中认真读书，吮吸着智慧的甘露。

在中大，对我影响最大的是著名史学家刘节教授。他于1928年毕业于清华大学国学研究院，师从梁启超、王国维、陈寅恪先生研习古代史。曾任国立北平图书馆金石部主任，自1946年起长期在中山大学任教授（1950至1954年兼任系主任）。他于1927年撰成的《洪范疏证》是学术界首次对《尚书·洪范》篇撰成年代进行系统、严密考证的名文，梁启超曾称赞文中提出的见解"皆经科学方法研究之结果，可谓空前一大发明"。其后撰著的《好大王碑考释》《管子中所见之宋钘一派学说》均受到学界的重视。新中国成立后，刘先生曾撰有《西周社会性质》等多篇文章，主张西周已进入封建社会，并论述由低级奴隶社会向封建制度的过渡、社会发展的不平衡性与一贯性等带规律性问题。他多年开设史料学和史学史课程，著有《中国史学史稿》，对于历代修史制度、史籍之宏富多样和著名史家的成就均有详实的论述，见解独到，尤其重视历史哲学的发展，是中国史学史学科重要代表作之一，著名史学家白寿彝先生称誉该书和金毓黻先生所著《中国史学史》"同为必传之作"。我在校即听了刘节先生开设的"历史文选"课程，对他渊博的学识和认真教学的态度深感敬佩。后来先生为研究生讲授《左传》，也让我去听讲。1963年初，全国第一次统一招考研究生，我即选择了刘先生的"中国史学史"为报考志愿。大约至5月初，正值等待录取消息的时刻，有一次恰好在路上遇到刘先生，那时他是校务委员会委员，高兴地对我说：你已被录取，校务委员会已经讨论批准，报教育部备案，你可准备下学期初开学要用的书籍。当时我们都绝未料到，一场批判刘节先生的风暴即将刮起，后来发生的一切就都完全事与愿违。虽然自毕业离校后我再无机会见到刘节先生，但我今日从事的专业，渊源则始自大学时代受业于先生，师恩难忘。

1963 年 7 月由中山大学毕业，我被分配到河南省工作，一直担任高中语文教师，至 1978 年。虽然在基层工作与科研机构差别很大，但我认真从事，十五年下来，自觉在对中国优良文化传统的认识，对古今名著名篇的钻研阐释，对语言文字的精心推敲运用等项，都有颇为深刻的体会，实也为此后学术研究之一助。粉碎"四人帮"之后，我国历史进入新时期，1978 年全国恢复统一招考研究生，我有幸考取了白寿彝教授指导的"中国史学史专业"研究生，真正实现了大学时代从事本专业的梦想。

这时，正值全国拨乱反正、解放思想的年代，举国上下意气昂扬、千帆竞发，彻底批判极左路线、砸烂思想枷锁，呼唤科学的春天、重视知识重视人才，成为不可阻挡的时代洪流。我深深庆幸自己赶上了这个伟大的时代，庆幸投到名师门下受业深造。白寿彝先生在多个学科领域均深有造诣，他又担任全国人大常委、中国史学会主席团成员、中国社会科学院历史民族宗教三个研究所学术委员等多项职务，而他的主要精力则放在学术工作上，尤其专注于主编多卷本《中国通史》和推动中国史学史学科建设。其时先生已届七旬，但他不知老之将至，相反地是迎来他学术上最辉煌的时期，许多重要著作，正是在他人生道路最后二十年中完成的。他热爱伟大祖国的历史文化，同时他坚信以与时俱进、不断发展的马克思主义来指导学术研究和各项工作。"在唯物史观指导下从事新的理论创造"这句掷地有声的话，精当地概括了白寿彝先生的学术宗旨。他真正做到了把认识和总结客观的历史、体现当今的时代要求、关心国家和民族的未来三者有机地统一起来。他几十年的著述，则是把坚持正确的理论方向、丰富详实可靠的史料、恰当优美、雅俗共赏的表现形式三者有机地统一起来。

白先生担任总主编、汇集国内众多学者共同完成的多卷本《中国通史》（共十二卷，二十二巨册，总字数约一千四百万字），于1999年由上海人民出版社全部出版，被学术界誉为"20世纪中国史学压轴之作"。白先生又是中国史学史学科的重要奠基者和开拓者。他在这一领域辛勤耕耘达半个多世纪，出版有一系列重要著作，如：《史记新论》、《史学史教本初稿（上册）》、《历史教育与史学遗产》、《中国史学史论集》、《白寿彝史学论集》、《中国史学史》（第一册），并主编了《史学概论》、《中国史学史教本》、多卷本《中国史学史》等。他提出了许多精辟的论点和推进学科建设的构想，如，于50年代提出史学史研究要摆脱书目解题式格局，至80年代初进而提出要突破学术专史的局限，要总结史学如何反映了时代的特点和成功史书撰成之后又如何推动时代前进；论述研究史学史应区分精华与糟粕，传统史学是一笔宝贵遗产，应当根据时代的需要，大力继承和发扬；对于史著或一个时期的史学成就，应从历史思想、史料学、历史编纂学和历史文学四个方面来分析评价。又如，论述古代史家提出的问题可以作为今人观察历史与社会的思想资料；论述不应以凝固不变或互相孤立的观点看待古代几种主要史书体裁，而应看到其发展和互相联系，要从传统史学提出的改革历史编纂的主张获得启示，并设想以"新综合体"来撰写通史或断代史。事实证明，白先生提出的这些重要观点和命题，对于推进史学史研究均有指导性意义。先生领我走进学术殿堂，我研究生毕业后，即留在北京师范大学历史学院任教，前后跟随先生达二十一年，时时聆听教诲，使我受益终生。

我在研究生阶段除完成学位论文《论魏源的爱国主义史学著述》外，还撰写有《司马迁经济思想的进步性》《龚自珍的社会历史观》《史书体裁应有创新》《中国古代史学史分期问题》的论文。以后在教学与科研工作中，逐步确立了以先秦两汉史学，清代及近代学术史，20世纪中国史学等作为研究的重点。我念研究生时已三十九岁，深感时间珍贵，时不我待，因而认真读书、写作。先后出版的著作有十一种，主编的著作二种，另有合著三种。进入80年代以后，学术界出现前所未有的思想活跃局面，一方面是大胆破除旧的思想束缚，勇于探索和创新，另一方面，又出现不同观点的交锋和碰撞。我认为，置身于这样的环境实属难得，使我能够从多方面吸收思想营养，也启发我思考：在各种主张纷至沓来的时候，应当坚持正确观点，大力弘扬先辈们的优秀学术遗产，同时要防止和克服消极的倾向。只有这样，经过大家努力，才能不断创造学术发展的大好局面。在科研和教学工作中，我坚持两项基本指导思想。第一，史学史研究应当以发掘、阐释优良遗产为主；对于传统学术的精华，要根据时代需要加以改造和大力弘扬。第二，要充分占有材料，遵循"实事求是"的原则，严谨治学。既重视材料的发掘，又要重视理论的分析。"充分占有材料"应当包含三层意思，一是研究问题务必尽可能完备地搜集材料，通过发现新材料提出新见解，二是对材料要深入分析，去伪存真，去粗取精，三是尤应重视典型材料的价值，提供有力的论证依据。创新不是故意标新立异，不是为了取得轰动效应。尊重前人的成果，以之作为出发点，根据自己发掘的新材料，认真地进行广泛联系、上下贯通、客观辩证的分析，从而得出证据确凿、经得起时间考验的新见解，这才是学术创新的大道。

为了推进学术研究和中国史学史学科建设，我们应当着力探讨中国史学演进中带有关键性的问题，要努力总结和阐释那些显示出中国史学的民族特色，彰显民族文化伟大创造力，具有当代价值，具有中西融通学理意义的内容、思想、命题、方法，以展示传统史学和近现代史学的成就和独具魅力，促进中国学术向世界的传播。这是中国学人的时代责任。围绕这些问题，遵循这一思路，我鼓励自己深入探索，并力求作出新概括、新表述。举例来说，有以下八项。

（一）从文化视角研究史学

中国古代史学高度发达，但以往对史家、史著的研究，却容易局限于单科性的局部范围之内。因此，应当跳出这种局限，转换角度，"从文化视角研究史学"。即是说：认识历史学的发展与文化学和其他学科有多向性的联系，它跟一个时代的文化走向、社会思潮有紧密联系，不可分割。因此，研究者应当跳出单科性研究的局限，将"史学"与"文化"作互动考察。即：探究和评价一部优秀的史著，应当与它所产生的时代之社会生活、民族心理、文化思潮、价值观念等结合起来，从而更恰当地揭示出这部优秀史著的思想价值，捉住书中跳动的时代脉搏。同时，"史学"与"文化"互动考察，又能通过更加准确评价优秀史家、史著的成就，增加我们对中国优秀文化传统丰富蕴涵的了解，更加深刻地认识中华文化的向心力、凝聚力和伟大创造力，提高民族自信心。我所著《史学与中国文化传统》《史学与民族精神》《再建丰碑》《学术史沉思录》等书，对于《史记》《汉书》《史通》《文史通义》，以及《春秋》《左传》《日知录》，乾嘉考史三大家钱大昕、王鸣盛、赵翼及龚自珍、魏源、崔述等名著、名家，都力求提出新的看法，作出新的阐释。

（二）深入探索，揭示出史学演进的纵向联系和时代的特点

史学史作为一门专史，对它的研究应当将深度开掘与纵向考察二者相结合。前者是指对一部名著或一个时期的史学成就，应当从著述内容、编纂形式、同时代人的学术交往、史著与社会思潮的互动等项作深入的分析；后者是指应将史著置于史学长河的演进作纵向考察，探讨它对前代学术的承受、对后代的影响，它解决了史学演进中的什么问题而构成了新的学术高峰。还需注意对学术界曾经提出过的一些看法作出回应，或赞成、引申，或解疑、辩难，通过学术争鸣，以推进真知。如《史记》，之所以被赞誉为"史家之绝唱""传统史学之楷模"，这除了司马迁本人具

有雄奇的创造力以外，又决定于他对先秦各家学说精华的大力吸收，和对汉初多元文化格局的自觉继承。汉初思想家陆贾、贾谊、晁错等人吸收秦亡教训，谴责秦的文化专制政策，他们勇于提出自己的思想主张，同时重视吸收各家之长。如陆贾重视儒家"仁义"学说，又吸收道家、法家思想。司马谈《论六家要旨》总结各家学说，有肯定，也有批评，成为司马迁的重要学术渊源。汉初学术的多元化局面，是先秦百家争鸣的继响，是对秦朝文化专制政策的巨大超越，因而成为司马迁社会思想成长的肥沃土壤。当时，封建制度处于上升时期，具有蓬勃的活力，国家的空前统一，都为他的著述提供了极好的时代机遇，因而勇于提出"成一家之言"的目标，形成自由表达思想的高尚志趣。还有，以往有的哲学史教科书评价司马迁的思想倾向是"崇道抑儒"，实际上，我们结合司马迁生活的时代，却能从书中举出大量证据，证明他高度评价"六经"对于治理国家的作用，以"继《春秋》"自任，书中评价人物和历史事件的标准均大量地以孔子的论断作为依据，其《孔子世家》系对孔子在文化史上的崇高地位作了全面的论述。所以梁启超称他是西汉时代独一无二的大儒。当然司马迁又善于吸收各家学说之所长，有拥抱全民族文化的宽广胸怀，他对道家的智慧和哲理也重视采纳。

再如《汉书》，本来历史上长期《史》《汉》并举，但是在一段时间内，《汉书》的评价却处于低谷。其中一个重要原因，是一度盛行"对立面斗争"的思维定势的影响，要肯定《史记》的杰出成就，称它是"异端"思想的代表，就要拿《汉书》作为陪衬，贬低它是"正宗"思想的典型。这与史学发展的实际情形大相径庭，需要结合中国史学的纵向发展与班固所处的时代环境作深入分析，重新评价《汉书》的历史地位。《史记》著成之后，成就卓异，人们仰慕不已，此后一百余年间只能"续作"，写出若干零篇。这些续作者自褚少孙以下有十余人，所做的工作自觉不自觉地置于司马迁巨大成就的笼罩之下。他们并未意识到需要构建新的史学体系，而这个问题不解决，则"保存历史记载长期连续"的目的便会落空。试看，这些"续作"之大部分都湮灭无闻，就是明证。班固既继承了司马迁的纪传体结构，同时又认识到"大汉当可独立一史"，因而"断汉为史"。在内容上提供了时代所需要的历史教材，在构史体系上取得了重大突破，推动中国史学向前跨进一大步。以前，有的研究者对班固"宣汉"大加批评，认为是对封建皇朝唱赞歌。其实，与班固同时代的大思想家王充著《论衡》一书，内容有《宣汉》《恢国》《超奇》《齐世》等篇，都是记述和赞美汉朝比前代的进步。他并且尖锐地批评当时俗儒"好褒古而贬今"，因为他们生下来读的就是颂扬三代的书，"朝夕讲习，不见汉书，谓汉劣不若"，所以识古不识今。我们联系王充的大量论述，正可证明：班固是以其成功的史学实践回答了时代的需要。在历史编纂上，起自高祖，终于王莽，这一断代史格局正与以后历代皇朝周期性更迭相适应，所以被称为后世修史者"不祧之宗"，历两千年沿用不改。进而再深入探析《汉书》的内容，有大量史实证明，班固发扬了司马迁的实录精神，"不为汉讳"；在对汉初历史变局和藩国由猖獗到废灭等历史问题的阐述上，具有唯物主义的因素；有一定的人民性，尤其是对封建刑律的残酷作了深刻揭露；十志则在反映封建国家政治职能上提供了丰富的材料和很有价值的看法。简要言之，我们结合纵向和横向考察，可以雄辩地得出结论：《汉书》是一部适应时代需要的、继《史记》而起的巨著，在史学发展上无疑应占有崇高的地位。由于《汉书》的成功，自东汉至唐六百年间形成了一门发达的"汉书学"。

（三）对"经"与"史"作贯通考察，拓展史学史学科的研究领域

经史关系对史学研究有重要的意义。"六经"是中国文化的源头，是古代先民智慧的结晶。其中包含着关于自然、社会以及人类思维活动的现象和规律之深刻观察和概括，影响极其深远，

构成了中华民族的文化基因。"六经"在长期封建社会中处于独尊地位，成为政治指导思想和学术指导思想，因此，重视考察各个时代的经史关系，是深化史学史研究和拓展学术探索范围的关键之一。《春秋公羊传》即与史学的长期发展关系很大，它是儒家经典之一部，又是解释《春秋经》的三传之一，在西汉和晚清时期曾两度大盛于世，但因时过境迁，当代许多人都对它感到陌生。公羊学说既有深刻的政治智慧和精微的哲理，又包含有隐晦芜杂甚至怪异神秘的内容。研究这套学说，就特别需要思辨的智慧和剥离剔别的能力，才能于"荒诞丛中觅取最胜义"。公羊学说的源头，在于《春秋》之"义"，而《公羊传》对《春秋》大义的解释，便构成公羊学说具有活跃生机的内核。再经过汉代董仲舒和何休的大力推演，更成为有体系的学说，以专讲"微言大义"而在儒家经典中独具特色。我在以上分析的基础上，归纳、提炼出公羊学体系的三大特征：一是政治性。主张"大一统"，倡导适应时代需要而"改制"，"拨乱反正"，"为后王制法"，阐发经义以谴责暴君贼臣，关心民族关系。二是变易性。提出一套含义深刻的变易历史观，强调古今社会和制度都在变，变革是历史的普遍法则，时代越来越进步。三是解释性，或称可比附性。其优点是善于解释，在阐发经书"微言大义"的名义下，为容纳新思想提供合法的形式。但大胆解释又容易造成穿凿武断，随意比附，这又是明显的弊病。清中叶以后，研治春秋公羊学的学者甚众，有庄存与、孔广森，至晚清夏曾佑、皮锡瑞等十余家，写出风格多样的著作，经过深入探究、辨析，我们能够准确地把握住其演进脉络和本质特征。晚清公羊学说的展开，恰与清朝统治危机相激荡，又与新思想的传播相伴随、相呼应。它环环相扣，符合逻辑地有序展开，由庄存与揭起复兴序幕，至刘逢禄张大旗帜，至龚自珍、魏源改造发展，至达到极盛，成为近代维新派领袖康有为倡导变法维新的理论武器。戊戌前后，好学深思之士，都喜谈《公羊》。至20世纪初年，公羊学说在政治上的作用，随着变法失败而告终结，但在思想文化层面，它却成为中国学者接受西方进化论学说的思想基础，并且是五四前后兴起的"古史辨"派学术源头之一。这些足以证明，绅绎春秋学说，对于深化先秦、西汉史学的研究和清代、近代学术史的研究，确实裨益甚大。

（四）重视比较研究

比较研究的主要功能在于，它能够推进我们的认识能力，开阔我们的视野，使我们对研究对象的认识更加准确、更加深刻。事物的特点和意义是相比较而存在的，而且由于适当的比较而相得益彰。马克思研究资本主义的生产、交换、流通的特点，就不仅研究它们本身，还以之与前资本主义的生产方式相比较，与资本主义生产关系发展程度不高的国家作比较。比较不同时期的史学名著，就可以广泛地考察两者之间联系、继承、发展的各个侧面，更加清楚地认识其不同特点，以及各自在史学发展史上的地位，促使我们的认识更趋深化和更加正确。

如，《史通》和《文史通义》这两部名著被称为"古代史评双璧"，但是章学诚本人却曾经强调二者的相异，在其一封家书中说："自信发凡起例，多为后世开山，而人乃拟吾于刘知幾。不知刘言史法，吾言史意；刘言馆局纂修，吾议一家著述。截然两途，不相入也。"但我们通过认真的比较研究，却的确能够深刻地认识这两部名著的共同性：刘、章二人都重视总结史学演进的经验和教训，以理论的创新推进著史实践的发展；二人都具有强烈的批判意识，都有独到的哲学思想作指导，重"独断"之学，重"别识心裁"。通过比较研究而认识这两部书的共同性，对于史学史研究意义甚大，证明刘知幾和章学诚都重视历史体裁创新，凸显出中国史学有重视理论总结的优良传统，以之指导史学实践。这就更加彰显中国传统文化的独特魅力！通过比较研究，我们又能认识到两部著作的差异性，由此更深刻地把握唐代与清代史学面临的不同特点和刘、章二位著名史家不同的学术个性：刘知幾处在断代史正史纂修的高峰期，他承担的主要使命是总结以往、提出著述的范式，他提出的范畴、命题内涵丰富，且颇具体系性。章学诚则处于正史末流在编纂上陷于困境阶段，其主要任务是开出新路。他洞察当时史识、史学、史才都成为史例的奴隶之严重积弊，又发现晚出的纪事本末体因事命篇的优点正是救治之良方，因此主张大力改造纪传体，创立新的体裁，其论述具有深刻的哲理性和明显的超前性。

又如，魏源完成于鸦片战争时期的《海国图志》和黄遵宪于甲午战争前撰成的《日本国志》同为近代史学两部名著。《海国图志》第二次增订本为一百卷，全书包括论（《筹海篇》一至四）、图（各国沿革图）、志（《志东南洋海岸各国》《志大西洋欧罗巴各国》等）、表（《中国西洋纪年表》等）。《日本国志》全书共四十卷，分为十篇"志"（国统、邻交、地理、职官、食货等）。假如从表象看问题，《海国图志》介绍外国史地知识包括了亚、欧、美、非各大洲，而《日本国志》只专记日本一国，两书范围之广狭相去甚远，似乎不适于比较。其实，这是由于未能达到对两部史书深层认识的原故。我们试就两书的背景、观点、内容、影响作逐层比较，即可以认识：两部史书具有相同的主题，都不愧为近代向西方寻找真理的里程碑式的著作。这两部书的编纂内容和体裁的共同特点，是创造性地运用典志体以容纳具有时代意义的新鲜内容。作为谙熟史书体裁特性和感觉敏锐的学者，魏源和黄遵宪都采取改造了的典志体来撰写史著。他们充分地发挥了传统典志体所具有的两大长处。一是它适合于反映社会史的丰富内容。典志体可以包容各种典章制度、天文、地理、民族、经济、物产、军事、外交、学术文化等。每一部分既可反映社会史的一个侧面，同时又可储备各种知识。在近代，迫切需要了解外国的历史、地理、制度文化，典志体史书正适合囊括这些内容。二是具有灵活性。这种体裁没有固定的框框，可根据需要调整，可以灵活变通。通过比较，我们能够进一步认识近代史学发展的阶段特点。在近代史开端，反侵略的需要十分迫切；到了19世纪后期，则进而要求学习西方的制度文化。处在近代史开端时期的进步史家向往资本主义的民主制度，但认识比较肤浅；到19世纪后期，这种认识则要深刻得多。在历史编纂上，《海国图志》和《日本国志》有共同的特点，但后者的编撰技术更加成熟了。

（五）探讨传统史学向近代史学转变的途径，阐发其理论意义

"传统史学"一词，大体上是指鸦片战争以前在中国文化自身环境中演进的、原有的史学。至鸦片战争后，则进入近代史学时期；而"近代史学"的正式产生，应以20世纪初梁启超发表《新史学》，以及在此前后出版的新型学术史和通史著作，为其标志。"传统史学"与"近代史学"基本格局迥异，近代史学无论在历史观念、治史内容等方面都有极其鲜明的时代色彩。由此之故，对于"传统史学是如何向近代史学转变的？"这一问题，研究者的看法很有分歧。我国历史进入改革开放时期后，国门大开，西方思想大量涌入，使人感到格外新鲜。于是，有的人因对中国文化的自身价值认识不足，遂产生一种偏颇看法，认为传统史学与近代史学之间存在一个断裂层，近代史学从理论到方法都是由外国输入，在编纂上也是摒弃了传统史书形式而从外国移植的。我认为，这种"断层论""摒弃论"的看法，与历史事实极不相符。传统史学向近代史学演进的轨迹清晰可寻，而转变的动力，乃在于传统史学内部有近代因素的孕育。研究这一"转变的中介"，不但内涵十分丰富，而且具有重要的理论价值，进一步证明传统文化的精华在近代具有一定的应变力，具有向现代学术转变的内在基础。从清初顾、黄、王三大家，到乾嘉时期一批出色学者，再而继起的龚自珍、魏源等人，都为酝酿、推动这种转变做出了贡献。他们相继的努力汇集起来创辟了如下的转变途径：在历史观点上，批判专制，憧憬民主，以及对公羊学朴素进

化观的阐释；在历史编纂上，是章学诚提出的改革历史编纂的方向，和魏源、夏燮等史家所作的成功探索；在治史方法上，则是乾嘉史家严密考证的科学因素在新时代条件下的发展。近代史学就是发扬传统学术的精华与接受西方新学理二者结合的产物。近代著名史家，如梁启超、王国维、陈寅恪、陈垣等人，他们都勇于吸收西方新思想，同时又都深深地扎根于中国文化土壤之中，写出来的论著都是地道中国式的，所以才为学者和大众所欢迎。

（六）高度珍视 20 世纪中国史学的思想遗产

20 世纪中国史家人才辈出、成果丰硕。由于中国文化悠久的优良传统的滋养，又适逢中西文化交流提供的相互对话、切磋和启示，加上大量考古文物和稀有文献重见天日，凭借这些难得的时代机遇，学者们精心耕耘，因而取得众多佳绩，蔚为大观，这里包含着对待祖国文化传统的正确态度，包含对外来学说吸收容纳的勇气和善于鉴别的眼光，是留给我们的极其珍贵的思想遗产。由于 20 世纪史家大量的创新性、系统性研究，使我们对于中国漫长历史认识的广度、深度和准确度，都大大推进了，使我们对中国统一多民族国家如何发展巩固，各个历史时期的特点，国家治乱盛衰的总结，各种制度的建立、沿革，民族关系的处理，历史人物评价，学术文化的发展、变迁等重要方面的认识，较之以往要丰富得多、正确得多。20 世纪几代学人的贡献，诚然功不可没！我们绝不能因为中国近代社会积贫积弱，就妄自菲薄，而对先辈的遗产有丝毫的低估。20 世纪中国史学遗产的丰厚，最集中的显示是形成了"三大干流"，并且它们互相吸收、互相影响和互相推动。第一，是新历史考证学派。它与乾嘉考证学派有继承关系，同时又接受西方近代史家重视审查史料、拓展史料、严密考证等观念的影响，代表性人物有王国维、陈寅恪、陈垣、胡适、顾颉刚、傅斯年等。第二，是马克思主义史学流派。其创始在五四时期，以后经过奠基、壮大，新中国成立后在全国范围确立其指导地位等阶段，代表性人物有李大钊、郭沫若、范文澜、翦伯赞、吕振羽、侯外庐等。第三，是新史学流派。以往，曾称前二者是"20世纪史学两大干流"，对于"新史学"则一般只关注它是20世纪初年由梁启超倡导、形成磅礴声势的重要学术思潮，而未明确认识它事实上已经形成为一个重要"学派"。我们经过深入探究即能把握到，这一学派不但有影响巨大的领军人物、重要的代表性著作，而且有共同遵奉的学术旨趣，有明显的学术传承关系。构成"新史学流派"基本的学术特点是：以进化史观为指导，主张探求历史的因果关系和规则性；不局限于研治政治史，而要研究、叙述人类社会生活的整体面貌；史家要关心国家民族命运，著史要激发国民的爱国热情；重视史学与其他学科的关系，扩大视野，扩大史料范围；重视历史编纂的创新，写出受大众欢迎的史著。不仅"新史学"倡导者梁启超本人，他如萧一山、吕思勉、张荫麟、周予同、周谷城等，尽管各有其学术个性，而上述诸项，又构成他们学术上的共性。不同学派并非互不相干、壁垒森严，而是互相吸收、互相影响。譬如，梁启超的史学方法影响了新考证学派学者，而马克思主义史家郭沫若、侯外庐等又很重视考证学派的成就。学派繁盛，各展风采，又互相取鉴，正是20世纪中国史学发达的确证。更加深入地考察"三大干流"的形成及其影响，无疑是推进20世纪史学研究的重要课题。

推进对20世纪史学的研究，还需要着力解决一些难点、重点问题。如，唯物史观和实证史学都是为了探究历史的真相，二者之间绝非互不关联，更不是互相对立。唯物史观也强调搜集史料，要求占有充分的材料；同样重视对材料的考辨，去伪存真，重视史料出处的环境，重视甄别、审查的工作，务求立论有坚实的史料依据；同样遵从孤证不能成立的原则，遇有力之反证即应放弃，训练严谨、科学的态度，反对主观臆断，所得的结论必须经受住事后的验证，发现原先认识有错误迅即改正，决不讳饰；同样要求尊重前人的成果，同时又反对盲从，学贵独创，要有所发现，不断前进，等等。诸如此类，因为都是做学问的基本方法和原则，所以唯物史观与实证史学都是相通的。新中国成立后，许多研究者通过自觉学习唯物史观，收获巨大，能够对复杂的历史现象和学术问题，透过现象，看到本质，以辩证的眼光作具体、细致的分析，互相联系，上下贯通，从而得出正确的结论，解决了长期困惑自己的问题，获得真理性的认识。这些事实证明唯物辩证法确是比传统思想和近代流行的诸多学说远为高明，唯物辩证法能给人以科学分析问题的理论武器。当时有一批四十岁上下的学者，如徐中舒、杨向奎、王仲荦、韩国磐、邓广铭、周一良、谭其骧、唐长孺等史学俊彦，他们原本熟悉传统经史文献典籍，在运用历史考证方法上很有造诣，其具有科学价值的观念和方法，本来就与唯物史观相通；而马列主义、唯物史观理论又比传统学术、近代学术具有更高的科学性，以之为指导，能帮助研究者更全面地把握研究对象的全局，更深入地揭示研究对象的本质。因此，这些学者得到科学世界观指导以后，极感眼前打开了一片新天地，学术研究达到更高的层次。这些年，有的人由于痛恨教条主义，而不恰当地将之与提倡唯物史观联系起来。关键在于，对教条主义盛行的原因应当作深入的具体分析。"十七年"中一度教条主义泛滥，其原因甚为复杂，除了研究者因经验不足，运用不当以外，主要的，是因当时政治上"左"的路线的影响、干预，以及其后"四人帮"别有用心的破坏。实际上，"十七年"中存在着两种对立的学风，与教条主义恶劣学风相对立的，是实事求是的优良学风。这是许多正直的马克思主义学者和像徐中舒、杨向奎、谭其骧、唐长孺等一批严谨治学的学者所坚持的，因此，"十七年"史学虽经历了严重曲折，但仍取得许多重大的成绩。令人欣喜的是，进入新时期以后，教条主义恶劣学风受到彻底清算，而实事求是、坚持唯物史观与时俱进的优良学风则更加显示出其蓬蓬勃勃的活力！

（七）历史编纂学：新的学术增长点

传统史书体裁的丰富多样充分显示出中华文化的巨大创造力，每一种体裁都有成功之作，世代流传。这些名著是历史家呕心沥血著成的，其成功，包含着进步的史识，渊博的学识，高明的治史方法，合理、严密的编纂技巧，这些具有宝贵价值的内涵都承载在历史编纂的成果之中。以往一般认为，史书的体裁、体例，似乎只关乎技术性问题。其实决非如此。史书的组织形式与其内容、思想是辩证的统一，组织形式的运用，结构、体例的处理，体现出作者的史识、史才、史学，包含着多方面的思想价值和深刻的哲理。白寿彝先生在其所著《中国史学史》（第一册）中曾说："史书的编纂，是史学成果最便于集中体现的所在，也是传播史学知识的重要的途径。历史理论的运用，史料的掌握和处理，史实的组织和再现，都可以在这里见个高低。刘知幾所谓才、学、识，章学诚所谓史德，都可以在这里有所体现。"这对于我们有深刻的启发。我们应当对历史编纂学的内涵和特点重新给予恰当的定位：历史编纂学是一个时代史学发展水平的集中体现，也是衡量史家的史识、史学、史才、史德达到何种水平的有效尺度。史家再现历史的能力如何，其史著传播历史知识的效果如何，在这里都直接受到检验。历史编纂学既是史学史研究的内容之一，同时，它又是推进研究史学发展的新颖视角和重要方面。通过深入研究历史编纂学，就能提出一系列新的课题，拓展史学理论与史学史的研究广度与深度，因而是重要的新的学术增长点。近些年，历史编纂学领域的研究成果已日见增多，这是很好的现象，我们应当举起双手欢迎，并经过共同努力，尽快建立起"中国历史编纂学"这一分支学科。无论从主要史书体裁的发展，或不同历史阶段历史编纂的特点，或一些名著中对体裁体例的匠心运用等项，值得探讨的问题无疑都很多，而其中我们尤应深入地探讨"编纂思想"如何体现和运用，作为推进研究工作的关键环节；因为史书的框架设计、体例运用，都是为了反映客观历史进程的需要，而精心安排，或作调整、改造、创新。故此，应当特别重视从"编纂思想"这一角度来深入揭示史学名著成功的真谛。所谓"编纂思想"，可以初步提出主要包括以下数项：一是史家著史的立意，最著名者，如司马迁之"究天人之际，通古今之变，成一家之言"，司马光之"关国家盛衰，系生民休戚，善可为法，恶可为戒者"。二是史家对客观历史进程的理解，并在史著中努力加以凸显的。三是史家为了达到再现客观历史的复杂进程，如何精心地运用体裁形式和体例上的处理。四是史家的编纂思想如何与社会环境、时代条件息息相关。以此作为重要的切入点，再联系对风格各异的史学名著的独创性、时代性，不同时期历史编纂的特点，以及学者提出的观点主张等项深入考察，就一定能够不断获得有原创性价值的新成果。

（八）大力发掘和阐释传统学术精华的当代价值

传统文化典籍内容博大精深，承载着古代先民观察社会生活、总结历史进程所得到的睿思和经验。历史是过往的社会生活，当今时代是历史的发展。现代社会虽然比古代远为复杂和进步，但作为人类社会活动的一些最基本的内容和原理，古今是相通的，因此，古代经典中的精深哲理和先辈们的创造性成果，具有超越时空的意义，具有当代价值。我们应当大力发掘和阐释这些珍贵的原理、原则和精神，展示中华文化的独特魅力，并结合今天时代的需要进行改造和再创造，以大大增强民族文化创造活力。对于古代历史名著，同样应当努力发掘、总结其中具有珍贵价值的思想、观念和方法，作为我们发展新史学的借鉴。譬如，《史记》创立的体裁以"本纪"为纲，其余"表""书""世家""列传"与之配合，体例完善，故被后代学者称誉为"载笔之体，于斯备矣"，又称为著史之"极则"。《史记》的体裁一般称为"纪传体"，实际上其本质和优长，是五体配合的综合体裁。以后历代正史的纂修者只知因循，不求创造，只会刻板地沿用体例，而丧失运用别识心裁加以驾驭和灵活变通的能力，因而遭到章学诚的严厉批评，称之为如洪水泛滥，祸患无穷！章学诚由此提出改革历史编纂的方向："仍纪传之体，而参本末之法。"这就是：要创造性地发扬《史记》诸体配合、包罗宏富的体例特点，和根据记载客观历史变迁的需要，灵活变通、"体圆用神"的著史灵魂；同时，糅合纪事本末体的特点，以解决"类例易分而大势难贯"的严重缺陷。此后，梁启超、章太炎撰著中国通史的尝试和罗尔纲著《太平天国史》，都体现出朝着这一方向继续努力。至20世纪末白寿彝明确主张对传统纪传体实现创造性改造，用"新综合体"撰著多卷本《中国通史》，完成了既大力发扬传统史学精华，又具有鲜明时代特色的成功巨著。

我们既有历经数千年形成的中华文化优良传统，又有一百年来创造性运用马克思主义、引领社会前进的优良传统，这两者是保证中华民族处于当今国际激烈竞争中繁荣、发展的强大精神支柱。马克思主义中国化，正是中国共产党人创造性地将马恩著作中的基本原理，与中华民族的优良传统相结合而确立的正确方向。如何在实现现代化大业中，更加自觉地把这两个优良传统结合起来，是当前我们应该解决的具有重要理论意义和现实意义的课题。通过研讨，更加深刻地认识传统文化的精华与马克思主义中国化方向二者互相贯通，使我们在大力弘扬民族优良文化传统的同时，更加自觉地坚持马克思主义中国化的正确方向，与时俱进，发展21世纪的中国马克思主义理论。我在2008年主编《中国马克思主义史学的理论成就》一书时，专门写了一个题目：传统思想的精华何以通向唯物史观。我提出的基本观点是："中国传统思想中的精华，同样表达了历代人民大众的美好追求和理想，虽然未达到欧洲19世纪先进学说的高度，但其发展方向是相同的；这就成为五四以后先进的中国人接受唯物史观学说的思想基础和桥梁。""马克思主义的基本原理与传统思想的精华，与中国文化形成的价值观的内涵深深地相契合，无疑是马克思主义中国化的伟大事业在过去将近一个世纪中与时俱进地发展，一直保持旺盛的生命力的重要原因。"并从传统思想中有丰富的唯物主义思想资料；历代思想家有大量关于辩证、发展的观点的论述，光辉闪耀，前后相映；历代志士仁人反抗压迫、同情民众苦难的精神；先哲们向往的大同思想四个方面，作详细论证。文章发表后，得到学界同仁的肯定和鼓励。我愿继续对此探索，为学术研究和服务社会尽绵薄之力。

当前我们正处于社会主义学术文化发展的黄金期。发扬中华文化的优良传统和近现代优秀学者的精神；当前学术界持续高涨的创新意识；大力吸收外来文化并加以鉴别、选择的自觉态度：这三大要素，为学术的繁荣、发展提供了极佳条件。我深信，更加光辉灿烂的未来必将展现在我们面前！

2015 年 3 月 17 日
于北京师范大学寓居

初版序言

　　好比青年时期是人生朝气蓬勃的年代一样，在中华民族进化史上，汉朝也是这样一个富有活力、成长迅速的重要时期。中国中古时代的政治设置、典章制度、思想观念、学术文化的基本格局是在这一时期形成的。我国今日的辽阔版图，是在汉朝奠定的。作为中华民族主体的汉族也是在汉朝形成，并且以这一强盛朝代命名的；当今世界各国也都称我们的语言、文字、学术，为汉语、汉文、汉学。汉朝先后产生了为数不少的有作为的君主、贤能的大臣、骁勇的将领、出色的思想家和学者，他们在平民大众终日劳作的基础上，促使汉朝保持上升和强盛的局面达一个半世纪以上。汉朝人富有智慧，善于议论国家的政治得失、历史教训、军事经济文化的重大设施，"引大义慷慨"，思想顾忌少，敢于针对重大问题慷慨陈言，这也同当时社会旺盛的创造活力相合拍。汉朝人的非凡业绩和精彩议论，历二千年之后，仍然令今日的读者赞叹共鸣，并从中获得宝贵的启迪。

　　这一切都被东汉初大史学家班固写进《汉书》这部巨著之中，他以宏伟的气魄，雄健的笔力，绘制成西汉一代兴亡的巨型历史画卷。班固有"良史之才"，又具有极其严肃认真的著史态度，记载的内容全面系统，历来被誉为"信史"。《汉书》的十志，将有史以来的典章制度囊括其中，成为后人探究古代学术文化的宝库。班固善于把进步的史识、丰富的内容，用严密合理的体例组织起来，他所创立的"断代为史"的体例被后代史家奉为楷模；《汉书》的文学成就也很出色，文字优美典雅，状写人物、事件栩栩如生，使人读之忘倦。《汉书》著成之后即为世宝重，风行数百年，研读和注释的人很多，形成一门发达的"汉书学"。——遗憾的是，这样一部在中国文化史上有重要地位的优秀典籍，在近几十年来却很少被研究，《汉书》的地位久被《史记》的成就所掩盖，长时间被冷落了。

1987年，我即着手撰写这样一本全面研究、评价《汉书》的专书。可是由于遇到学术著作出版困难的局面，工作进行到半途，即告中缀。去年，当北京三联书店和台湾锦绣文化企业共同发起编辑《中华文库》这套介绍中国历史和文化的大型丛书，并把这项课题列入首批选题时，我的欣喜之情可以想见。事实是，没有海峡两岸出版界这一盛举，这本书就不可能在今天奉献给读者。

今天我们阐释古代典籍，目标在于创造未来。一部世界近代史证明：要实现民族振兴，必须自觉发挥本民族的优良品格，使之融进现代创造之中；大力学习外国必须以尊重自己的历史为前提，才能使外来进步文化在本国土地上生根。这是一个真理。我们祖先创造了灿烂的文化。留下了丰富的典籍，蕴涵着我们民族具有巨大凝聚力、勇于开拓进取、自强不息的优秀精神，需要今天的炎黄子孙认识和珍视，将它发扬光大。专业工作者要以现代意识为指导，做一番整理、发掘工作，把其中的精华介绍给广大群众，实属责无旁贷。《中华文库》发起者确立的"学术大众化""在传统与未来之间修建一座宽阔通畅的桥梁"的宗旨，我深为赞同。在以往长时期内，形成专业工作者的著作只能在本专业队伍中传布的状况，结果不仅使本专业工作的发展受到严重局限，而且无法使专门家的研究成果被大众所掌握，广泛地变成社会财富。这种局面亟待改变。为广大读者而写作，丝毫也不降低著作的价值，相反，能将自己多年研究的成果，避免用深奥难懂的形式表达，而用流畅生动、引人入胜的文字写出来，更需要一层本领。我们的希望是让学术走出书斋的小天地，同广大群众相结合，发挥社会功能；这就需要使读者产生阅读的兴趣，在并不感到费力之中增进知识，并获得哲理上的启示。事实上，也只有确实作了深入的研究，才可能深入浅出、提纲挈领地介绍给读者。

这些道理说起来还容易，真正做出来就艰巨了。实践证明：作者有了研究的心得，形成了一套看法并全面掌握了论证的材料，至此，工作仅止做了一半。再用通俗易懂、富有情趣的方式表达出来，还需要加倍下功夫。这里不仅需要苦心琢磨主次轻重的安排，提出问题的角度，材料的剪裁如何做到合理，又如何形成能吸引读者随作者一起思考的思路，这些都且不谈；单说要做到将古代典籍的原文、古人的对话，正确、恰当而且传神地转述出来，就殊非易事。相比之下，那种直接引用材料原文的做法倒省力很多。在全书结构上，我有意避免直接就典籍论典籍的做法，而先从广阔的背景，即让读者了解《汉书》取得卓越成就密切相关的几个大问题入手：因为汉代学术最重"家学"，《汉书》的著成有深刻的家学渊源；在史学发展背景上，《汉书》创立了新的构史体系，成为我国历史记载长期连续的关键的一环；而在更宽广的文化背景上，《汉书》跟当时盛行的妖妄观念相对立，发扬了朴素理性精神，堪称为民族文化的坚强脊梁。然后，才引导读者逐层了解《汉书》的内容、体裁及体例运用、史识，以及它囊括有史以来的典章文化等项巨大成就。在最后一节中，我对本书的研究方法作了归纳，着重讲了学术研究必须特别注重"视角转换"的感受。为使正文流畅，书中凡属专门性的内容都移入注释中。——说明这些问题，既是为了提挈全书的主线，也是为了得到读者的评正。

白寿彝师对我研究《汉书》给予了关心和支持，本书第八章讨论《汉书》十志的贡献，就引用和发挥了老师的论点。三联书店潘振平副编审、台湾锦绣文化企业黄台香小姐、本校房德邻副教授，都给予作者热诚的帮助。谨此向诸位老师、朋友、辛勤劳动的编辑衷心致谢！书稿的大部分，是我正在北京师大就读的女儿乐佳，在紧张的学习之余赶抄的，她也为本书的完成出了力。

最后，再次恳切地盼望读者朋友和专家们对本书提出严格的批评意见。

陈其泰

1991 年 5 月

目　录

增订篇目

引言：修史风波

东汉永平五年（62）的一天，熙熙攘攘的长安街头突然传出令人吃惊的消息：前司徒掾（丞相府属官）班彪之子班固，因为被人告发"私修国史"，被逮进了京兆监狱问罪，书稿也被官府查抄带走了！他家中老母及大小慌成一团。弟弟班超为了救班固出狱，已单骑从扶风安陵（今陕西咸阳东北）老家，急驰到京城洛阳，向汉明帝上书申诉。班氏兄弟命运如何，引起了人们种种猜测议论。

"私修国史"的罪名，在当时严重得足以把人吓死。长安官宦人家都记得：西汉元帝时，元帝之弟东平王刘宇来朝见，曾郑重其事地上书求元帝赐给《太史公书》，元帝认为此事关系极大，找来大将军王凤商议。王凤不禁正色禀告皇帝说："一国之史，岂是诸侯王之所能据有?！东平王来觐见，应该懂得君臣之义，非礼勿言。《太史公书》之中，记载有夺取天下的兵略谋策，记载有天下形势险要，若让他掌握，难保没有后患。陛下可委婉地劝释他多读《五经》，那些才是圣人的制作，其余旁门小道的书，看多了对保住诸侯王之位没有好处。"待东平王见面时，汉元帝果然按照大将军这番话，把他拒绝了。现在班固虽是外戚后代、儒学世家子弟，但他本身却连个官阶最低的郎官也不是，父亲班彪死后，在京城洛阳都呆不住，回到咸阳老家，却有如此大胆，私修国史，这不是干犯了大禁吗？人们还猜测：当今皇上汉明帝以严厉督责下属，刑罚峻急著名，不久之前，扶风郡还发生一个案件，有个叫苏朗的被人告发伪造图谶，逮捕入狱后，很快就被处死。前前后后的事情联系到一起，难怪班固被人告发、逮问入狱的消息传出后，一时风声很紧。

班固本人则忧愤交加，心痛欲裂。他身陷囹圄，不知将被如何处置，更为老母和家人的安全担心。但他明白自己根本没有什么"罪"。他立志著史，多年来夜以继日，发愤写作，不仅是为了继承父亲的遗志，而且也是要远接从司马迁、刘向、扬雄以来修史的传统。西汉一代二百一十余年，有过赫赫功业，也有过许多弊政、乱政，其中盛衰治乱，使人慨叹，给人启发，写出一部"汉史"来，正是当今学者的责任。何况王莽灭亡至今也将近四十年了，再不及时撰成史书，后人所能获得的史料岂不更少！环顾海内，非吾莫属，不料遭人诬告，如果此番不明不白被处死，那么父子两代人的心血岂不尽付东流！班固把唯一的希望寄托在弟弟班超身上，班固的心，也随着班超策马穿华阴、过潼关，到达洛阳宫阙。对这位同胞手足的胆识才华，班固素来十分了解和赞赏。班超志向远大，文章和口才都很出众，尤其可贵的是，他富有谋略，在危难面前无所畏惧。班固多么希望弟弟这次勇敢地驰赴京城向皇帝申诉，能使自己得到昭雪！

没过多少日子，长安城再一次引起轰动：朝廷明白宣告，班固撰史不仅无罪，而且得到皇帝的嘉许。原来，班超赶到洛阳上疏，引起汉明帝对这一案件的重视，召见班超核实情况。班超慷慨陈言，将父兄两代人几十年修史的志向和辛勤的情形一一禀告，无所隐匿。正好扶风郡守也把在班固家中查收的书稿送至京都。明帝读了书稿，对班固的才能感到惊异，称赞他所写确是一部奇作，敕令立即释放，加以劝慰。并且召班固到京都皇家校书部，授他"兰台令史"之职，（据《汉官仪》载：东汉共设兰台令史六人，秩百石。）职务虽低，却使班固得到较为安定的生活，更重要的是，使他有条件利用皇家丰富的藏书，提供了完成著史志愿的保障。当时，东汉朝廷正组织一批史官，其中有前睢阳县令陈宗，长陵县令尹敏，司隶从事孟异等人，编撰汉光武的事迹《世祖本纪》。班固奉命参加，加速了这项工作的进行。朝廷嘉奖班固，提升他为"郎"官，成为一名正式官员（郎官是两汉时入仕的重要途径，分议郎、中郎、侍郎、郎中，多至千人，秩三百石以上）。汉明帝敕令班固利用"兰台""东观"藏书之便，继续完成他的著史事业。班固从受诬入狱到授职修史，堪称中国学术文化史上一出值得回味的悲喜剧。

第一章　家世和家学

班固的先人在西汉时原是边地豪富，后来成为儒学世家，受汉成帝赐给大量皇家藏书副本。此后班家子弟即在浓厚的文化气氛中成长。班彪撰《史记后传》，更是班固著《汉书》的先声。

一、边地豪富，儒学世家

班彪、班固父子以著史为毕生事业，实有其家学的渊源。班氏一家，在西汉二百余年间，先是边地豪富，后来成了儒学世家。他们家族，有着志节慷慨的精神，又有蕴蓄深厚的学术素养。

（一）吃老虎乳汁活下来的孩子

据班固记载：班家原来住在北方边境，他们之所以姓"班"，竟还同老虎有关系。班家的老祖宗，可以追溯到春秋时期身居楚国最高官职、掌握军政大权的令尹子文。这里有一段颇不平常的来历：据说子文刚生下来时，曾被丢弃在楚国的大湖云梦泽的边上，还遇到了老虎。可是他不但没有被老虎吃掉，反而靠吃了老虎的乳汁而活下来。父母见这个孩子这么命大，才又将他收养。楚人称"乳"为"穀"，又称"虎"为"于檡"，于是这个孩子便取名"穀于檡"，长大后又有了字，叫"子文"，最后他做了楚国的令尹。老虎按楚语又叫做"班"，令尹的儿子便取名"斗班"。到秦始皇的大军攻灭楚国，子文这一支的后人被迁到北方边境晋、代之间，从此便以"班"为姓。

秦始皇末年，天下大乱，班固的七世祖班壹为了避乱迁到楼烦（今山西雁门），他很懂得利用当地条件发家致富，来到边地便用心地经营畜牧业，果然大获成效，成为拥有马牛羊各数千头的牧主，使班家从此拥有家财。西汉初年，实行"无为而治"的政策，取消了对百姓的禁令，班壹获得机会大发家，成为边地豪富。班壹之子班孺，是个有侠义行为的人，得到州郡内一些人的歌颂，号称"任侠"。班孺之子班长，是班家最早登上仕途的人，做官到上谷（郡治在今河北怀来东南）郡守。班长之子班回，被举为本郡"茂才"，授长子（今山西长子）县令。

班回之子班况，是班固的曾祖父，由荐举"孝廉"授为郎官，由此得以进身。因为有功，升为上河（今宁夏境内黄河）农都尉，后在朝廷任左曹越骑校尉。西汉成帝初，班况的女儿被选入宫，受到宠幸，封为班婕妤（在妃嫔中仅次于昭仪一级），班家遂上升为外戚，很有权势。[①] 班况因年老退休时，受成帝大量赏赐，前后累计达千金。此时，全家也由边境徙到长安城郊昌陵（先设县，后来取消）居住，户籍则著在长安城。

（二）儒学世家

班况有三个儿子：班伯、班斿（音游）和班穉。他们都因为是贵戚子弟而顺利获得进身之阶。从他们兄弟三人开始，班氏又

---

① 西汉末谷永上书中曾说："建始、河平之际，许、班之贵，倾动前朝，熏灼四方，赏赐无量，空虚内臧。"因谷永奏书中还言："女宠至极，不可尚矣；今之后起，无所不飨，什倍于前。"故班固在《汉书·叙传》中解释为：谷永的这番话，主要是用来指摘当时的皇后赵飞燕、李婕妤这两家外戚。

成为儒学世家。

班伯是班固的大伯祖，他早年向西汉末儒家学者、著名大臣师丹学习《诗经》。大将军王凤向汉成帝推荐班伯品学兼佳，得到皇帝亲自在晏眠殿召见。因他容貌俊伟，诵读诗书抑扬顿挫，很合法度，成帝很是赞许，拜官为中常侍（出入宫廷、侍从皇帝的官员）。当时汉成帝也有读书兴趣，让大臣郑宽中、张禹早晚到金华殿为皇帝讲说《尚书》《论语》，汉成帝特意关照班伯也一同听讲。班伯在殿上听懂了大义之后，还不满足，又同许商作更为深入的讨论，这段时间内，班伯升任奉车都尉（主管皇帝乘车）。几年之后，金华殿讲经的做法停止了，班伯别无他事，整天和地位最显赫的王氏、许氏两家外戚子弟混在一起，心里却很不自在。班氏先祖自班壹以下，几代人都在北方边境生活，因而使班伯养成具有"志节慷慨"的豪爽气质，几次向朝廷要求出使匈奴。班氏家族这种"任侠"的特点，后来对班固、班超兄弟还有很大影响，驱使班固晚年还随大军出征匈奴，班超立功西域。成帝河平年间（前28—前25），匈奴单于来长安朝见汉朝皇帝，成帝便派班伯持使节到塞外迎接单于。当时，恰当定襄郡（今内蒙古呼和浩特南）两户大姓——石姓和季姓为报私怨，纠集众人攻衙门、杀官吏。班伯在迎使来往途中了解到这情况，向朝廷上报，并且自告奋勇，愿试任定襄太守，为期一年。成帝正式授他为定襄太守。定襄人纷纷传说这位贵戚子弟少年得志，此番自荐来边郡平息事态，一定会采取严厉手段镇压，一时空气很是紧张，人人惊慌失措。没有料想到，班伯赴任下车伊始，先把郡中与班家几代先祖曾经有过交情的旧族老辈人，都迎接到本郡大堂之上，每日殷勤招待，自称晚辈，谦恭行礼。全郡人心一下子安定下来，去掉了害怕心理。受招待的老者都是当地知名人士，过去又都与班家有恩情交谊，今天见班伯身为太守之尊，这样优礼相待，大家很受感动，酒席间便争先恐后地建议将闹事的首恶分子抓起来治罪，使边境恢复安宁，并且主动告知首乱者藏匿的去处。班伯连连高声称谢，回答说："这正是我对父老们最大的希望！"于是立即召集各县长吏商议，挑选精明干练的下属，分头前往搜捕，顺藤摸瓜，又追查出躲藏在别处的不法分子，只十来天便全部抓获治罪。全郡上下无不慑服，称赞班伯具有过人的智慧和魄力。在定襄一年多，朝廷召班伯回京都。班伯请求回京之前到班家祖坟上扫墓，为此皇帝还特下诏令，让郡、县官员也都去参加，表示对班家的重视。班伯集合了班氏族人，按亲疏远近给予赏赐，花费了不少钱财。北方边境长老视此为盛举，长时间还忘不了这件事。不想班伯在回京师途中受了风寒，到达长安后，汉成帝进封他为侍中光禄大夫，让他养病。这时发生了对班家不利的新情况：班婕妤失宠，让她去奉养皇太后，汉成帝另封李平为婕妤，封赵飞燕为皇后。这对于班伯是一个很大的打击，索性借口病重告长假，不再出门。过了许久，汉成帝亲自到班伯的住处探视，实际上也是要了解他的病情真相。班伯大为不安，不敢再说养病，只好起来做事。

（三）用经训告诫汉成帝

当时，原来掌握朝政大权的大将军王凤已死，汉成帝开始宠爱富平侯张放、定陵侯淳于长二人，他们处处设法满足成帝玩乐的欲望，常常让成帝装扮成贵家子弟出门，胡闹一气；在宫中则大开筵席，皇帝、赵飞燕、李平、张放和宫女们等人一起饮酒作乐，狂笑大叫。宫中有一幅屏风画，上画殷纣王饮酒大醉，抱着妲己取乐。班伯新近出门，头一次遇到这种场合，汉成帝老拿眼睛看他，发现班伯总是蹙着眉闷坐一旁，无心玩乐，成帝便指着屏风上的画问他：

"殷纣王是个名声不好的国君，他会荒唐到这种地步吗？"

"《尚书》上只说他专爱听妇人的话，哪有在朝廷上抱着妲己取乐这种事。一个国君名声不好了，坏事就要归到他头上。"班伯思索着回答。

"如果没有这回事，那么画这幅画有什么惩戒意义呢？"

"《尚书》有'沉湎于酒'的告诫，殷的卿士微子因此出走；《诗经》上有'式号式謼'的诗句，是诗人不满意日夜饮酒狂呼大叫而发出的感叹。古代经书上所告诫淫乱要坏大事，根源都在酗酒无度。"班伯斟酌着词句的轻重，借经书上的话委婉地刺中了汉成帝的毛病。

汉成帝当下听了倒也没恼，看着左右，感叹地说："吾好长时间没见班生，今天果然听到他一番好心话！"

张放等人见此情景，马上阴沉着脸色，纷纷借故离席。成帝也失去兴致，吩咐撤了酒席。这件事恰好被别的宫中女官碰到，所以传到外面。后来成帝朝见太后，太后流着泪对他说："你脸色这么不好，可见起居太不注意。班侍中德性好，你可不能亏待他。张放那人不好，你要把他打发走。"成帝当场应承。可是成帝对这个处处讨得他欢心的张放实在舍不得，刚让他走了几天，又叫回宫中。太后闻知，再次干预，将老资格的外戚许商、大臣师丹封为光禄大夫（负责顾问应对），进封班伯为水衡都尉（掌上林苑，兼保管皇室财物及铸钱的官），让他与资望最高的许、师两人一同辅助皇帝，并且同样享受中二千石待遇，这也是列在除三公（丞相、太尉、御史大夫）以外的高级官职之一，表示对班伯的重用。这下宫中暂时有点正气，经过丞相翟方进再次奏请，张放最终被遣出长安。炙手可热的宠臣张放被遣出京都，这在当时确是一件大事。班伯在其中是起了积极作用的。

班伯病死时，只有三十八岁。他虽是外戚出身，但不党附于邪恶势力，论其政治见识或魄力，在成帝时代的朝臣之中，他都有值得称赞的地方。他还能引申儒家经书中的道理当面向荒淫的成帝进言。这些方面，对班固都产生了影响。

（四）受赐皇家藏书副本

班固的二伯祖班斿是一个学者。他在青年时就以"博学俊材"闻名，左将军史丹推荐他为贤良方正。在朝廷上对策，受到成帝赏识，授为议郎。在汉代，郎官是进身之始，无固定名额，多至千人，负责掌守宫廷门户，在皇帝大驾出入时充当车骑，秩三百石至六百石。议郎比其他郎官地位略高。后升为谏大夫、右曹中郎将，并和著名文献学家刘向一起校理秘阁藏书。凡是要向皇帝报告校书事宜，都由班斿负责上奏。他又被选为给皇帝进读群书。班斿参加校阅皇家的丰富藏书，从学术上讲是件大事，由这项工作，他大大丰富了历史、文化知识，也对班家子弟产生了良好影响。班斿以学识渊博得到成帝欢心，成帝为了嘉奖他有学问，下令把皇家藏书的副本赏赐给他。这次赠赐，使班家拥有大批珍贵藏书。也为以后班彪、班固父子著述提供了极其优越的文献条件。

（五）不愿向王莽假报祥瑞

班况的幼子班穉，是班固的祖父，他在弟兄三人中，以处事谨慎为特点。班穉在青年时以郎官进身，授黄门郎中常侍，在皇宫内服务，负责侍从皇帝，传达诏命，他按照规矩办事，不敢因地位亲近皇帝而耍弄手段。汉成帝晚年没有亲生儿子，有心想立定陶王为太子，但又拿不定主意，几次派人询问近臣意向，别人都随口应承，唯独班穉不明确表示态度。成帝卒，定陶王即帝位，为汉哀帝，便把班穉降职放到外地，后来他升为广平郡太守。[①] 这段时期，正当西汉末年政局动荡，稍一不慎就会被卷入政治旋涡之中。班斿、班穉少年时，与王莽同是外戚子弟，是关系密切的伙伴。当时的皇帝汉平帝是个九岁的孩子，名义上太后临朝听政，实则由王莽操纵大权。群臣早已看出王莽夺取汉家政权的野心，都争着向王莽逢迎拍马，伪报所谓祥瑞，制造太平假象。班穉却不造假。当时琅玡太守公孙闳还上报灾异。王莽的亲信、大司空甄丰立即派属员下到广平、琅玡两郡中策划，指使广平的官吏上报祥瑞，控告班穉不报，指使琅玡的官吏掩盖实情，告发公孙闳危害"圣政"。这时太后出来为班家讲情，说："不讲祥瑞，到底比假报灾异情节不同，况且班穉是班婕妤的弟弟，他受刑罚我很伤心！"太后求情生了效，班穉免了灾祸，公孙闳却

---

① 此据《后汉书》卷四十《班彪传》。按，《汉书·叙传》作广平相。

被杀头。班稚感到恐惧，上书向皇帝谢恩，要求归还太守官印，还去当一名管理陵园的郎官，太后答应了他的要求。这样一来，班家果然避开了一场最大的风险——王莽称帝时家族地位下降，王莽败亡时也不受连累。

到班固的祖父一辈止，班氏家族具有两方面传统，一是祖父辈从小熟读经书，学问上有所造诣，加上家中有丰富的藏书，成为两汉之际的儒学世家。从此时起，班氏家族即同当时知名学者发生密切关系。班家子弟从小也在极浓厚的学术氛围之中成长。二是长期的边地生活，形成了家族成员中一些人"志节慷慨"的"任侠"精神。这两种传统直接影响了班彪班固父子等人生活道路的选择。

二、班彪：才高而好述作

班固的父亲班彪，字叔皮，出生于西汉平帝元始三年（公元3年）。在他读书求学的时代，王莽夺取了汉家政权，建立"新"朝，班家在政治上已不再有重要地位，但在藏书和资产上却很富有。这不仅使班彪、班嗣（班彪的堂兄，班斿之子）有条件受到良好教育，而且因他们父辈的关系，与当时的学者们都有交往，自然开阔了班彪等人的眼界。班固对此曾自豪地追述说："家有赐书，内足于财，好古之士自远方至，父党扬子云以下莫不造门。"[1] 由于有皇家赐书，经济上又殷富，有学识的人都远道而来，父亲一辈的朋友扬雄等名流也常来作客。这在两汉之际是很有名的书香门第。

（一）堂兄弟学术异尚

当时的班氏家族，在学术上还有点兼收并蓄的味道。班嗣跟

---

① 《汉书》卷一百《叙传》。

班彪相伴读书，学术兴趣却很不相同。班嗣受儒家教育，又欣赏老庄之学。桓谭也是当时的出色学者，与班家有朋友交谊，他来向班嗣借庄子的书，班嗣将他讥讽了一通，说："庄子的志向，绝圣弃智，清虚淡泊，归之自然。他不愿挂孔圣人学说这张网，使思想受束缚；他不愿闻骄横的君主抛来的钓饵，免得受他驱使。这样的志向多么可贵。像您这样，已经走上周公、孔子学说的轨道，受到世俗观念的牵累了，又何必再找庄子的学说来装扮炫耀自己呢！《庄子》书上不是有个故事吗？有个燕国人到赵国都城邯郸，觉得邯郸人走路的步法很好看，就学起他们的走法来。不想别人的新走法学不到，倒把自己怎么走路也忘记了，结果只好在地上爬着回去！我怕您借了《庄子》书也会像这个燕国人那样，不如算了吧！"在汉武帝独尊儒术以后百余年，还有像班嗣这样抨击儒家、崇尚老、庄的言论，是值得注意的。

班彪与他这位堂兄道术不同。他以儒学为信仰原则，"唯圣人之道然后尽心焉"，尽心致力于儒家经典，绝无半点违背。在王莽末年开始出现的社会大动乱中，他就是以儒家思想为准则，来观察形势、指导行动的。

由于王莽托古"改制"的种种乖悖做法引起不可收拾的社会混乱，加上横征暴敛和严重的天灾，激起了全国范围的农民大起义。公元23年，王莽新朝灭亡。两年后，刘秀在河北即皇帝位。不久，定都洛阳，打败了赤眉起义军余部，控制了中原的大部分地区。当时还存在许多地方割据势力，最大的是占据陇西的隗嚣和占据蜀地的公孙述。隗嚣向来有谦恭爱士的名声，更始帝刘玄被赤眉起义军打败时，故都长安及周围地区的上层人士都跑来归附他，隗嚣一概表示欢迎，并像朋友一样来往，因此名声更盛。班彪是三辅地区的士大夫，也在其内。当时长期的社会动乱还未平息，一般人仍然只看到群雄纷争，天下云扰，不能预见局势将向什么方向发展。隗嚣内心是想联络公孙述割据一方，在表面上却假装归附光武，在建武三年（27），派人到洛阳行尊奉皇帝之礼。隗嚣向当年二十五岁的班彪请教对形势的看法，班彪的答复显示出他具有非凡的见识。

（二）向隗嚣纵论天下大势

隗嚣问：看目前的局势，天下是否又要回到战国分裂的局面呢？班彪开门见山回答说，今天情况跟战国大不相同。周代实行分封制，立了公侯伯子男五等封爵，各个诸侯都拥有政权，逐渐引起了严重后果，就如同一棵树，作为本根的周天子的势力逐渐微弱，而作为枝叶的诸侯的势力却日益强大。结果王室衰落，无法控制局面，于是各国纷争，七雄并立。最后出现分裂，正是情势的必然。秦汉以后，皇帝大权在握，郡县官吏随时任免，不能长期形成对抗朝廷的势力，"主有专己之威，臣无百年之柄"，朝廷对地方能够实行有效的控制。

班彪接着又分析了西汉为什么会亡于王莽之手的问题。他认为：这是因为汉成帝时，外戚专权，哀、平二帝又都短命，三代皇帝都无太子继位，"国嗣三绝"，政权遂落入野心勃勃的王莽之手。但是，这种纷乱，其根源跟战国纷争大不相同。"危自上起，伤不及下。故王氏之贵，倾擅朝廷，能窃位号，而不根于民。"危险的局面仅限于上层统治权力改变，而社会生活的根基却未受损害。所以即使王莽已经登基称帝，但天下人心并不拥护他。这是因为：老百姓相信刘氏是"真龙天子"，各地起兵都不约而同地打着刘氏的旗号，作为号召，"十余年间，外内骚扰，远近俱发，假号云合，咸称刘氏，不谋而同辞"。最后班彪明白地得出结论：今天称强于一方的豪杰，都不具备七国长期统治一方的基础。

但是隗嚣当时错误估计形势，他利令智昏，不听班彪的劝告。对于班彪的这番议论很不满意，说：您讲周、汉形势不同，有一定道理，但是讲天下归于刘姓，实在太欠考虑！刘邦中原逐鹿，难道当时的百姓知道刘姓吗？现在拥戴我的人虽然不多，焉知我不能同刘邦一样得天下？！

（三）著《王命论》

班彪见自己真诚的规劝不被采纳，天下又长期混乱，纷争不息，便著《王命论》，表明对时局的看法。班彪认为刘邦得天下，是天命所归，"神器有命"。称"刘氏承尧之祚，氏族之世，著乎《春秋》"。[①] 之所以有这种牵强附会说法的重要原因，是刘邦由布衣登帝位，无尺土之封而有天下，开古今未有之局，人们对此不理解。而统治者又有意把自己神圣化，以维护其统治。当时各地反抗王莽的势力，都是以刘氏作号召，或用图谶来欺惑民众。两支农民起义军主力，绿林军拥立属于西汉皇室的刘玄为更始帝，赤眉军则先接受刘玄的封号，以后也在军中找到一个没落的西汉皇室，十五岁的牛吏刘盆子作皇帝。隗嚣在天水起兵时，也以继承西汉帝室作号召，称："遵高祖之旧制，修孝文之遗德。有不从者，武军平之。"[②] 与此同时，班彪又从人事成败立论，总结历史的教训，他讲汉高祖之所以成帝业，其原因有五，"一曰帝尧之苗裔，二曰体貌多奇异，三曰神武有征应，四曰宽明而仁恕，五曰知人善任使"。班彪极为重视刘邦善于发挥周围文臣武将的作用、能审时度势听取正确意见、君臣上下协力取胜这些政治因素，认为："加之以信诚好谋，达于听受，见善如不及，用人如由己，从谏如顺流，趣时如向赴；当食吐哺，纳子房之策；拔足挥洗，揖郦生之说；寤戍卒之言，断怀土之情；高四皓之名，割肌肤之爱；举韩信于行陈，收陈平于亡命，英雄陈力，群策毕举：此高祖之大略，所以成帝业也。"他强调这几项是高祖成功的"大略"，实际上即是承认人力的因素是取胜的主要方面。相比之下，班彪讲迷信说法很笼统，而论述刘邦的政治谋略和善于纳谏、用人，却很具体、充分，当然也更加有力得多。

班彪写《王命论》用意所在，是劝说众多割据豪杰拥戴光

---

① 指《左传》上有士会归晋，其处者为刘氏的记载。
② 《后汉书》卷十三《隗嚣公孙述列传》。

武。他正告这些割据势力，"苟昧于权利，越次妄据"，"则必丧保家之主，失天年之寿，遇折足之凶，伏铁钺之诛"①。盘踞在陇蜀的二大割据势力最后都被平定，便是班彪预见性的明证。

（四）为窦融谋划

班彪劝说隗嚣放弃割据未能奏效，而同样的主张其后在窦融身上却获得成功。窦融后来被光武所倚重，且由此班、窦两个家族发生了密切的关系，对于后来班固本人的经历有直接的影响。

班彪虽著了《王命论》，但他明白隗嚣终究不会放弃割据，于是离开陇右，为了避祸，也为了自己的前途，来到河西，投奔大将军窦融。窦融是右扶风平陵人，与班彪是同乡。王莽末年大乱，窦融起初投降更始帝，任张掖属国都尉。"既到，抚结雄杰，怀辑羌虏，甚得欢心，河西翕然归之。"被酒泉、金城等地方实力人物推举为"行河西五郡大将军"。窦融便利用这里远离中原战乱的有利条件，为壮大自己的力量，悉心经营这片地盘，史书上称他政治宽和，上下相亲，统治区域内部安定，生产发展，又练习战备，加强军事实力，外部则安抚少数民族，进境的流民大批归附。班彪来到后，很得窦融的敬重，"接之以师友之道"。当时，隗嚣妄图联合窦融以形成更大的割据势力，派辩士张玄到河西游说窦融："更始帝已败，已经证明刘姓不会再兴了，如今豪杰竞逐，胜败未决，应该凭借兵力，割据一方。若我们两家，再加上巴蜀的公孙述，联合起来，那么就可以形成战国时各国分立的局面。"窦融将作出何种选择？这对他来说命运攸关。在这关键时刻，班彪的一席话，使窦融作出了明智的决定。班彪说：在这纷乱之际，要善于"观天命而察人事"，刘秀将当皇帝，不仅见于图谶，符合天命，再以人事论之，称帝数人之中，刘秀所据有的洛阳土地最广，甲兵最强，号令最严明，必定成功。所以班彪力主尊奉刘秀。窦融本来做事小心精细，听了班彪的话，他再

①　上引《王命论》，均见于《汉书》卷一百。

不怀疑，下定决心拥护刘秀。

在班彪谋划下，窦融作出的抉择，稳定了河西的局势，使隗嚣东西受敌，大大加强了刘秀对付陇、蜀两处割据势力的战略地位。所以光武帝答窦融的诏书中称："烦劳将军镇守河西五郡，兵马精强，仓库有蓄，民众殷富，现今天水有隗嚣据守一方，我和公孙述这两个最强大的力量正在相斗，你窦将军采取什么行动，实在举足轻重！"刘秀向窦融交了底，要利用他牵制隗嚣。建武八年（32），光武亲率大军西征隗嚣，窦融率军在高平（今甘肃固原）与光武大军相会合，使光武顺利稳定了西部局势。

陇西平定后，光武帝封窦融为安丰侯，征召他到京城洛阳。光武见到窦融，问他："你所呈送的奏章文辞雅洁，是谁负责此事？"窦融回答说："都出自我的僚属班彪之手。"光武由此很欣赏班彪的才能，亲自召见，由司隶荐举为茂才，任命他做徐县令，班彪以病辞掉。

（五）提出有关乌桓和匈奴的对策

其后班彪被辟为司徒掾，虽然是职位低微的属员，但他遇事都能提出恰当的解决办法。建武二十五年（49），朝廷根据班彪的建议，在北部边境恢复设置乌桓校尉，管理散居在长城以内的乌桓人。在此以前，因匈奴发生内乱，乌桓乘其弱势出击匈奴兵败，北徙数千里，漠南空虚。光武帝便以钱物贿赂乌桓人。至此年，乌桓上层人物郝旦等率领部众归附东汉，朝廷便封他们的酋长为侯、王、君等，共八十一人，族人则散居在长城以内各边郡，为东汉侦察边境动静，帮助攻击匈奴、鲜卑。根据这一情况，班彪建议重设乌桓校尉，对散居在漫长地带的族人加以管理，被朝廷采纳，其办事机构（营府）设在上谷宁城（今河北宣化西北），且负责边境的贸易。班彪的又一建议，是有关匈奴的对策。建武二十八年（52），北匈奴再次派使者到洛阳朝见，光武一时不知如何措置，让三府（司徒、司马、司空）讨论此事。因为匈奴问题自西汉以来，一直使中原朝廷感到头痛。在建武六年（30），匈奴开始与东汉通好。建武二十二年（46），匈奴内乱。次年，北匈奴单于遣使者到武威求和亲，光武帝让公卿讨论，结果赞成与反对两种意见不能统一。光武遂命令武威太守干脆采取回避态度，不见匈奴使者。不想今年使者又来，所以感到为难。班彪虽然身居司徒掾的微小职位，却有别人所不及的见识，他提出两条：第一，可以接近使者，适当给予赏赐，数量可同来使所献的礼物相当。第二，要拿西汉元帝时呼韩邪单于与汉朝保持友好关系的故事再讲给使者听，让他明白朝廷希望和好的诚意。光武完全采纳班彪的建议。

班彪所建言的两件事，都属于与北方少数民族关系问题。他之所以提出有见地的看法，是同他的家族熟悉边地事务有关系的。同时，这也对后来班固大漠从征，班超威震西域产生了影响。

以后，班彪由司徒掾被荐举望都长（今河北望都西），尽心于公事，史称"吏民爱之"。[①]建武三十年（54），他卒于任上，年五十二岁。

（六）撰著《史记后传》

班彪的著述，有赋、论、书、记、奏事共九篇。他在文化上最重要的、并为班固所继承的，是他的著史事业。就家学系统言，班彪乃是班氏家族承前启后的关键人物，他的著史事业是班固撰成《汉书》的先声。

班彪长期居于低微的职位，但他"才高而好著述"，这种才华和兴趣使他转向著史事业。著史，在汉代是被看作一件关系至为重大的事情。不仅孔子著《春秋》被尊奉为儒家圣人，司马迁著《史记》所取得的成功也早已引人注目。司马迁本来是私人撰史，随后却被认为是"国史"，被赋予了庄严的权威的意义。《史记》所载内容止于武帝太初年间，武帝以后没有记载，人们对此很不满足，自褚少孙起，先后有学者多人对它"续作"。但是班

[①]　《后汉书》卷四十四上《班彪列传》。

彪认为这些续作大都失于"鄙俗"，无论在内容、史料或文字上，都跟《史记》无法匹配。所以他决心重新撰写《史记》的"后传"。为此他夜以继日地努力，采集武帝以后的政事记载和人物事迹，完成六十五篇（一说百余篇）。班彪所撰成的篇章，无疑成为班固著史的重要依据。现在《汉书》中的《元帝纪》《成帝纪》即班彪原作，《韦贤传》《翟方进传》《元后传》的赞语也都题"司徒掾班彪曰"，也是出自他的手笔。

（七）回顾史学的演进

《后汉书·班彪传》中保留有班彪的一篇珍贵文献——《略论》，是对于《史记》和其他史书得失的评论。他说："唐虞三代，《诗》《书》所及，世有史官，以司典籍，暨于诸侯，国自有史，……孝武之世，太史令司马迁采《左氏》《国语》，删《世本》《战国策》，据楚、汉列国时事，上自黄帝，下讫获麟，作本纪、世家、列传、书、表凡百三十篇，而十篇缺焉。"这段文字虽很简略，却正确地概述了中国史学由低级到高级的发展过程。开始，是设立史官典藏官府文献阶段，相传夏代有太史修古，殷代有太史向挚。到周代则有太史儋。所以说"《诗》《书》所及，世有史官，以司典籍"。以后由守藏典籍发展到各诸侯国的"国史"，应是最简单的按年代先后的记载。《墨子》书中也讲"吾犹见百国《春秋》"。这就是"暨于诸侯，国自有史"的阶段。

从《左传》产生，则标志着私人历史著作出现，经过《国语》《楚汉春秋》到《史记》，由简单到复杂，终于完成了像《史记》这样上起黄帝、下至太初，包括本纪、世家、列传、书、表多种体裁的巨著。班彪这段论述似乎既简略又平淡，无甚深意。实则不然。其中包含着一种可贵的历史感。

（八）评论司马迁的得失

对于司马迁得失的一段评论，多年来成为非议班彪父子的

"罪状"，而对其中具有积极意义的内容却似乎长期被忽视。班彪说："迁之所记，从汉元至武以绝，则其功也。至于采经摭传，分散百家之事，甚多疏略，不如其本，务欲以多闻广载为功，论议浅而不笃。其论术学，则崇黄老而薄五经；序货殖，则轻仁义而羞贫穷；道游侠，则贱守节而贵俗功：此其大敝伤道，所以遇极刑之咎也。然善述序事理，辩而不华，质而不野，文质相称，盖良史之才也。"① 可见他对于司马迁有表扬也有批评。

班彪表彰司马迁的话，虽然着语不多，但极有分量。他认为《史记》达到了"文质相称"的要求，并具有宏伟的规模和气魄："若迁之著作，采获古今，贯穿经传，至广博也。"事实上，班彪是以司马迁作为效法的榜样。所以说："夫百家之书，犹可法也。若《左氏》《国语》《世本》《战国策》《楚汉春秋》《太史公书》，今之所以知古，后之所由观前，圣人之耳目也。"

批评司马迁的主要是指他对黄老的态度、对游侠和货殖的态度，不符合儒家正宗思想的要求。认为对此应有所纠正。这在当时的思想背景下，是不足为奇的。

在编撰体例上，提出如何在《史记》的基础上加以改进的主张。班彪说："司马迁序帝王则曰本纪，公侯传国则曰世家，卿士特起则曰列传。又进项羽、陈涉而黜淮南、衡山，细意委曲，条例不经。若迁之著作，采获古今，贯穿经传，至广博也。一人之精，文重思烦，故其书刊落不尽，尚有盈辞，多不齐一。若序司马相如，举郡县，著其字，至萧、曹、陈平之属，及董仲舒并时之人，不记其字，或县而不郡者，盖不暇也。今此后篇，慎核其事，整齐其文，不为世家，唯纪、传而已。传曰：'杀史见极，平易正直，《春秋》之义也。'"② 班彪对《史记》体例的这番讨论，也是是非得失互见。他认为《史记》的主干部分分设本纪、世家、列传是恰当的。

司马迁本人在《太史公自序》中曾讲过他创立不同体裁的意

---

① 《后汉书》卷四十上《班彪列传》。
② 《后汉书》卷四十上《班彪列传》。

图，班彪作了一番提炼，简洁地说明设置三种体裁的不同意义和作用："序帝王则曰本纪，公侯传国则曰世家，卿士特起则曰列传。"这种提法，使唐代学者司马贞、刘知幾深受启发。[①] 但是班彪在这里批评"进项羽、陈涉而黜淮南、衡山，细意委曲，条例不经"，则多因过分拘泥于体例。司马迁把项羽立为本纪，把陈涉立为世家，乃是他对体例灵活运用的成功之处。项羽虽不是帝王，但他是秦汉之际叱咤风云的人物。立陈涉为世家，则因为"秦失其政，而陈涉发迹，诸侯作难，风起云蒸，卒亡秦族。天下之端，自涉发难"。高度评价陈涉在反抗暴秦中首义的作用，并且把反秦起义跟"桀纣失其道而汤武作，周失其道而《春秋》作"[②] 相提并论。

班彪批评司马迁的做法，究其实质，也是由于拘守君臣等级之义的正宗思想在作怪。至于批评记述人物有的不记其字，有的只写县不写郡，这些地方能求一致固然更好，但毕竟只属技术小节。班彪也指明了这是由于司马迁私人著史，"一人之精，文重思烦，故其书刊落不尽"，能够体察司马迁著述的甘苦。

班彪的历史见识和著述，是班固所承继的一份丰厚的遗产。班固接受了父亲的思想，把它发展了，他继承了父亲的著述事业，把它推向中国古代史学的又一个高峰。

---

① 分别见《史记》之《五帝本纪》《吴太伯世家》《伯夷列传》司马贞索隐所注；及《史通》之《六家》《本纪》《世家》《列传》等篇。

② 《史记》卷一百三十《太史公自序》论《陈涉世家》撰述义旨。

第二章　潜心著史

班固为完成父亲未竟的事业，呕心沥血，历二十余年，最后因受诬而猝死狱中，妹妹班昭又奉命续史。一部《汉书》凝结了班氏父子兄妹的心血。

一、从私撰到受诏

东汉建武二十年（44）班彪四十二岁的时候，在他洛阳的家中，曾有一次对东汉初史坛来说意义深长的会见。这一年，东汉初著名思想家王充正值青春年华，从会稽老家来到京城洛阳游学。王充景仰班彪在学术上的高深造诣，前来拜他为老师，虚心求教。王充对于班彪的著史事业充满敬意，称赞班彪的著述可与太史公、扬雄媲美。由于他经常到老师家中请教坐谈，跟班彪的长子、年纪比他小五岁的班固彼此熟悉。王充十分赏识少年班固的才能和志向，心中对他寄予莫大希望。

这一天，王充又来向老师请教，恰好班固也在客厅里。王充不禁疼爱地抚摸着班固的后背，对老师说："您这位大公子，将来必定会完成撰著汉代历史的重任！"① 王充的预言后来果然应验了。

班固字孟坚，扶风安陵人，生于东汉光武建武八年（32），自幼聪明好学，受到良好的教育和薰陶。九岁就能写文章、诵诗赋。十六岁入洛阳太学，在这里，他用功苦学，贯通各种经书典籍，不论儒家或其他百家学说，都能深入钻研，同时注重见识，并不拘守一师之说，不停留在字音字义、枝枝节节的注解，而是要求贯通经籍的大义。自称"九流百家之言，无不穷究，所学无常师，不为章句，举大义而已"。这是他日后成长为一代良史的极重要条件。班固性格宽容随和，平易近人，不因为自己才能出众而骄傲，所以很得到士林的好感。班彪死时，班固年仅二十三岁，但已具备较高的文化修养和著述能力。

（一）与命运抗争

父亲的死，给班固带来了巨大的失落感。他写《汉书·叙传》时回忆这段经历，自称"弱冠而孤"。② 当时班固尚未入仕，父亲生前本来官职不高，一旦故去，家庭更失去依靠，上有老母，下有弟妹，生计立即大成问题。班固此时，既忧虑自己无法掌握命运，可能终生默默无闻；又想进取，跻身于上层社会。这种心情，在他所作《幽通之赋》③ 中表达得委婉曲折，既含蓄又强烈。开头，他叙述家族渊源久远，文武各有荣名。可是，"咨孤矇之眇眇兮，将圮绝而罔阶"。至本人则家势陡降，前途难测。而他本人的志向，并非为营求个人的所得，而是要继承先人的业绩："岂余身之足殉兮？伟世业之可怀。"然后形象地写出自己处境艰难，进身无路，身处峻谷，战战兢兢。光明的前途依稀存在，现实的处境却极其严峻，时机不能等待，要尽力争取早日仕进以跟上友辈。

---

① 《后汉书》卷四十注引谢承《书言》。
② 古代男子以二十岁行冠礼，故用"弱冠"指男子二十岁左右的年龄。
③ 《汉书》卷一百《叙传》。

《幽通之赋》的基调是与命运抗争、力求仕进顺利，这不仅是班固当时的心情，也是他一生的苦苦追求。明帝永平元年（58）有一次尝试的机会。这一年，明帝刘庄刚刚继位，任命他的同母弟东平宪王刘苍为骠骑将军，委以重权，位在三公之上，并且特准他任用辅助官员四十人，史籍上称之为"开东阁（指款待宾客的地方），延英雄"。班固认为这是显示自己的见识和才能的好机会，便向东平宪王上书，荐举了陕、甘地区六个"殊行绝才"的人物。

班固在这篇奏记中，说自己有幸生活在国家清明的时代，虽然身处微贱地位，却一向关心国事。现在，东平王您受到皇帝如此重托，拥有这样的威权，实在肩负着国家的希望。您要选用才能高超的人物组成幕府的消息一传开，四方豪杰都疾速地投靠您。希望您还能留意到偏远地方和长期隐没无闻的人才，不拘常格提拔任用他们，真正做到总揽贤才，收集明智，为国得人，以使国家安宁。然后班固特意推荐了六人：前司空掾桓梁，是一位有名望的老学者；京兆祭酒晋冯，一向埋头学问；扶风掾李育，通晓经学，志行又高，教授学生上百人，他客居杜陵，过着茅屋土阶的贫穷生活，而操守廉洁；京兆督邮郭基，孝行、经学、政事三项都很特出；凉州从事王雍，性格勇敢，又有学问；弘农功曹殷肃，学识渊博，才能绝伦，又善于辞令，适合于外交应对。

班固的建议，显然有的被东平王苍所采纳，如李育，即由班固这次的推荐而闻名京城，贵戚显要争相和他交往。[1] 班固本人却未受征用。这篇奏记显示出：此时的班固虽然才二十六岁，却以向当权者荐举人才为己任，而且对于散布各地、处于下层的学者有深切的了解，这是很难得的。奏记中所包含的一些关于人才的观点，以后在《汉书》中得到了发展。

（二）子承父业

由于父亲去世后生计困难，班固只好从京城迁回扶风安陵老

---

[1] 《后汉书》卷七十九《儒林列传》。

家居住。从京城官宦之家一下子降到乡里平民的地位，这对上进心很强的班固是一大挫折。但他毫不气馁，相反地，更加激起继承父亲未竟之业、撰著汉史的志气。班固认为，父亲所已撰成的部分，内容还不够详细，布局也尚待改进，于是在父亲已成《后传》基础上，利用家藏的丰富图书，日夜披阅，潜心著史。《汉书》修撰就在这一年全面开始。

正当他全力以赴地撰写，书稿越积越高的时候，不想在永平五年（62），发生了被人告发私修国史的事件，致使身陷囹圄。幸好由于明帝的识力，才使这场飞来横祸以喜剧结束。明帝赞赏他的志向，器重他的才能，立即召班固到京都校书部供职，拜为兰台令史（据《汉官仪》记载：兰台令史六人，秩百石，掌书劾奏）。

（三）受诏著史

班固回到洛阳，先被委派参加朝廷极为重视的修史工作，修撰记载光武帝事迹的《世祖本纪》。这一委派无疑找到一位最称职的人选，于是使《世祖本纪》顺利地完成。班固显示出才华，随即被晋升为郎官，负责整理校雠皇家图书。郎官是汉代进身的开始，班固的职务是校书，故称"校书郎"。他继续修撰光武一朝的史事，又撰成东汉初功臣、平林、新市起义军和公孙述的事迹，共成列传、载记二十八篇。这样，有关光武一朝的记载大体齐备。《东观汉纪》是东汉皇朝的当代史，自明帝以后，章帝、安帝、桓帝、灵帝、献帝历朝都有续修，班固则是在它的创始时期作出了重要贡献，开了一个好头。[1]

班固被汉明帝任命为郎官之后，官阶虽低，地位却日益亲近，文才尤其受到明帝的宠爱。时间长了，明帝也关心地问起他的家庭生活，有一天，汉明帝问他："你的那位贤弟，上回冒险

---

[1]　这部经过东汉历朝修撰的《东观汉纪》，据《隋书·经籍志》记载，共有一百四十三卷。以后流传至宋、元时全部散佚，仅在范晔《后汉书》，以及类书《太平御览》《艺文类聚》《北堂书抄》和其他古籍、注解中保存有片断文字。清乾隆时姚之骃曾加辑佚，成书八卷。乾隆时又重新辑集遗文，成书有二十四卷。

赶到洛阳阙下上书的班超，现在什么地方了？"班固回答："我们举家搬回洛阳之后，生活有困难，弟弟班超受雇为人抄书，挣点工钱奉养老母。"明帝眼前又闪现出那位有勇气有辩才的青年，觉得他未得任用实在可惜，便授班超为兰台令史。

参加撰写光武一朝君臣事迹的工作业已告一段落，汉明帝出于对班固立志独力修撰汉史的嘉许，特为此下诏，让他继续完成所著史书。这对《汉书》的完成是一个有力的推动，班固不仅有了比较稳定的生活，有皇家图书可资利用，尤其是明帝的这一旨意，使他著史的合法性得到确认，由于具备了这些有利条件，撰史进度大大加快。

这一时期，班固还写了著名的《两都赋》。当时，东汉皇朝的统治秩序已经稳定下来，经济得以恢复，国力逐渐强盛。东汉光武帝定都于洛阳，至此才大兴土木，在洛阳营造宫殿。但是，关中那班上年纪的士绅旧族仍然怀恋西汉时建都长安的热闹场面，希望朝廷改变主意，都城西迁。班固写作《两都赋》，即是为了宣扬洛阳建都的适宜，用以驳倒关中人士不切时宜的议论。

（四）与汉明帝论秦亡

永平十七年（74），有一天，汉明帝下诏，把班固和其他几位学者贾逵、傅毅、杜矩召到皇宫云龙门，随即，只见从宫里走出太监赵宣，还带着《史记·秦始皇本纪》的抄本，他宣示皇帝的意旨，问这几位学者说："太史公下赞语，会不会有讲错的地方？"

别的学者听了尚在迟疑，班固却当即回答："《秦始皇本纪》这篇赞语中，'向使子婴有庸主之才，仅得中佐'的话是错的。"

太监赵宣回宫禀报，过了一会儿，赵宣又折回来传明帝的旨令，让班固进宫对答。明帝问："你刚才的回答，是早先就认为《史记》这篇论有错呢？还是见我提出问题才突然脑子开窍这样回答呢？"班固回答说，是原先就这么想的。下来以后，班固专门写了一篇史论，原原本本表达自己的意见，① 后人将它附在《史记·秦始皇本纪》后，题为《秦纪论》。文章主要是批评司马迁在《秦始皇本纪》论赞中所引贾谊《过秦论》中一句不恰当的话，这句话是："藉使子婴有庸主之才，仅得中佐，山东虽乱，秦之地可全而有，宗庙之祀未当绝也。"按贾谊的原意，是要强调政治的重要，但这一论断显然忽视了秦二世的统治已造成众叛亲离的形势。司马迁在论赞中引用了《过秦论》，但没有指出这一说法不当之处。班固的分析，表明他在这个问题上比贾谊、司马迁更有眼光。

班固认为，秦的灭亡有深刻的原因，秦始皇的暴虐统治早已酿成危机，到秦二世，更把它推向极端，进一步滥用民力，使民众不堪负担，又任用奸臣赵高，穷凶极恶，造成了覆亡的条件。班固形容当时秦国分崩离析的形势是："河决不可复壅，鱼烂不可复全。"孺子婴刚嗣位，立即诛杀赵高，而楚兵已攻到咸阳，于是投降。班固的结论是："秦之积衰，天下土崩瓦解，虽有周旦之材，无所复陈其巧，而以责一日之孤，误哉！俗传秦始皇起罪恶，胡亥极，得其理矣。"这里他用精警的语句概括了人们的共同看法，深刻地说明秦朝的被推翻是暴君长期实行虐民政策的必然结果，而贾谊、司马迁却责备子婴是庸才，不然秦地可以保全，班固指出他们这种说法是"不通时变"，这个批评是很中肯的。

由于上面这篇议论，又引出班固后来撰写《典引篇》一文。他认为，前代这类文章都未能使人满意，司马相如的《封禅文》文字华丽，而体例不合规范，后来扬雄作《剧秦美新》，体例虽合格式，而内容却吹捧王莽，尤无价值。② 故班固另作《典引篇》，叙述汉代功德。

---

① 据《文选》卷四十八班固《典引序》。
② 见《后汉书》卷四十《班固传》，原文为："（班固）以为相如《封禅》，靡而不典，扬雄《美新》，典而不实。"又，《后汉书》将班固作《典引篇》列为章帝时事。

二、二十五年心血的结晶

公元 75 年，东汉明帝卒，他的儿子刘炟继位，是为章帝。次年改元"建初"。由于东汉章帝对于经学文章同样怀有很大兴趣，因此班固更加受到器重，常常被召进皇宫中，与皇帝一起读书，有时太阳落山了，君臣议论兴犹未尽，于是点灯再读。章帝每外出巡狩，总让班固随行，献上诗赋助兴。朝廷有大事，也让班固列席，参加公卿大臣的讨论，请他无拘束地发表意见，也时时得到赏赐大批财物。

（一）不得升迁的旷世通才

但是，班固的心情是抑郁的。因为，自父亲班彪以其旷世通才为人称道以来，到他本人以才能显于朝廷，积两代人的才华学识，地位却仅是最低下的"郎"官。年届四十有余，仍不得升迁。他想起东方朔、扬雄曾在文章中抱怨自己没能赶上苏秦、张仪的时代，这种种感慨，驱使他写成《答宾戏》一文①。

这篇文章本来是抒发自己的苦闷和感慨，但不是直接发泄不满、自怨自艾之词，而以回答问话的形式，构思巧妙，写得格调高雅，雍容大度，文辞云蒸霞蔚，说理深刻诚恳。先借客人的话讲出：古之圣人才士，无不要求扬名于当时，孔子周游列国，栖栖皇皇，到处奔走，就是企求功不背时，生前显耀，至于著书立说，那不过是业余的事情罢了。而像您现在这样："幸游帝王之世，躬带冕之服，浮英华，湛道德，矕（音满）龙虎之文，旧矣。卒不能摅首尾，奋翼鳞，振拔涝涂，跨腾风云，使见之者景骇，闻之者响震。"您的才华这样卓著，文章备受赞扬，但是地位却很低下，什么时候才能像蛟龙冲出泥潭，腾空起飞呢？您纵

---

① 载《汉书》卷一百《叙传》。

有满腹学问，在屋里日夜攻读，思想在宇宙飞翔，著成文章，笔势像波涛一样澎湃，词藻像春花一样华美，也只是在笔尖上显示才能而已，哪比得上为朝廷谋划政事，建立功勋呢！

宾客的这段话，已经烘托出班固才能的卓异，文章的超群，同时揭示出他久处低位，受到很不公平的待遇，形成了强烈的对比。那么，班固是如何回答的呢？他说——

您的这番话，叫做"见世利之华，阁道德之实"，只图权势利益，不知原则品德更加重要。就拿战国游士的遭遇来说吧！当时，王室衰微，各国纷争，陈说合纵。连横的能辩之士同时并起，乘时局的风云变化，争着向国君慷慨陈词，奉献计策，为解救当前的危难而立功，甚至平步而登相位，享受富贵尊荣。可是，这些人的命运又怎么样呢？他们"朝为荣华，夕为焦瘁"，转眼之间，便灾难临头。有教养的士人还能跟着这样做吗？所以，不能图虚荣去求功，也不能靠诡计以成名。孔子把来路不当的富贵看成是像浮云一样，是虚幻缥缈、转眼过去的东西。这不是死抱迂阔习气，追求不切实际的东西，而是坚守自己的道德、志向。如今正是汉朝功业蒸蒸日上的时期，人人沐浴着汉朝的大德。而您却搬出战国时代过时的道理，美化前代的传闻，怀疑眼前的现实，这就太不合时宜了！

班固用这段答词，表白自己虽然久困低下的职位，却依然赞颂汉朝的功业，并抒发他坚守自己的操守、志向的情怀。

（二）身处逆境，坚守志向

然后，再借宾客的问话提出：上古以来的贤士，能够按正确的道理去做，辅助国家，他们的美名难道默默无闻吗？接着，主人的答词便高度赞扬上古以来的贤人，譬如：殷代从事版筑的傅说被提拔，周代在河滨钓鱼的吕尚受重用，而他们都具有过人的智慧，能洞察情势，建树了功勋。汉代以来，有陆贾著《新语》，贾谊写政论，刘向总校群书，扬雄写出哲学著作《法言》《太玄》，他们都与当时的君王地位亲近，能体会出前代圣哲的精微道理，博览群籍，手不释卷，为此废寝忘食，具有高深的学识，因此才形成完美的人格，抒写出杰出的文章，国君采纳他们的建议，为后世留下美名！至于后代流传的：伯夷逃到首阳山上，宁愿饿死；柳下惠任士师，三次被黜而不气馁；颜回住在陋巷，过着穷苦生活而不改其乐；孔子叹吾道之不行，著成了《春秋》，他们的名声更是充盈天地，是我们士人的崇高楷模！我还听说，一阴一阳，构成天地的秩序；一文一质，是治国的大纲；有顺有逆，是人生遭遇的常情。所以士人要坚守自己的志向，听天由命，只要诚心所向，神明哪能不保佑你呢！和氏之璧，原先不是包在普通石头里面，随侯之珠①，原先不是藏在蚌壳里面吗？多少年代过去，没有碰到识货的人，殊不知它蕴含着耀眼的光辉，呈现出奇异的色彩，成为无价之宝，千载流传！蛟龙游在浅水，鱼鳖戏弄它，不知它能腾飞万里，搏击风云，达到最高最远的天空！事情正是这样：巨龙总是先处泥沼，以后才飞上高空；美玉宝珠也是先无人理睬，以后贵重无比；有德行的读书人，也是先默默无闻，然后扬名于世。人又各有所长，子牙、师旷擅长音乐，琴声悦耳；逢蒙擅长射箭，百发百中；鲁班是能工巧匠，伯乐擅长相马，乌获力大千钧，扁鹊药到病除，计然、桑弘羊精通经商理财。论这些技术我都不如他们，我也别无所求，以后依然是终日读书做文章，自得其乐！

《答宾戏》全文曲折含蓄，腾挪跌宕，感情沉郁顿挫，说理充足酣畅，意味深长。这篇妙文很快流传出去，章帝也读到了，不由得再次赞赏班固的才华，也省悟到他长久屈居低下的职位太不合理，便提拔他为玄武司马（玄武是宫掖门之一，按两汉制度，每门设司马一名，俸禄千石）。

---

① 又称"隋侯之珠"，典出《战国策·楚策》卷四、《淮南子·览冥训》。高诱《淮南子》注云："隋侯，汉东之国，姬姓诸侯也。隋侯见大蛇伤断，以药傅之，后蛇于江中衔大珠以报之，因曰隋侯之珠。"

（三）　白虎观论五经著通义

班固四十八岁那年（建初四年，79 年）十一月，东汉朝廷有一件大事。议郎杨终上奏说：“如今天下少事，学者们能有安心钻研学问的机会，可是有的人专搞枝枝节节的注解，把经书的大道理掩盖了，应该像西汉宣帝召集石渠阁会议①那样，召集有权威的学者来讲论五经，裁定经义。”

章帝接受了这个建议，召集太常、将、大夫、博士、议郎、郎官及诸生、诸儒，在白虎观举行会议，讲论五经的文字上和理解经义上的异同。由五官中郎将魏应按皇帝的旨意提出问题，由侍中淳于恭集中大家讨论的意见上奏，章帝亲临裁决，仿效汉宣帝的做法。出席的有班固（职衔“校书郎”），博士赵博、李育，议郎杨终，郎官贾逵，鲁阳侯丁鸿，广平王刘羡，还有太常楼望、少府成封、屯骑校尉桓都等，历时一个月才结束。杨终在会议前因事入狱，由班固和赵博、贾逵等人上书，提出：杨终深晓《春秋》，学问渊博，请求章帝赦他出席参加会议。杨终又上书申冤，即日允许他交上一笔赎金，出狱与会。章帝还命令班固将会议的记录加以整理，成《白虎通义》②。

（四）　力主与匈奴修好

这一时期，班固还对匈奴问题发表了主张与北匈奴保持和好的重要的言论。当时，匈奴已分裂为南匈奴和北匈奴。南匈奴是

---

① 石渠阁会议：西汉宣帝甘露三年（前51）三月，诏令萧望之、刘向、韦玄成、薛广德、施雠、梁丘临等大儒，在石渠阁讲论《公羊传》《穀梁传》经义的优劣，宣帝亲临裁决。

② 据《后汉书》卷四十《班固传》：“天子会诸儒讲论五经，作《白虎通德论》，令固撰集其事。”则这次会议的原始记录为《白虎通德论》，再经班固整理成《白虎通义》（即《白虎通》）。《白虎通德论》后来亡佚。又，《后汉书》卷七十九《儒林列传》：“建初中，大会诸儒于白虎观，考详同异，连月乃罢，肃宗亲临称制，如石渠故事，顾命史臣，著为通义。”

在建武二十四年（48）投降东汉皇朝的，被安置在云中（今内蒙古托克托）、西河（今内蒙古准格尔旗西南）一带。北匈奴仍居住在漠北。章帝建初年间，北匈奴派遣使者，向东汉朝廷贡献礼物，并要求和亲。章帝诏令群臣讨论如何处置。臣僚们都认为：匈奴变诈成性，并不真心和好，只是被汉朝的威力所震慑，又害怕南匈奴，所以才提出要汉朝派遣使者到漠北回报，表示安抚。现在若派遣使者，恐怕会引起已经归附内地的南匈奴的不满，而中了北匈奴的狡计，不如干脆不理他。唯独班固提出不同的意见。

班固说：自西汉建国以来，漫长的二百多年时间中，与匈奴和战一直是最头痛的问题，对付它的办法不外几项，或是文书来往，以修和好；或是大兵压境，武力征服；或是贿赂财物，以换得边境安宁；或是反过来让匈奴称臣，加以控制。以上几项，虽因情形的变化而采取的办法不同，但从来没有置之不理，根本不同他们打交道的。所以光武帝建国以后，便恢复西汉通好的规矩，先后两次派中郎将出使，后来才短时间停顿。到明帝永平八年（65），朝廷又把与匈奴通好的事提出来讨论，结果意见纷纭，多数是强调同匈奴很难打交道。先帝却站得高，瞻前顾后，决定派官员出使。以上足以说明：中原朝廷对匈奴没有一朝不通使修好的。如今环视辽远的边境上，东边的乌桓降服了朝廷，互相保持了密切关系，西部的康居、月氏，也派出使者来到洛阳。匈奴分裂为南北两部，匈奴南单于率领众人归附，三个方向的边疆民族都来归向，这是朝廷的大功德，也是上天保佑的结果！所以我建议仍要派使者与北匈奴通好，承接自西汉宣帝以来和好的传统，继续光武帝、明帝控制的策略。也可以安排匈奴两次来使，朝廷回报一次，表明中国实行忠信的方针，也使他们知道朝廷礼节持重，怎么能断定他们存心欺诈、明显表示出猜疑的态度，使他们的善意落空呢！断绝关系不见得有好处，互相通好不至于有害。若果北匈奴以后强盛了，又在边境上大规模挑起事端，难道要等到那时才同他们通使，那还来得及吗？

班固这番议论，说明他对边境民族问题的关心和远见。《汉书》用大量的篇幅记载边疆少数民族的历史和现状，是同这种见识密切相联系的。

三、晚年际遇与班昭续史

班固自永平元年（58）开始著史，至建初七年（82）①，经历了二十五个寒暑，终于基本上完成了《汉书》的撰著，实现了父子两代人的心愿。《汉书》是完整记载西汉一代历史的巨著，上起汉高祖，下迄王莽灭亡，囊括了二百三十年的史事，包括十二篇帝纪，八篇表，十篇志，七十篇列传，共计一百卷。

班固面对着自己呕心沥血写成的书稿，心中自然有轻松之感。然而，他又总感到郁郁不乐：自己年过半百，竭尽了全部才智，难道一辈子就只得个玄武司马了事吗？他无论如何不能甘心。在当时，若只靠着国史、写文章，有再高才能，也终究不被重用。要升迁，就得立下军功。班氏家族向来有与边疆事务打交道的经验，班固不顾年迈，也盼望能到边境立功。果然，在他五十八岁那年（和帝永元元年，89 年），他找到了跟随将军窦宪攻伐匈奴的机会。

（一）大漠从征

那时，班固因遭母丧，辞官守孝在家赋闲，得知窦宪被任命为将军，率大军攻匈奴的消息。光武帝时，窦融成为显赫的功臣

---

① 这里采用陈汉章说，见于《马班作史年岁考》："班固作《汉书》二十五年，始永平元年戊午，终建初七年壬午。固以永平五年入校书，而《汉书》之作不始是年也。《传》云迁为郎，典校秘书，帝乃复使终成前所著书。按《贾逵传》永平中为郎，与班固典校秘书；《汉书·叙传》永平中为郎，典校秘书；《本传》又云自永平中受诏，二十余年，至建初中乃成。自永平五年至建初六年为二十年，建初止八年。《史通·正史篇》曰二十余年，至建初中乃成。若以建初六年成，止二十年，不当有余；以建初八年成，在建初末，不当曰'中'。故云《汉书》以建初七年成，固是年五十一岁矣。"（《缀学堂初稿》卷二，光绪间自刊本）

权贵之家。又历明、章二世，窦氏势力更加盘根错节。班固求进心切，班、窦两家又是同里、世交，所以他投附窦氏家族，也是情理中事，但他未能觉察，这样已使自己跟危险势力联系起来。章帝初年，窦融的曾孙女被立为皇后，皇后之兄窦宪很快升为虎贲中郎将。这个国舅后来之所以愿意领兵打仗，是因为作恶多端，犯了死罪，不得已请求立功赎罪。

窦宪先是倚杖权势，竟敢欺负到皇帝姑母头上。皇姑叫沁水公主，在洛阳拥有一座好园林，窦宪用贱价夺取过来，公主迫于他的气焰，不敢同他计较。恰好有一天，章帝乘车出行，经过沁水园，便指着对窦宪说："这是我姑母沁水公主的园林，景致甚佳，你知道吗？"窦宪支支吾吾不敢正面回答。事后章帝终于发觉，对窦宪怒斥一顿："你的手段骇人听闻，侵夺到皇姑头上来，好大胆！前些天路过时，明明沁水园已被你强占，你还学赵高指鹿为马！贵公主都被你欺负，还用说你在百姓面前何等作威作福！朝廷要把你抛弃，轻易得像扔掉一只死老鼠！"窦宪自知闯了大祸，求窦皇后说情，最后退出园林，暂时了事。虽未治罪，也不再让他掌握大权。

公元88年，章帝卒，和帝即位，年仅十岁，窦太后临朝。国舅老爷窦宪成为联系太后与外廷的关键人物，实权在握，窦家还有三人也占据亲要之地。凡窦宪本人的意旨，在外授意早有名望的旧臣写奏书，在内由他向太后陈述，"事无不从"。窦宪竟敢挟持私怨，连续派宾客杀人。其中一个是齐殇王的儿子刘畅，他因章帝丧事来吊问，乘机讨好了窦太后，得到一个宫内职位。窦宪怕刘畅受宠，妨碍他掌握权柄，竟派人将他刺杀。事被查出，将窦宪关在宫内。这下窦宪着了慌，请求征匈奴以赎死罪。

当时正逢南匈奴请兵攻伐北匈奴，朝廷便拜窦宪为车骑将军，率大军出塞。班固随军出发，任中护军，参与军中谋议。大军从朔方三路北袭，窦宪遣各部将及匈奴左谷蠡王等，率精骑万余，在稽落山（今蒙古达兰札达加德西北）大破北匈奴军队。窦宪与副将等登上燕然山（今蒙古杭爱山脉），在此远离边塞三千余里的地方，刻石纪功，铭文便出自班固手笔。窦宪此举取胜，说明东汉还保持着强盛的国力。

窦宪班师后出镇凉州。第二年，北匈奴单于因大败之后势力衰弱，派亲王向窦宪通报希望觐见东汉皇帝，请求派使者前来迎接。窦宪上奏，派遣班固以中护军兼代中郎将职务，与司马梁讽一起，带领数百人骑马出居延塞（今内蒙古额齐纳旗）迎接。正遇上南匈奴出兵打败北匈奴，班固一行到达私渠海（在稽落山西北），获知北匈奴已遁走而折回。永元三年（91），窦宪派部将出兵北击，此后北匈奴向西远徙。

（二）含冤被害

大漠从征以后，班固成为窦宪幕府人物。此时的窦宪，因为平匈奴有功，威名大盛，心腹众多，刺史、守令的任免由他一句话决定，朝臣震慑，望风希旨。尚书仆射郑寿、乐恢由于招致他的不满，被迫相继自杀。① 窦宪的三个弟弟分别把持着卫尉、执金吾、光禄勋的要职，窦氏家族还有十几人任城门校尉、将作大匠、少府等职务。他们在京城无法无天，奴仆肆意强夺民财，侵凌百姓，抢走民女。街市上店铺都紧锁店门，像逃避强盗一样。永元四年（92），窦氏家族这个毒瘤终于最后溃烂。窦宪的爪牙邓叠、女婿郭举等阴谋在宫中杀死和帝。和帝觉察他们的阴谋，事先与中常侍（东汉时传达诏令的宦官，权力极大）郑众定计，把邓、郭等收捕斩首，并将窦宪等人革职，送回封地。窦宪等被迫自杀。

班固本来与窦宪案件毫无关系，但在封建时代，一人有罪，株连甚广，班固因与窦宪关系密切被免职，后又被逮入监狱。当时的洛阳令种兢对班固一家怀有私仇。因为班固平常对僮仆管教不严，有的人不守法纪，地方官吏感到头痛。曾有一次，种兢出行，班固的家奴因喝醉酒冲撞了他的车骑，种兢手下官吏对他推

---

① 东汉时，政务归尚书，尚书令成为直接对君主负责、总揽一切政令的首脑。仆射即尚书令副手，也居于重要地位。

操训斥，家奴迷迷糊糊，口出狂言，种兢大怒，可是畏惧窦宪威势，不敢发作，从此怀恨在心。等窦宪案发，以前窦家的宾客一一被逮捕拷问，种兢借机报复，将班固关进监狱。在狱吏的拷打折磨下，这位对中国文化史作出杰出贡献的人物竟冤死狱中，卒年六十一岁。事后，和帝下诏谴责种兢公报私仇的恶劣做法，并将害死班固的狱吏处死抵罪。

班固含冤被害，值得人们为他洒下同情之泪。然而他的悲剧结局也给人们留下了教训。他作为世家子弟，怀才不遇，不甘心家庭衰落，对功名利禄不能淡然处之，这确是他性格的弱点。作为一个史学家，他对于前代人物的遭际得失往往能看得清楚，评论恰当，而对于身边潜伏的巨大危险却不能洞察，托附于权贵势力，因此种下祸患。这不仅反映出他认识的局限，而且说明依附权贵之险！

（三）班昭续史

班固的妹妹班昭是历史上著名的才女，她对《汉书》的最终完成作出了贡献。因为班固基本著成《汉书》不久即随军出征，后又猝死狱中，还留下八表及《天文志》尚未完成。① 班昭比班固约小十七岁，丈夫曹世叔，早卒，人又称她为曹世叔妻、曹大家（音姑）。班昭从小受到良好的知识教育，被誉为"博学多才"，《文选》中还收有她所写的《东征赋》。汉代学术十分重视家学，于是和帝诏令班昭利用东观皇家藏书完成《汉书》的撰著。到班昭卒时，又还遗留有一些收尾工作，朝廷又诏令班固同郡学者马续完成。若从班彪创始起至《汉书》最后完成，前后历经八十年以上，这再一次说明著史之难！

班昭对《汉书》的传播也有贡献。由于《汉书》中多古字，又包含许多专门的学问，书刚流传时，读的人即未能通晓。

---

① 此据《后汉书》卷八十四《列女传·曹世叔妻》的说法。《史通》卷十二《古今正史》所说相同。《后汉纪》卷十九《顺帝纪》云："其七表及《天文志》有录无书。"又，《隋书》卷三十二《经籍志》云："其十志竟不能就。"说法略有不同。

和帝命令著名的经师马融（马续之弟）拜班昭为师，"伏阁就读"①。班昭的讲解经马融再传授出去，大大促进了《汉书》的传布。

　　班昭还是东汉有名的邓皇后（汉和帝皇后）的老师。邓皇后小时跟随本家兄弟们学习经传，家里人给她取个外号叫"诸生"（秀才的意思）。进宫后，和帝知她爱读书，便请了班昭做老师，教授经书，还学习天文、历数，班昭即在此时被尊称为"大家"。邓后从老师所受的儒学教育，对她后来执政有明显的影响。和帝卒，继位的汉殇帝是个才百余天的婴儿，邓后便以皇太后身份临朝，殇帝次年夭折，立刘祜为安帝，年纪才十三岁，邓太后继续临朝。她当政期间办了一件在历史上很有影响的事情，是把武帝以来越来越增加的淫祠罢去了相当的数量。邓太后认为，鬼神无征，淫祠无福。她又下诏将自光武帝以来因妖妄案件受牵连的囚犯都释放恢复平民身份。又减去宫内大官、导官、尚方、内者等部门②所主管的各种珍奇异物的生产，把各郡国进贡的奢侈物品一概禁绝。因此有的历史学家称誉邓皇后为"有学问的"皇后。

　　《后汉书》为班氏一家立传的，有班彪、班固、班昭、班超、班勇五人。班超投笔从戎，成为东汉名将。他在西域活动达三十一年，挫败了匈奴联合西域反对汉朝的计谋，巩固了汉在西域的统治，保护了西域各族的安全，以及联系东西方经济文化的"丝绸之路"的畅通。由于他功勋卓著，被封为"定远侯"。班勇是班超之子，安帝时，他被任为西域长史，带领五百人前往西域，击退匈奴的势力，再次打通西域道路，保护了河西边塞。班勇自幼随父在西域成长，深入了解西域道里、风土和政治情况，著有《西域记》，成为后来范晔著《后汉书·西域传》的重要依据。

---

　　① 古代社会"男女授受不亲"，班昭四十多岁，马融当学生二十多岁，不能对面听讲，只能在小阁下捧着书低头学习。

　　② 大官，主管宫内膳食；导官，主择好米以供祭祀；尚方，主管制造刀剑及工艺；内者，主管帷帐。

　　班氏一家为东汉建国、东汉初文化事业和经营西域，前后贡献了五位出色人才，这也是中国历史上的佳话。尤其是班固著成《汉书》，是中国文化史上的一件大事。它在当时就获得世人的重视，学者争相阅读、学习，很快就流传开来，并产生了深远的影响，历来被誉为一代良史、学术瑰宝。

第三章　创立新的构史体系

班固创立了著史的新格局，在构史体系上取得了重大突破，终于使史学的发展再次耸立起一座丰碑。《汉书》的著成又是东汉初强盛的国力在文化上的反映。

一、走出巨人的身影

《史记》是汉武帝时代的大史学家、文学家司马迁完成的著作，全书共一百三十篇，记载起自上古下迄汉武帝时期几千年的历史，是我国的第一部通史巨著。由于《史记》内容丰富、材料可靠，体裁合理，叙述又生动，所以成为中国史学的奠基之作。

（一）高峰后的低谷

从《史记》著成至班固撰成《汉书》之前，相距百余年间，却形成了高峰之后的低谷时期，撰写历史的工作陷入了困境。这是因为，司马迁所形成的格局，竟然变成后人撰史的桎梏。由于被司马迁的巨大成功所吸引，这百余年间，先后有十七位学者从事《史记》的续作。其中最著名的有两位，一位是褚少孙，另一位就是班固的父亲班彪。

褚少孙为西汉元帝、成帝间博士，在他所补的《史记·三王世家》中这样叙述他补作的动机：我有幸以文学进身为侍郎，平常好读《太史公书》。在列传中讲到，《三王世家》中武帝封王的诏令极有文采，但又读不到他们的家世事迹。于是我便从知情的老辈人那里找到封王的诏书，并且编排他们的事迹写成这篇文字。① 现今《史记》中褚少孙补作的还有《建元以来侯者年表》《外戚世家》《田叔列传》《滑稽列传》《龟策列传》等，大多是补记司马迁所未及见到或未曾记载的史实。

（二）亟待解决的难题

在褚少孙以后，补作《史记》几成风气，相继者有十五人，他们是：刘向、刘颜、冯商、卫衡、扬雄、史岑、梁审、肆仁、晋冯、段肃、金丹、冯衍、韦融、萧奋、刘恂。② 至东汉建武年间，班彪又为《史记》撰写"后传"六十五篇，成为续补《史记》的又一著名人物。

从褚少孙到班彪，有这么多《史记》的续作者，说明了《史记》的成就对学者们很有吸引力，也显示出中国史学绵延不断的传统。同时，这个事实又暴露出：在这百余年间，学者们一直未能找到新的著史的途径。他们的"续作"，是自觉或不自觉地把所做的工作置于司马迁巨大成就笼罩之下，只限于修修补补。他们并未意识到需要构建新的史书体系。而这个问题若果不能解决，则"保存历史记载连续不断"的目的，是不能达到的。试看：在众多的续作者中，除褚少孙所补的段落由于附于《史记》，班彪所续的一些内容由于存在于《汉书》，因而得到保存外，其

---

① 见《史记》卷六十《三王世家》。
② 据《史通》卷十二《古今正史》。又《汉书》卷三十《艺文志》载："冯商所续《太史公》七篇。"

他作者所续之篇，早已统统湮灭无闻。若果不能构建新的著史体系，那么再好的内容也无从依托，既不能流布于社会，更不能传留给后代。

（三）创立新的著史格局

班固自觉地担负了推动史学前进的艰巨使命，他以宏大的气魄创立了著史的新格局。《汉书》"断汉为史"，按照西汉皇朝的起迄，始自高祖终于王莽，包举一代，首尾完整，在构史体系上取得了重大突破，使史学从司马迁的巨大身影笼罩下走出来。这部巨著的产生，终于使史学跨出了低谷，再次耸立起一座丰碑。唐代著名的史学评论家刘知幾对此颇有真知灼见，将"《汉书》家"定为中国史学"六家"之一，他彰明班固所表现出的这种创造性，是敢于做到自成一家。①

刘知幾认识到，在通史体的《史记》之后出现断代体的《汉书》，实际上是史学发展的客观要求。他对《史记》的成就曾作过高度评价，指出《史记》是著述的楷模，它的体裁具有容量广阔，极富伸缩性的特点。与此同时，他通过反思自司马迁以后撰史的实际经验，在《史通·六家》中对体裁运用的得失加以总结。他认为，从成书的难易和读者阅读的效果看，《史记》的通史体裁又存在很大的缺陷：它记载的上下限相隔辽远，包括的年代太长。这么庞杂的内容，分散在各篇"纪""传"之中，再加上"书"和"表"，势必造成难以查究，本来是讲一朝的事，却分散在不同的篇章，简直如同北方的胡族同南方的越族一样距离几千里，君臣共同参与的事迹，却像天上的参星和商星一样相隔遥远。以后梁武帝仿照这种通史体裁，撰作一部《通史》，尤其芜杂累冗，致使读书人宁愿去读原有各部史书，而懒得去翻阅这部新著。况且《通史》编成的并不很多，随即遗失的却不少，真是劳而无功，这是作史的人所应深

① 《史通》卷十二《古今正史》。

深引为鉴戒的！

接着，刘知幾分析《汉书》断代为史的优点："班固修史的方法，起自高祖，终于王莽，他下了大功夫组织成一部史书，定名为《汉书》。以前孔子编成上古的文献，也叫《尚书》。故从称之为'书'来说，也是依据古代而定的伟大的命名。自从东汉以来，继班固而起的史家前后相接，也大都将修成的史书称为书，只有一二家命名有点差别而已，而体裁、方法都与《汉书》完全相同。以前的史书，如《尚书》《春秋》《竹书纪年》《史记》等，或连记几个朝代，或者记一代而不完全。只有《汉书》，有始有终地记载了西汉的兴亡，完整地包容了一代历史。它的内容，要简洁得多，它的体例、结构，要缜密得多。读者要研讨西汉的史事，线索清楚，容易收到功效。从《汉书》出世以来，直到今天，断代为史的方法一直被仿效，并没有人能够改变。"①

刘知幾的认识，是总结自《汉书》以后，包括《东观汉纪》《三国志》，以及《后汉书》《宋书》《南齐书》《魏书》，直至唐初所修《梁书》《陈书》《北齐书》《周书》《隋书》等，前后七百年的修史经验而得出的。从长期史书修撰和传播的实际效果来看，断代的纪传体史书对于撰著者来说，不像通史那么艰巨，有利于提高质量；对于读者来说，阅读也比较容易。正因为如此，继《汉书》之后，断代史被历代史家竞相效法，"自尔迄今，无改斯道"。这不仅仅是方法问题，更重要的是确立了自己的思想体系和著史格局。《汉书》这部纪传体断代史著作，是对《史记》体裁的继承，又是一个影响深远的创造，以后历代修史者对此沿用不改。从《三国志》以下，一直到《明史》，这二十二部史书，都是仿效了班固"断代为史"的格局。一直到编撰于民国初年的《清史稿》，也不例外。今天我们考察这个问题，还应该比前人有进一步的认识：它意味着班固所创立的"断代为史"的格局，恰恰符合中国古代社会演进过程中皇朝更迭的周期性特点，所以才被沿用垂二千年。

---

① 原文见《史通》卷十《六家》。

二、强盛的国力是创造的源泉

《汉书》在创立构史体系上所表现出的非凡创造力，如果仅仅归结于班固个人的才识，那只是属于表面的认识。实则这种非凡的创造力还深深地植根于时代土壤之中。

在汉代，《史记》和《汉书》这两部具有非凡创造力的巨著，都产生在国家兴盛的时期：《史记》产生于西汉处在鼎盛阶段的武帝时代；《汉书》则产生于东汉国力强盛的明帝、章帝时代。东汉初年强盛的国力，是班固创造力的源泉。

班固生活和撰述的年代，正处于东汉社会生气勃勃的时期。东汉开国皇帝光武帝重建了统一的国家，为东汉初期的强盛奠定了基础。以后明帝、章帝继续了这一趋势，使当时的国力达到强盛。

（一）帝王的性格

在古代社会，帝王的性格是一个时期政策好坏的决定因素。有几个典型事例，很可以说明光武帝和汉明帝在位之时关注何事。

光武帝是以征战得天下，有卓越的军事才华，指挥过昆阳大捷等著名战役，太子刘庄（即后来的汉明帝）深知这一点，曾经请他讲战场上攻战要领。光武帝一听就皱起眉头，回答说："古书上说，春秋时卫灵公曾向孔子问战场上如何布阵，孔子不予回答。打仗的事情不用你操心。"光武帝厌谈兵事，他所关心的是与民休息，提倡节俭。史书上还记载：域外曾向光武帝赠送日行千里的名马；又赠送价值几百金的宝剑，光武帝收下之后，立即下诏表明他对这类奇珍异物毫无兴趣，并把这匹千里马送到普通马厩中，同别的马匹一样拉车，又把宝剑赐给骑士佩用。他取消了皇宫中管园林名池的官员，废除皇帝带领大批随从外出射猎的旧规例。他亲手批复地方官员的文书，一块窄木版上，一律书写十行小字，以此向官员们提倡勤俭节约。又经常召集公卿大臣到他宫中处理政事的地方，让大家无拘束地谈论各人所了解的各地的民众的生活和习俗；或是一起诵习儒家典籍中讲爱惜民力、当官尽职的旧训，一起讨论到深夜才散。①

汉明帝在位期间，严格不准外戚干预国政。甚至他的亲姐姐馆陶公主向他求情，让封儿子为郎官，明帝也不予照准，只答应赐给馆陶公主大量钱财。为此事，明帝还特别向群臣说明为何不准的原因，他说：郎官的职位决不是小事，郎官在京城担负皇宫门卫的要职，在地方则是一县之长，如果滥用不胜任的人，老百姓就要遭殃了。②

（二）开国之初

东汉光武、明帝、章帝时期，确有开国兴盛的气象。

光武帝是一位出身民间、艰难创业的开国皇帝。他属于西汉皇室的后代，因此在反抗王莽、群雄并起的局势中，有一定的号召力。然而他之所以能最后击败所有对手，主要是靠指挥的谋略和施行的政策。他的父亲刘钦只做了汝南郡南顿县令，本人九岁而孤，寄养在叔父刘良家中。《后汉书·光武帝》说他"性勤于稼穑"，说明他年轻时参加了一部分生产活动，对于民间生活、社会实情有相当的了解。尤其是以后他经历了艰苦的征战，对于造成自西汉末年至王莽"新政"时民众无法生存的严重社会问题，有着切身的体验。他在统一全国前后所采取的一系列重大措施，有效地缓和了社会矛盾，促进了生产的发展。

西汉末期以后，收孥相坐律被恢复，一人犯罪，全家以至本族人统统被牵连没为奴婢，在战乱中又有许多被军人或豪强掳掠变卖为奴，使大批农民丧失庶民身份，沦于悲惨的境地，这是当

---

① 以上据《后汉书》卷一《光武纪》及卷七十六《循吏传》论。
② 据《后汉书》卷二《明帝纪》。

时极为严重的社会问题，也是社会生产关系的局部倒退。光武帝对此采取了一系列措施。25 年，刘秀即帝位时，正是戎马倥偬之际，他便立即颁布命令，准许被掠卖的奴婢恢复自由民身份。此后，从建武六年至十四年，他连续六次颁发诏令释放奴婢，规定：凡属王莽以来吏民没为奴婢而不符合西汉法律的，青、徐、陇、蜀等封建割据势力区域吏民被掠卖为奴的，吏民遭饥乱嫁妻卖子为奴而要求离去的，一律免为庶人；奴婢主人如果拘执不放，按西汉的"卖人法"和"略人法"治罪。仅建武十一年（35）一年之中，就连续三次下诏令：杀奴婢的不得减罪；炙灼奴婢的按法律治罪，免被炙灼者为庶民；废除奴婢射伤人弃市律。次年三月针对西北、西南地区吏民被掠卖为奴的严重现象，颁令更加彻底："诏陇、蜀民被略为奴婢自讼者，及狱官未报，一切免为庶人。"光武帝接连颁发诏令，不仅在东汉政权建立时期争得了民心，同时打击了旧生产关系残余的复活，保护了封建生产关系的成长，是促进农业生产力发展的有力措施。

光武帝接受了大规模农民起义的教训，又经过长年战乱，知道当务之急是恢复民力，奖励生产，提倡节约。还在统一北方的过程中，他就下令恢复文帝时"三十税一"的旧制度，减轻剥削。此后，又宣布恢复百姓过去习惯使用的五铢钱，治理因王莽改制而造成的货币混乱局面。他在朝廷上常与大臣讨论民众疾苦，减轻负担，使百姓宽息。据司马彪《续汉志》中《百官志》和《郡国志》记载，光武帝合并官僚衙门机构，减少冗员，每年节省费用数以亿计。对于地方行政层次多余的机构也实行裁撤，计撤销郡国十，县、邑、道、侯国四百余所。而对边郡由于战乱、人口几乎死绝的地区，则于建武二十一年（45）派遣官员，先虚设郡守、县令职位，负责招集流亡人口，恢复生产。光武帝以诙谐的口气对这些官员说："《春秋》有'素王'的说法，现在边郡无人口而先设郡守、县令，倒真成只有空名的'素王'了！"同时又在边境实行屯田，并将内地刑徒送去从事生产①。东

---

① 据《续汉志·郡国志》引应劭《汉官》的记载。

汉刚刚建立时社会破败的情形是惊人的："海内人民，可得而数，裁十二三。边垂萧条，靡有孑遗。"由于战乱，内地户口只剩下十分之二三，田地荒芜，只生野谷，边郡几乎人烟断绝！经过采取一系列恢复生产的有力措施，荒凉破败的局面才逐步得到恢复。

光武帝还开启了东汉初年整饬吏治的风气。当时朝廷及地方官员大多由皇帝亲自选任，且督察严厉，官吏都不得渎职逸乐。对于大官，光武帝督责尤严。建武十五年（39），下诏责令各州郡"检核垦田顷亩及户口年纪，又考实二千石长吏阿枉不平者"，对于高级官员不法行为重点加以查处。次年，诸郡太守坐度田不实，光武大怒，杀十余人。① 对于征战的功臣加以制御，不许放纵，只给封号，不任实职。他还采取高级官员减俸、低级官员增俸的措施。建武二十六年（50），诏有司增百官俸，千石以上官员的俸禄，比西汉时期减少了，六百石以下官员的俸禄，则比西汉时期增加了。正如史学家吕思勉在所著《秦汉史》一书中所说："（光武）帝之于小臣，亦颇能体恤。与前世宽纵大臣、近臣，不恤小臣、远臣，怠于察吏，听其虐民者迥异。此其所以能下启永平，同称东京治世。"②

（三）大有作为的年代

班固的少年和青年时代，就正当光武帝为重建统一的国家而大有作为的时期。对于处在思想和学识成长关键时期的班固来说，影响是巨大的，班固在思想文化上的巨大创造力，就在这个大有作为的时代蕴育形成。光武卒后，明帝（58—75 年在位）、章帝（76—88 年在位）继承帝业，继续实行一系列有利于生产发展的措施，使东汉国力达到了强盛，也为班固在文化史的非凡创造提供了更加充分的时代条件。

---

① 以上参见《后汉书》卷二十九《申屠刚传》，卷一《光武纪》及《续汉志·五行志》。

② 《秦汉史》第九章第一节。

明帝和章帝性格特点各不相同，明帝尤重法令严明，每对朝臣严加责罚，过于苛察，章帝则被后人称为"长者"，执法不严，因而在其统治时期形成外戚势力。但就总的政治倾向而言，明帝和章帝统治的三十年间，继续奉行了光武帝促进生产发展，加强国力的治国方针。

一是奖励生产。明帝即位不久，便接连下诏，责令各级官员督课农桑，不能贻误农时，更不能滋扰百姓。他还规定把各郡国荒置的公田划分给贫人耕种，促进农民与土地的结合。至永平九年（66）以后，便连年获得丰收，谷价低至每斛才值三十钱，东汉立国初年野无田禾、凋敝破败的景象，至此变成粮食丰足、牛羊遍野，实在是天地之别！

章帝继位当年发生大旱灾，他连续下了四次诏令，规定：免收灾区田租，开仓赈济灾民；当春耕时，对贫苦无生产能力者予以借贷，而且按所贷款额一次给足，不要分作多次少量付给，以免在农忙时节妨碍耕作；帮助流民返回本乡，官府发给路费，沿途官亭负责供给食宿；这些事项都应由长吏亲自负责办理，刺史明加督察，避免贫户遗脱、小吏豪右弄奸侵吞。几次诏令中对救灾和恢复生产规定这样详细，由此可见章帝对于下情相当了解。章帝在元和年间又一再下诏，令各郡国无田农民移徙他乡耕田，并且提供粮食、种子、农具等，规定五年免收田租，又规定各地将无主耕地给予贫民耕种。明帝、章帝施行的这些恢复生产的措施，使这一时期出现了"远近肃服，户口增殖"、"平徭简赋，而人赖其庆"的景象，成为中国封建社会上升时期经济发展的又一次高峰。

二是提倡节约、谨慎从政。明帝即位初年，曾一再下诏列举政事存在诸多弊端而责备自己，又说："因政事存在弊端太多，百姓很有怨气，可是，官吏的章奏却一味歌功颂德，今后若再有故意过分称誉的，就由尚书把章奏压下来不予上报，别让那些专会谄媚的人自以为得计。"一个封建帝王，却能做到明令切责和禁止臣下讨好奉承，实属难得！他还命令下属去掉"竞为奢靡"的陋习。章帝到外地出巡，就下诏沿途官员省约从简，不要滋扰百姓。

三是整饬吏治。汉明帝很注重考核官吏政绩，分别给予奖惩，所以永平年间吏治称良。他曾下诏命令各地刺史推举政绩优异的官员，并责令对政绩最劣者也要上报，这一措施果然有效。所以史书上褒扬说，由于明帝执法甚严，当时靠打通关节、侥幸升迁的人比以前大大减少。明帝本人又深明刑法，负责刑狱的官吏便不敢枉法胡为，因此"断狱得情，号居前代十二"，说明案件审查认真确切，所以冤狱较少，被判有罪的人只是前代的十分之二。因此史家用八个字来赞扬明帝时的吏治风气："吏称其官，民安其业。"章帝建初元年诏令荐举官员必须认真考核其政绩、防止滥用不称职人员。此后，又曾多次颁诏责令下属纠正滥施刑罚和吏民互相告发的恶劣风气，并严词责备官吏贪赃枉法、治狱上下其手的恶劣行为。但是，章帝在位期间，近亲贵戚因得宠而势力膨胀，奢纵无度，已经形成难以遏止之势，章帝一再下诏责备也未能触动。至章帝后期，外戚窦氏和马氏都已成为炙手可热的势力。东汉皇朝在上升和强盛的道路上运行了五六十年，而中国封建皇朝固有的社会矛盾又逐步激化了。

（四）治理黄河

东汉初年国力强盛的一个象征性事件是投入巨大人力治理黄河。从西汉平帝年间，黄河发生决口，河水大量流入汴渠，泛滥数十县，造成长期的灾害。至汉明帝时，国家才有力量修治黄河。永平十二年（69），善于治水的王景和王吴，率吏卒几十万修治黄河、汴渠，疏决壅积，控制水流，并使河、汴分流。河工告成后，明帝还把滨沿河渠的田地划给贫民耕种，制止豪强凭势力侵占，[①] 这次对黄河的修治，是促进东汉前期北方农业发展的一件大事。这一时期，关东地区以至长江以南，还陆续兴修了一

---

① 见《后汉书》卷二《明帝纪》。

批陂池灌溉工程，也都有利于农业生产。①

（五）平定匈奴出使西域

建武年间，东汉皇朝为了避免与边境冲突，将定襄、雁门、代郡、上谷等边郡吏民徙入内郡，这样，匈奴左部就得以转居塞内，便成为东汉皇朝的严重威胁。此后，匈奴因天灾、乌桓进击和发生内乱，分裂为南北二部。建武二十四年（48），南匈奴向东汉皇朝请求内附，东汉朝廷每年赠给大量财物、牛羊、粮食。北匈奴常常侵扰河西和北方郡县，掳掠南匈奴和汉人，并控制西域。不久，北匈奴因受到丁零、鲜卑、南匈奴的夹攻，加上西域国家的反击，势力薄弱，部众离散。东汉朝廷为了保障河西四郡的安全，并恢复同西域的交通，于是发动向北匈奴的进攻。明帝永平十六年（73），派将军窦固等由高阙、酒泉、居延、平城四路出击，追击北匈奴至天山和蒲类海，在那里置宜禾都尉，留吏士屯田。和帝永元元年（89），派将军窦宪等出击北匈奴。出塞三千余里，班固当年五十八岁，他随军出征，在燕然山刻石记功而还。两年以后，北匈奴再次被东汉军队击败，向西远徙，离开了蒙古高原。

东汉初年，西域诸国重新归汉，天山南北路交通重新畅通，则是班超建立的赫赫功勋。他凭借东汉的国力为后盾，在西域历尽艰险，苦心经营。王莽时期，西域分割为五十五个小国，其中北道诸国，受制于匈奴。建武年间，西域国家曾数次请求东汉皇朝派都护，光武帝因国家当务之急在休息民力，没有答应。车师等国便先后投降匈奴。明帝时，随着东汉皇朝进击匈奴战争取得胜利，于永平十七年（74），恢复了西域都护，又派假司马班超出使西域南道各国。

班超在极其复杂的形势下，以超人的勇气和智谋，在东汉派

---

① 这些灌溉工程，有汝南的鸿却陂，南阳的陂池，渔阳的狐奴（今北京顺义）引水渠，庐江的芍陂等。江南会稽和巴蜀的灌溉事业也有显著的发展。

出援军的支持下，迫使匈奴在南道的属国莎车投降，使西域南道重新畅通。至和帝初年匈奴主力西徙，西域的形势发生了有利于东汉的变化，最后西域北道龟兹等国也归附东汉，北道也完全打通了，西域五十余国遂全部内属。长期成为中国北方威胁的匈奴被击败和众多西域国家的归附，就成为东汉初期国力强盛的明显标志，史书上称"天下清静，庶事咸宁"，赞美的就是这个强盛的时代。

两汉时代的中国社会处于明显的上升成长时期，西汉的文、景、武帝时代和东汉光武、明、章帝时代，是这一时期的两次上升高峰。没有东汉初经济的发展和安定的环境，就不可能产生出《汉书》这样气魄宏大的巨著。

三、时代召唤"汉书"出世

正当班固潜心著史的时候，与他同时代的又一位著名学者也怀着深沉的感情在自己的著作中写下这样的话："若果有一位擅长著述的人，用大手笔写出汉代的政治功业，那么这部书的价值便可以同《尚书》《春秋》相比，读书人定会认真诵习，人们所重视的'六经'，也会增加一部，自汉高祖，至光武帝和今上皇帝（指汉明帝）在人们心目中也会成为圣王了。"① 这位著名学者就是把撰成"汉史"的希望寄托在班固身上的王充，王充的这番呼吁，反映了时代迫切需要一部记载汉史的著作。

《论衡》中的论述，对于我们理解《汉书》"断代为史"的意义帮助极大。以往评论《汉书》，有一种相当流行的看法，认为班固这样做，即是突出地表现出班固忠实地维护汉家的正统思想，因而作了许多批评贬责。其实这种指责是不公平的。班固不满意于把汉代"厕于百王之末"，要单独为西汉撰成一史，虽然也包含有正统思想，但这并不是主要的；主要的是他要"宣扬汉

---

① 原文见《论衡·宣汉》。

德"，肯定汉代的历史进步。当时这样做，恰恰具有驳倒俗儒崇古卑今的错误观点的意义。所以《汉书》"断代为史"，不只是实现了著史格局上的重大突破，而且是用成功的史学实践回答了时代的需要，表明了历史家的高度社会责任感。

（一）崇古非今风盛

《论衡》和《汉书》这两部典籍，在思想上是息息相通的。从王充的笔下，我们可以看到当时尊古卑今的思潮有多么严重！

《论衡》书中列举出俗儒们"好褒古贬今"的种种可笑表现：一是他们认为人的相貌、体重和寿命，当今比古代普遍地丑化和退化了。俗儒们张口就说上古的人长得高大俊美、体质强健，寿命又长，能活百岁左右；近代的人长得又矮小又丑陋，寿命很短，大都早死夭折。二是认为古人与今人品质道德优劣悬殊：上古之人生性质朴，容易接受教化；当今之人生性刻薄，掩盖过错，难以治理。上古之人重视发扬仁义，轻视个人的利害得失，遇到符合忠义的事，看出是自己应该牺牲生命的时候，即使赴汤蹈火，也毫不悔恨；当今之人唯利是图，苟且偷生，抛弃仁义原则，随便贪取好处，彼此不用仁义的标准、高尚的行为互相激励，干出了坏事也不悔恨。① 三是俗儒认为古代与近世政治功业高下相差悬殊：上古时代有圣人治理，道德高尚，治国功绩很卓著，到秦朝汉朝，战争不断，凭武力争斗，道德低下，功绩微薄，都远远不及。甚至画画也好画上古的圣贤，不喜欢秦、汉的人物，认为他们全靠权谋取胜，不值得表现他们的形象②。王充深刻地指出，是由于俗儒们头脑中迷信古代的观点作祟，才使他们产生是非颠倒的看法。由于他们美化古代成为癖好，总爱盲目赞扬所听说的东西，而对亲见的事实却不放进眼里。《论衡·超奇》篇说："俗好高古而称所闻，前人之业，菜果甘甜；后人新

---

① 原文见《论衡·齐世》。
② 原文见《论衡·齐世》。

造,蜜酪辛苦。"只要是属于古人的东西,即使是普通的蔬菜、果实,也认为是甘甜可口;相反,如果是后人新造的,再醇美的蜂蜜、奶酪,也认为是苦涩难吃。

(二) 廓清迷误

《论衡》所列举的事实,说明人们头脑中崇古非今的意识是多么根深蒂固,需要有见识的人物用社会进步的事实加以批驳,廓清迷误。王充提出了与世俗眼光截然相反的看法:"大汉之德不劣于唐、虞也。"认为汉朝的功德决不在唐尧、虞舜之下!他又作了形象的比喻:夜里举起灯烛,光亮所照耀的范围能看得清楚;白天丽日当空,阳光普照,光明所达到的范围就很难测量了。在淮河、洛水航行,能知道河道的曲折;一进入浩瀚的东海,你就辨不清南北方向。所以,辽阔的范围,纵横难以计算,极深的渊潭,深度难以测量。汉朝功德的丰厚深广,正好比阳光普照,东海浩瀚。见识多的人才能晓得,见识低的人却不懂汉德的盛大。汉朝人著书,大多讲上古殷商的事情,对于汉朝都不加褒颂,唯有《论衡》,要特意颂扬汉朝功德。《诗经》上有《周颂》,最近班固写了《汉颂》,我们的态度是相同的①。

王充讲汉德之盛如阳光普照天下,东海不可测量,他并非故作惊人之论,而是有坚实的论据作基础。他举出:从历史进程看,跟俗儒褒古贬今的论调正相反,所谓:"上世淳朴下世文薄",实际上是由原始状态进入开化时代。从衣、食、住的物质生活来说:"上世之民饮血茹毛,无五谷之食,后世穿地为井,耕土种谷,饮井食粟,有水火之调";"上古岩居穴处,衣禽兽之衣,后世易以宫室,有布帛之饰。"②原始人不懂熟食,捕到野兽连毛带血一起吃,后代懂得凿井饮水,种植五谷,用火加工食物;原始人住岩洞,披兽皮,后代人造房子,盖宫殿,穿着好

---

① 原文见《论衡·须颂》。
② 见《论衡·齐世》。

看、适用的衣服：这些难道不是巨大进步吗！再从政治功业来说，王充指出：西汉和东汉的开国，都是由平民而登帝位，与唐、虞、夏、商、周相比，他们的兴起都由袭有封号，在封地内世代经营，有所凭借而强大起来，两汉皇帝的兴起更为优胜；从国力说，汉代更强盛，版图更广阔，而黄帝时有涿鹿之战，尧时有丹朱作乱，舜时有苗氏长期不愿臣服，夏启时有扈氏叛逆，都经历长期的战乱，汉代却没有发生过这类事情。还有，西周时发生过戎狄攻周天子的事，到汉朝戎狄却自愿内属，献地归顺朝廷，连地处绝远的西域葱岭诸国也归附汉廷。相比之下，到底哪个朝代功德大、疆域广？① 王充还用诗一样的语言，歌颂汉代民族融合、四海一家的局面："古之戎狄，今为中国；古之裸人，今被朝服；古之露首，今冠章甫（古代一种帽子）；古之跣跗（赤脚），今履高舄（指鞋子）。以盘石为沃田，以桀暴为良民，夷坎坷为平均，化不宾为齐民，非太平而何？"②

（三）宣扬汉代功业

通过剖析俗儒"尊古卑今"历史观的谬误，王充总结出撰写当代史著作的必要，明确提出"宣汉"的时代课题。这是王充见解更为深刻的地方，也是与班固著史关系最为密切之处。他精辟地指出：之所以形成这种颠倒历史的看法，是由于汉的功业没有得到宣扬，汉的功德本来昭著，却没有人写出优秀著作表彰它，所以浩广之德未能广泛地传播，反而使大汉落个平庸的名声，这应该归咎于俗儒不据实论述。而一般人自幼诵习的却是记述和颂扬三代的书，"朝夕讲习，不见汉书；谓汉劣不若"，所以识古而不识今。当代学者对此负有责任，沉溺于贵古贱今气习的影响，"辨士则谈其久者，文人则著其远者，近有奇而辨不称，今有异而笔不记。"迷信古代，贱视当今。由于汉代历史没有得到及时

---

① 原文均见《论衡·恢国》。
② 原文见《论衡·宣汉》。

总结记载，仍处于官府文书档案阶段，一般读书人对于当世的进步不得而知。结果把事情弄颠倒，反过来认为上古圣贤道德高尚，功德伟大，当代人物禀性低劣，功德微薄。① 面对汉德超过前代而世俗眼光却加以卑视这种巨大的反差，王充痛感到记载汉代历史的急切需要，因而大声疾呼学者们要尽到"宣汉""恢国"的责任。他还说，如果千年之后，人们读书见不到汉朝的功绩，就会使人感到奇怪。你看古代那些确有学问的人，无不把国君的功业记在竹帛上，甚至刻在钟鼎彝器上。后人应该效法他们，当代的文人，应以此自勉！

《论衡》就是一部用政论形式"宣扬汉德"的作品，书中直接赞美汉朝功业的篇章，有《须颂》《恢国》《宣汉》《验符》《超奇》《齐世》等篇。所以王充对班氏父子的著述事业热烈地、由衷地表示赞赏，他用周初分封诸侯来比喻，认为班氏父子在学术文化上的地位，超过了一般的大侯国，可与辅助天子的周公、召公和藩护王室的鲁、卫相媲美，并把他们列为"超奇"人物，赞扬说："班叔皮续《太史公书》百篇以上，记事详悉，义浅理备，观读之者以为甲，而太史公乙。子男孟坚为尚书郎，文比叔皮。非徒五百里也，乃夫周召、鲁卫之谓也。"②

（四）宣汉的意义

《太平御览》卷六○三《史传》上有这样一段记载："班彪续司马迁《后传》数十篇，未成而卒，明帝命其子固续之。固以史迁所记，乃以汉氏继百王之末，非其义也。大汉当可独立一史，故上自高祖，下至王莽，为纪、表、志、传九十九篇。"《太平御览》注明这段话出自一部已经佚失的《后汉书》，可见作者很了解班固的作史意图。

时代是发展的，著史的需要也随着时代而前进。司马迁著史

---

① 原文见《论衡·齐世》。

② 见《论衡·超奇》。

时刚刚从汉朝的前期过来，他"通古今之变"，把汉放在历史过程中去考察，写成第一部通史，班固和王充提出"宣汉"的历史思想，是符合于历史进步趋势的。西汉不仅在经济、制度、文化上成就卓著，在疆域和民族发展上也是超越前代的。汉武帝、宣帝时期，进一步奠定了我们今天祖国的辽阔版图，作为中华民族主体的汉族也形成于这一时期，并直接以这一强盛的朝代来命名的。这在当时确是一种卓识。到了东汉初，时代条件变了，历史家的任务，是把西汉一代的历史首尾完整地记载下来，特别是要总结它从秦末战乱、凋敝残败之中屹立为一个强盛朝代的历史功绩，使汉代创建的功业流布于当世，留传给后代，帮助人们认识历史的真相，增强前进的信心。所以《汉书》的撰著虽然离我们已有近两千年，但它在发挥历史著作的社会功能、驳斥复古倒退错误思想上做出了杰出的贡献。这在今天对我们仍有宝贵的启迪意义。

第四章　对抗神学浊流

东汉初年，迷信思潮大肆泛滥，朝廷大事都要用图谶来决定。《汉书》则从多方面记载人事的成败，强调历史演进主要决定于杰出人物的政治活动和人心的向背，鲜明地具有朴素理性主义倾向。

一、鬼神与人事之争

光武建武中元元年（56），正当班固从去世不久的父亲继承了遗稿，《汉书》的撰著即将全面开始的时候，东汉朝廷发生了一场君臣之间激烈的冲突。

（一）桓谭之死

这场激烈冲突的一方是东汉光武帝，另一方是当时名望很高、年岁七十有余的老学者桓谭。事情的起因，是光武帝准备在京城选定建造灵台①的地址。此时光武帝已处于晚年，他对于两

---

① 灵台，是古代国君提倡儒学、举行仪式的场所。一说灵台、辟雍、明堂是一回事。

汉之际盛行的图谶迷信说法越来越迷信，所以他所要提倡的儒学，是同巫术迷信相掺和的。近些年来，每遇到朝廷有疑难大事，一时拿不定主意时，光武帝就用图谶作为标准来确定。这一天，他诏令议事大臣们一起讨论灵台选址问题。桓谭原是西汉末年的郎官，王莽上台时，他表现出可贵气节，不向王莽献媚讨好。故在刘秀建立新的东汉皇朝后，桓谭便由大司空宋弘保荐任职，授议郎给事中，成为皇帝随从顾问班子的一员，常参与谋议政事。对于光武帝迷信图谶，桓谭曾上书谏议，批评图谶是旁门左道，是小人搞的把戏，光武看到奏章极不高兴。在这天的会议上，光武帝心知这位老先生反对图谶，便问他："灵台选址这件大事，我想用图谶来决定，你看行吗？"

听到皇帝的问话，桓谭沉默了好久，思想展开了激烈斗争，终于决定不讲违心的话，便抬起头来说："臣下一向不读图谶。"然后，又滔滔不绝向光武帝讲述图谶的害处，说它完全是违背儒家经典的妖妄邪说。光武一听，不禁大怒，喝令道："桓谭你非圣无法，真是该死，手下，将他推出去斩首！"桓谭见因为自己讲了真话，却闯下大祸，只好向这位专制皇帝叩头谢罪，一直到把额头磕破流血，光武帝的态度才缓和下来，免他一死。事后把他撵出京城，支派他到六安（今安徽六安）任郡丞。这位满头白发的老先生终因气愤成疾，病死在半路上。①

桓谭因反对图谶差点在朝廷上当场被斩头，这一事件充分说明东汉初迷信邪说的猖獗。《汉书》即在这一历史关口上产生，作者班固同样反对用当时盛行的图谶神怪的迷信说法去歪曲历史，而态度鲜明地用人文主义观点，即以人事的成败、政治的得失解释历史，证明人类有自觉意识的行动和努力，把握和决定了社会的面貌、历史的进程。《汉书》这部杰出典籍产生的又一重要意义，是它成为两汉之际神学浊流的直接对立物，其价值远远超过了史学的范围。由孔子到司马迁所形成的优良传统，被《汉书》继承和发扬，这对中国中古时期的文化走上一条与西欧中古

---

① 见《后汉书》卷十八《桓谭传》。

神学体系迥然不同的途径，起着不容低估的保证作用。

（二）信鬼神的皇帝

冰冻三尺，非一日之寒。东汉初年朝廷大事都要用图谶妄说来决定，这种局面不是骤然形成的，而是自西汉以来当权者越来越提倡神学迷信的结果。迷信的蔓延，在西汉时期，其主要特点是方士兴妖作怪，祀神泛滥成灾；在两汉之际和东汉初年，则是图谶邪说盛行。这中间，西汉武帝，东汉光武、明帝等人都是大有作为的帝王，而他们在观念意识上又相信鬼神邪说，这毫不奇怪，因为他们企图仰仗神灵迷信维护、巩固其统治权力，传之万世，本人也冀求长生不老。

班固在《汉书》中，批评了汉武帝耽于迷信和王莽制造图谶的荒唐可笑，并以这种重人事的人文主义观点与现实生活中的神学迷雾相对抗。

《汉书·郊祀志》历来只被认为是一篇记载帝王祭祀活动的文字，而未被认真发掘其思想内容。其实，它除了记载皇朝的祭祀礼仪外，还以明显的批评态度，叙述帝王受尽方士欺骗的荒唐可笑和淫祀泛滥的贻害百姓。而从现代眼光来看，后者无疑是十分可贵的。请看班固笔下迷信盛行的情景：

刘邦称帝不久，他就急切地借助天帝来神化自己。高祖二年（前205），刘邦东进打败项羽大军之后，重回关中，问臣下说："秦时都祭祀哪些天帝？"臣下回答说："祭祀白、青、黄、赤四位天帝。"刘邦说："我听说天帝一共有五位，怎么只有四位呢？"臣下相顾茫然，不知他究竟有什么意思。于是刘邦对大家说："我明白了，原来还需要加上我，才够五位天帝。"于是特地建立了一个黑帝祠，叫"北畤"。当时楚汉战争还在激烈进行，刘邦却迫不及待地把原来秦朝负责祭祀的官员都找出来，让他们依旧担负原来职责，并按照以往的礼仪祭拜。可见汉高祖对求神保佑看得何等重要！

汉文帝本来是一个谨慎节俭的皇帝，可是经不住方士一番花言巧语，他就飘飘然起来。当时有个方士新垣平，自称能望气（指从很远地方望"云气""地气"的迷信花招），对文帝说："长安城东北有神仙气，成五采，好像一顶极好看的冠冕。这是上天降的瑞应，要赶快建祠祭祀。"文帝听信了他，果然让在渭阳建个五帝庙，次年文帝亲自前去祀拜，庙下开池灌水，直通渭河，祭祀时庙里举火，沿河点灯，灯光倒映在水面上，仿佛直通天上。于是文帝以为新垣平有功，授他为上大夫，赏赐达千金。以后，新垣平又想出一个新招：指使一个人按约定时间到皇宫前报告献玉杯，而他煞有介事地向文帝说："我望见皇宫前现出有宝玉之气。"派人去看，果然来了个献玉杯的，杯上还刻有"人主延寿"四个字。以后新垣平又称望见汾阴有金宝气，文帝再次相信，派人在河边建庙，祀求宝鼎出现。这时有人上书揭穿新垣平搞的全是欺骗，文帝才醒悟过来，重治新垣平欺骗之罪，把他杀头。此后文帝对鬼神的事才冷淡下来。

（三）方士与神仙

对于武帝与迷信的关系，班固在《郊祀志》中给了一句总的评语："尤敬鬼神之祀。"武帝一生冀求长生不死，即位不久，便先后上了长陵女子、李少君、齐人少翁等的当。李少君是个年老的方士，善于说乖巧言词，会一套装神弄鬼的招数，又称能使老人变得年轻。他对武帝说："祀灶可以获得神仙的法术，然后会把丹砂化为黄金，用这种黄金做食器便能长寿，也就有办法见到蓬莱仙人，并长生不死，黄帝就是这样。我曾在蓬莱海上见到仙人安期生，请我吃像瓜那么大的枣子，他就住在蓬莱海中，逢到高兴时才见人，不高兴就隐去。"武帝全信这一套，亲自祀灶，派出方士到蓬莱寻找仙人，又派人把丹砂化炼成黄金。班固接着写道："久之，少君病死。天子以为化去不死也，使黄锤史宽舒受其方，而海上燕齐怪迂之士多更来言神事矣。"分明是病死，却硬说他化去不死，这正是对武帝沉溺于迷信的有力讽刺，由此而助长更多的方士前来招摇撞骗。

少翁是从齐来的方士，他的骗术更加花样翻新。当时武帝所宠爱的李夫人死去，少翁摸透武帝的心思，便导演了一出"李夫人显灵"的戏，让武帝夜里远远地看到帷幕中像是李夫人的模样。于是得到武帝的赏识，拜他为文成将军。少翁受到鼓励，胆子更壮了，对武帝说："陛下您想要同神仙交通，如果不把宫室用物都弄得像神仙所用的，神仙不会来。"于是他在宫中到处画起云气车，说是驾车可避恶鬼。又在甘泉宫中建了一个台，画了各种鬼神的样子，说可以迎来天神。可是少翁这样折腾了一年多，招数都用尽，却不见一点神仙的影子。早已夸下海口无法收回，便来了个自以为得计的办法：在帛上写好字，喂进牛肚子里。然后假装发现这头牛肚子里有奇物，让人杀了牛掏出一看，原来是帛书，上面所写意思又很怪异。不料被武帝认出是少翁的笔迹，一经盘问，少翁在惊慌中只好供认真情。武帝一气之下便将这位"文成将军"杀了，却又不准向外泄露。以后武帝因害病，又到处求神求巫，把所谓神君供到甘泉宫，让巫师来往传递消息。班固又写道：天子在皇宫里为神君张挂彩色旗帜，布置了讲究的用具。而神君传下来的话，都是世俗的一套，并无特殊之处，独独武帝听了心中大喜。

（四）栾大设圈套

武帝杀了"文成将军"之后，非但没有觉悟到自己上当，反而认为文成可能还有方术未用出来而后悔！这时有人推荐来一个胶东人栾大，武帝一见，高兴得不得了。班固总结这个栾大的特点是："言多方略，而敢为大言，处之不疑。"有各种欺骗手段，特别敢大着胆子说假话，演起假戏却一点也不脸红。栾大几句话就说中武帝冀求成仙的心病，他说："蓬莱那地方我常去，同仙人安期生见面回数多了！不过，安期生认为我是个低贱小臣，胶东王也只是个诸侯，所以仙人不想理会我们。我的老师说：'唉！黄金有什么难得，黄河决口有什么难塞，不死之药有什么难得，都好办得很哩，只要是能遇到仙人！'可是自从陛下您杀了我的师兄文成将军，方士们人人闭着嘴不说话了，还有谁教您求仙的方术呢?!"

武帝见栾大有这么大的本领，惊喜异常，便赶快表示慰抚说："文成哪里是被杀，他是吃马肝中毒死的。您如果能办成刚才说的这些大事，我什么东西都可赏赐给你，统统不可惜!"

栾大一听机会到了，便先给武帝设下圈套，说："并不是我的老师有求于人，而是别人有求于我老师。陛下若要达到目的，头一桩要紧的，是让派来的使者享有尊贵地位，要成为陛下的亲属，给他以优厚待遇，使者还应该带有表示威信的印章，这样才好为陛下和神仙之间通话。神仙能否答应您的要求现在还难说，这厚待使者可是达到目的最关键的第一步!"

当时汉武帝最忧愁的正是黄河决口难治，黄金炼不成，看来栾大都能办到，便给他以最尊贵的待遇，一个多月时间内，封他为五利将军，另外还佩"天士将军""地士将军""大通将军"的金印。武帝还特地下了一道诏令，说："从大禹疏通九河以来，治理黄河一向是历代大事。近年黄河决口，淹坏大片农田，为修筑河堤，百姓又负担起繁重的徭役。我登位已有二十八年，忧虑种种事情，如今天帝好像为我派来能人栾大负责沟通信息。《易经》上说飞龙在天，我想我是该交上腾飞万里的好运了。现在封地士将军栾大为乐通侯，食邑二千户。"又赐给栾大列侯一级的华美第宅，奴仆千人，车马帷帐器具用物无数。武帝特意把亲生女儿卫长公主嫁给栾大，满足他要成为天子亲属的愿望，以十万斤金作为聘礼①。武帝亲自到栾大的住宅看望，朝廷派出探问和携物赏赐的使者在道路上前后相望，络绎不绝。从武帝姑母至将相公卿，都争着在家中设盛宴款待栾大，于是栾大成为最尊贵的人物。武帝还觉得已有的封赐都不够，还必须对他表示超出一般君臣关系的礼遇。于是又专门刻了一枚"天道将军"的玉印，安排了象征对待仙间来使的特殊仪式，由身着鸟毛服装的使臣，站

---

① 史籍上记载汉代皇帝赐金数量极多。据近代学者研究，所称"金"包括"黄金""白金"和铜。赐给铜钱也可折算为"金"。参见《廿二史札记校注》卷二"汉多黄金"条及王树民所作校证。

在白茅之上，把玉印授给同样身着鸟毛服装和站在白茅上的栾大。这个仪式表示栾大的身份不同于一般臣子，"天道"的称号更指明要把皇帝引导通向天神。栾大知道武帝日夜等待他沟通神仙的消息，装模作样夜间在家中祀拜天神，却始终求不到，便又收拾行李回山东，说是到海边求他的老师。对此，班固用讽刺的笔调写道：栾大短短几个月间成为震动天下的尊贵人物，身佩六枚天子赏给的大印①，在东部海滨地区引起强烈反响，"而海上燕、齐之间，莫不扼腕而自言有禁方能神仙矣"。为栾大的骗术获得奇效所推动，方士们的吹嘘能祀神求仙的声浪可高了！

（五）骗子现原形

栾大来到海边徘徊，他又何能找到仙人踪影？眼看牛皮吹破，原形毕露，便又心生一计，编造借口再次搪塞，说是蓬莱仙境本来不远，可是连连几次却到不了，原因是望不见云气。于是武帝又派能望气的方士前去帮忙。

这时从齐涌向京师的方士中，又有人要出新的花招，此人叫公孙卿，他借这一年夏天在汾阴发现古代宝鼎，写了一个札子呈交武帝，说："今年得宝鼎，同黄帝当年得宝鼎时间相应，黄帝得宝鼎后三百八十年，黄帝就成仙登天了。"公孙卿找了武帝的近臣所忠代奏，所忠一看内容荒唐无稽，说："胡诌这一套有谁相信！"拒绝了。公孙卿自信他能打动武帝的心，又找了武帝身边使唤的人递上去，武帝一看果然大喜，连忙找来公孙卿问话，公孙卿更加编得天花乱坠，说："我是从申公学来的，申公与仙人安期生有来往，他得到黄帝的传话。黄帝是得宝鼎之后成仙的，他采铜铸鼎，鼎铸成，神仙派龙来迎他上天，黄帝骑龙，群臣后宫跟随上天的七十多人，龙乃上天而去。"武帝听得入神，大声地感慨说："唉！我要是能像黄帝一样成仙登天，我把撇下

---

① 前面已有五利将军、天士将军、地士将军、大通将军四枚印，再加"乐通侯""天道将军"二枚印，故共有六枚印。

妻儿看作同脱掉鞋子一样毫不可惜!"便任命公孙卿为郎官,派他到太室(即中岳嵩山)迎候神仙。

这时,武帝对栾大已有怀疑,于是派人尾随他观察究竟,却根本见不到他有半点能通神仙的影子。栾大又谎称见到他老师,却拿不出任何凭信。他的各种伎俩已经使尽,现出骗子原形,武帝便把这位"五利将军"杀了。

对武帝因受栾大欺骗上了大当,班固这样如实记载,实已饱含着讽刺意味。武帝至此仍不思悔改,依旧沉迷于拜神求仙的活动,班固对此给以更加强烈的讽刺,他写道:

公孙卿在河南候神,说他在缑氏(今河南登封西北)见到神仙的影子,像是雉鸡一样在城墙上走来走去。武帝闻说也亲自前往缑氏观看,问公孙卿说:"你是不是像少翁、栾大那样骗我?"公孙卿故意说得虚缈遥远好长久行骗,对武帝说:"神仙对皇帝无所求,是皇帝对神仙有所求。迎神仙不可着急,非长时间等待,神仙是不来的。讲神仙的事,听起来似乎荒诞难信,必须诚心地年积一年去求,才能达到目的。"分明是另一番骗术,武帝却仍信以为真。他命令各郡国整修道路,修缮宫观和名山神祠,等待仙人的降临。

此后武帝连续东行到各名山封禅求仙,又来到渤海边上祀神八处。武帝此行对于方士行骗又是一大鼓励,于是齐地上书讲能献上奇方能见神怪的数以万计,武帝命令当地提供大量船只,派那些见过海中神山的人,到蓬莱求仙,人数达数千人。

武帝到泰山封禅,遇到好天气,方士便又怂恿说:"这么好的天气,蓬莱的神仙没准能见到哩!"于是武帝又欣欣然希望能侥幸遇到,便折回海边向蓬莱巴望着。

第二年春天,公孙卿报告说:"我在东莱山见到了神仙,他口里好像说:'欲见天子。'"于是武帝再次东行,先到缑氏上次公孙卿讲见到像有神仙影子的地方停留,还晋升公孙卿为中大夫。"遂至东莱,宿,留之数日,毋所见,见大人迹云。"不见神仙的踪影,只见到据说是神仙的脚迹。又派遣方士入海求仙和采不死之药数千人。这一年大旱,武帝东行毫无所得,出巡无名,便说是来祷拜海上的万里沙。

元封六年（前105），武帝又到泰山封禅。"东至海上，考入海及方士求神者，莫验，然益遣，冀遇之。"武帝为求神仙，费时数十年，耗费财物无数，一次次上方士的当，已经明知任何一个方士的伎俩都毫无应验，却又并不死心，反而派出去更多人，以图侥幸。直到征和四年（前89），已到衰老之年，还东行到泰山封禅，然后到海边，"而方士之候神入海求蓬莱者终无验，公孙卿犹以大人之迹为解。天子犹羁縻不绝，幾遇其真。"真是至死不悔！

（六）批评淫祀

以上是班固继承司马迁《史记·封禅书》中记述的内容和进步思想倾向，对于西汉立国以来帝王的迷信行为，尤其是武帝为求神仙、沉溺于方士妖言作了深刻的讽刺。这是对于儒家"不语怪、力、乱、神"的朴素理性倾向的发扬。西汉后期，迷信思潮继续蔓延，其表现为淫祀泛滥成灾。班固在《郊祀志》中综述了当时严重的情景，表彰敢于反对淫祀风气的儒臣，从而显示出更加强烈的批判色彩。

昭帝即位后，鉴于武帝热衷于迷信而毫无结果，吸取教训，不亲自祀神，但时间不长。至宣帝时，祭祀又盛行起来，宣帝还下诏祀江、海、洛水，从此，五岳、四渎都有常祭。其他杂祀名目甚多，有名山、日月星辰，祠石鼓、石社，祠蚩龙、天神等，举不胜举。猎户在南郡捕得白虎，宣帝竟为虎皮、虎牙、虎爪立祠。又听方士之言，在未央宫，为随侯宝珠、宝剑、宝玉、周代古鼎立四祠。当时，在京城及郡国还有皇室祖宗庙一百七十六所，用卫士四万五千余人，专门负责祭祀的祝宰、乐人一万三千多人。

成帝即位之年（前32），丞相匡衡等奏言：祭祀过多，造成吏民困苦，烦费浩巨，建议将京师及郡县不合礼制或重复的祠，尽行罢去。共罢去四百七十五所，尚余六百八十三所。次年，匡衡因事被免职，于是人们纷纷反对他改变祭祀的做法，连班固所尊敬的学者刘向也对成帝说："神祇旧位，不可轻动！"于是前一年罢去的淫祀立即又恢复几乎一半。成帝时还接连发生丞相被当作迷信意识牺牲品的事件。永始二年（前15），发生陨星、日食，成帝很恐慌，下诏罢丞相薛宣职。绥和二年（前7），荧惑星守住了心星，按占星家的说法，其凶应在皇帝。又有人上书说，可以让大臣受祸，当时处于极度惊慌状况的汉成帝便听信了，下诏重重责罚丞相翟方进，赐酒十石，牛一头，作为死前的食物，翟方进当日自杀。

汉成帝终日浪荡放肆，没有子嗣，晚年更加迷信鬼神，只要上书讲祭祀方术的都可得官，甚至上林苑中、长安路旁，无不布满祀神的坛位，到处是香火缭绕，旗幡飘动，不似人间世界。儒臣谷永便向成帝上言，抨击迷信的谬误，这篇议论以犀利的笔调分析西汉初以来种种迷信活动造成的危害，受到班固的高度重视，全文引录在《郊祀志》中。谷永说：

"我听说历代圣主贤臣都认为，凡是懂得天地自然之性，就不应该被神怪所迷惑；凡是知道万物之情，就不应被鬼物异类所蒙蔽。故此所有违背仁义的根本道理，不遵照《五经》的有益教导，而渲染鬼神妖怪，妄称祭祀的奇特方术，到处设坛求拜，以及谎说世界上有神仙，可服食长生不死之药，或终日耍弄，远望方气、蓬莱见仙人的花样，或编造播种五色谷、丹砂炼成黄金的伎俩，凡此形形色色，统统是奸邪之徒，妖言惑众，存心欺诈，诓骗皇帝。听他们编造的言词，讲得活灵活现，似乎可以遇到，真正按照所讲去做，纯属捕风捉影，毫无所获。所以对于这类骗术，明君摒除不听，圣人弃绝不语。

"陛下再看看历代迷信鬼神者都得到什么结果！周灵王时，大夫苌弘用鬼神之术辅助灵王以朝会诸侯，结果周王室愈加衰微，诸侯更加离叛。楚怀王用大量礼物敬祀鬼神，想借此求得福助，拒退秦国将士，结果军队失败、土地被夺，本人受辱，国家处于危殆之中。秦始皇统一全国不久，便沉迷于拜神求仙，派徐福、韩终等人带童男童女入海求仙采药，一去杳无音讯，使天下怨恨秦皇。汉兴以来，先后有新垣平、少翁、公孙卿、栾大等人，都借假称求仙、丹砂炼金、祭祀、事神事鬼、入海求神采药等获得皇帝喜欢，赏赐多达千金。栾大最为尊贵，武帝把公主嫁给他，封他一连串的高爵位，天下百姓都感到震惊。武帝元鼎、元封年间，燕、齐的方士受到鼓励，无不瞪大眼睛，摩拳擦掌，跃跃欲试，自称会求仙、祭祀致福的法术者数以万计。最后，新垣平、栾大等人都露出欺骗的真相，先后被处死。元帝以来，迷信的妖风又越刮越厉害，什么天渊玉女、巨鹿神人都出现了。回过头看看，周灵王、秦始皇、汉武帝等人，都沉溺不醒，浪费精力，耗尽天下财富拜神求仙。他们花费了多少年月，却全部落空，毫无效验，回顾以往，完全可以证明如今淫祀求福不过是徒劳！《尚书》上说：'享多仪，仪不及物，惟曰不享。'祭神搞得花样繁多，神都不想搭理。《论语》说：'子不语怪、力、乱、神。'这是孔子不迷信鬼神的态度。我恳切地希望陛下实行经书上的教言，摒弃淫祀迷信的有害做法，杜绝奸人营私乱政的图谋！"

（七）赞扬谷永

谷永的这番议论，抨击求仙、淫祀的种种害处，阐发了儒家经典上慎重对待鬼神迷信的朴素理性思想。这在当时是难得的。成帝末年及哀帝时，恢复各种神祠七百余所，一年祭祀次数竟达三万七千多次。西汉末年，王莽进一步煽起鬼神迷信的毒焰。平帝元始年间，王莽任大司马，大权在握。经他向平帝建议后，实行分群神为五部，在长安的五个区域分别设立兆居（即象征各地神祇的祭祀场所）[①]。王莽代汉以后，更卖力地提倡祀神求仙，按方士苏乐所说，在宫中建八风台，费资万金，又在宫殿中种五色

---

① 如在长安的未地，祀中央帝黄灵后土畤及日庙、北辰、填星、中宿中宫，这是"天地之别神"；在东郊，祀东方帝太昊青灵句芒畤及雷公、风伯庙、岁星、东宿东宫。其他南郊、西郊、北郊所祀诸神均名目繁多，见《汉书》卷二十五《郊祀志下》。

禾，用鹤髓、玳瑁、玉等泡种，也称这是黄帝的"仙谷"。他大兴鬼神淫祀，共祀拜一千七百处，用三牲鸟兽三千余种。前后找不到需用的鸟兽，便用鸡代替大雁、狗代替麋鹿。王莽还多次下诏自称要当神仙。至东汉初年，淫祀风气仍然很盛，致使邓太后不得不下诏，命令罢去诸祠官不合典礼者。班固处在东汉初迷信思潮同样猖獗的情况下，引用了谷永这番宏论，并在《郊祀志》篇末高度赞扬说："究观方士祠官之变，谷永之言，不亦正乎！不亦正乎！"明确地认为谷永的言论是对西汉以来先是沉迷于求仙、后是淫祀泛滥风气的总结。

二、面对神学浊流

（一）图谶盛行

在班固的时代，支配着社会观念的又一迷信思想，是谶纬。只有少数清醒的学者不信图谶，班固即是其中之一。

谶又称图谶、谶记，是一种神秘性预言，起源甚早。在古代由于科学知识不发达，不了解自然变化、人事沧桑、国家兴亡的原因，而归结为神秘性的因素所支配。秦始皇时有"亡秦者胡"的说法，就是较早的一种谶言。但在汉代前、中期，一般政治人物和学者都不大引用谶言。至西汉末年，图谶之说大盛，这是当时社会危机增长、局面动荡的一种反映。此时的谶又大多与纬相杂。纬是对经书的解释，并把这种解释托于孔子，其中虽也包含有某些有关天文、历法等自然科学方面的知识，但其主要内容都属神学迷信，而且越沿袭下来，就越发成为神秘杂乱的妖妄之词，并与谶合而为一。

王莽在夺取汉政权过程中，制造谶语是他的一种重要手段。成帝时，由于阶级矛盾加剧，社会险象丛生，再度出现了秦始皇末年那种人心动摇的局面，于是政治性的谶言应运而生。齐人甘忠可造了一部《包元太平经》，神秘地预言：赤精子下凡，汉家要再受命。当时因刘向反对这种说法，甘忠可以妖言惑众被治罪，病死于狱中①。哀帝时，王莽的势力已成，夺取西汉政权野心毕露，甘忠可的学生夏贺良看准了这一点，进行投机，他继续鼓吹其师"赤精子下凡，汉家要再受命"的谶语，王莽立即加以利用，胁迫汉哀帝宣布："再受命"，自称"陈圣刘太平皇帝"，这个很怪的称号正隐含天下要归王莽的意思，因为王莽自称虞舜之后，而舜是陈姓②。以后，谶言便和王莽实现其政治野心的企图同步升级。王莽做了"安汉公"还不满足，就有朝臣奏武功长孟通开井，掘出一块白石，上圆下方，石上写有七个红字："告安汉公为皇帝"。于是王莽做了假皇帝，君臣称他"摄皇帝"。

居摄三年（8），齐郡临淄亭长报告说，有神人给他托梦：天公要摄皇帝做真皇帝，亭中开了一口新井为证。次日一早果然见亭中突然开有一口百尺深的新井。又有巴郡献来石牛，扶风献来石文。王莽派人去看时，等刮过一阵狂风之后，石牛前留着一幅铜符帛图，上写："天告帝符，献者封侯，承天命，用神令。"于是王莽又只好顺应天命，去掉"摄皇帝"的"摄"字，群臣直称"皇帝"。至此王莽登帝位只差最后一个步骤，有个无赖揣摩透王莽的这种心事，便造谶言施行更大的骗术。此人是广汉郡人哀章，当时在长安读书，他预先造两个铜匮，一个上写"天帝行玺金匮图"，一个上写"赤帝行玺某传予黄帝金策书"，表示上帝发命令，赤帝刘邦应该传玺于黄帝。还有天书，说王莽应该做真天子。还有八个大臣的姓名，哀章本人是其中之一。于是王莽应谶言登上天子位，定国号为"新"。哀章任国将，封"美新公"，与封为国师、嘉新公的刘歆，同列上公③。

图谶在王莽废汉自立过程中发挥的奇迹般的作用，遂造成当时一种普遍的社会心理：谁符合了图谶，谁才是符合天命的"真

---

① 见《汉书》卷七十五《李寻传》。
② 见《汉书》卷十一《哀帝纪》及卷九十九《王莽传》。
③ 见《汉书》卷九十九《王莽传》。

命天子"，才无可争辩地得到拥护。在西汉末群雄并起的局面中，刘秀及其周围人物也学到了王莽的这一套，利用制造谶言，把刘秀神化。刘秀起兵时，南阳人李通便造出谶言："刘氏复起，李氏为辅。"经过三年征战，刘秀已经成为中原地区最有希望统一中国的势力，然而，他还必须求助于图谶，才能具有强大号召力。当手下将领劝他做皇帝，本人还在迟疑之时，先前在长安的同学强华从关中带来《赤伏符》，上写："刘秀发兵捕不道，四夷云集龙斗野，四七之际火为主。"用三句谶文宣布刘秀称帝是天命所归，于是正式登上帝位，在祭群神的祝文上，堂而皇之写上精心修改过的谶语："刘秀发兵捕不道，卯金修德为天子。""卯金"指"刘"字，把刘氏称帝的预言说得明显些，更利于鼓动人心。

（二）光武"宣布图谶于天下"

图谶还被刘秀用来对付公孙述，他们之间不只展开军事斗争，还有图谶之争。公孙述也学得王莽、刘秀的法子，他在蜀称帝也征引谶语：《录运法》上讲"废昌帝，立公孙"；《括地象》上讲"帝轩辕受命，公孙氏握"；《援神契》上讲"西太守，乙卯金"（乙同"轧"，卯金指刘秀）。他还一再向中原传寄书信宣扬这一套。刘秀对此很苦恼，害怕这些谶语"惑动人心"，于是采用对谶语作有利于自己的解释。他致书公孙述说："图谶所言'公孙'，是指汉皇帝。"于是原来预言公孙氏立为帝的谶语，又被刘秀抢过来变成为他自己服务的法宝，所以他在信末落款自称"公孙皇帝"，演出一场以图谶对图谶之战。

图谶的地位达到了顶峰是在建武三十二年（56）。此时光武帝年届六十二岁，他正月斋戒时，夜读《会昌符》，强烈地感受到谶纬对东汉朝廷具有性命攸关的作用，他诏令虎贲中郎将梁松搜集谶纬中有关"九世受命"的话，"九世"指从刘邦至刘秀共九代，他要在晚年时大大显扬一番。[1] 原来他因主张节俭不行封

---

① 见《后汉书》卷一《光武帝纪》。

禅，这时也决定学汉武帝的榜样，上泰山祭祀天地。他利用这次封禅，在泰山顶上刻石勒铭，向全国宣布由他钦定的八十一篇谶纬，赋予它们以权威的地位。这篇铭文还以近一半的文字，详细地引载谶纬书上有关"九世受命"的神秘性语言。并用"河、雒命后，经谶所传"，"受命中兴"，"以承灵瑞"，为东汉朝廷加上层层神圣光圈。这就是有名的光武帝"宣布图谶于天下"。称图谶为"经谶"，也说明这类妖妄言词，已经取得和儒家"经典"相同的地位。当时有个薛汉即以谶纬为专业，所教弟子达数百人。

（三）由图谶决定国家大事

由于光武帝的提倡，东汉初年几十年间，几乎所有的国家大事都要决定于图谶。这些大事包括：

决定大臣的任命。光武帝在谶文中读到一句"孙咸征狄"，恰好手下有个孙咸，就命他为平狄将军，行大司马事。他读到《赤伏符》里有一句："王梁立位仆玄武"，当时野王令是王梁，战国末年卫即被迁于此，玄武水神，东汉司空是主管水土之官，光武便任他为大司空。[1] 尹敏受命负责校定谶纬书，他见到只要谶文上有名字，一夜之间便可授高官，于是也想侥幸得道，在纬书缺文中加了一句："君无口，为汉辅"。不料被光武认出是他的字体，没有当成，但也不予治罪。[2] 东汉初功臣云台二十八将也不能冷落在图谶之外，所以到安帝时，也下诏确认他们是"谶记有徵"，给了一份殊荣。[3]

论定皇帝功德。章帝及群臣商议为明帝立庙号，特别赞颂他"聪明渊塞，著在图谶"。这是指《河图》上讲："图出代，九天开明，受用嗣兴，十代以光。"还有《括地象》讲："十代礼乐，文雅并出。"刘邦至刘秀是九代，加上明帝正是十代。皇帝值得

---

① 《后汉书》卷二十二《景丹王梁传》。
② 见《后汉书》卷七十九《儒林传上》。
③ 见《后汉书》卷五《安帝纪》。

颂扬与否，也必须由图谶来评定①。

决定一代礼仪大事。建武二十六年（50），南单于、乌桓降，张纯案七经谶请立辟雍。明帝永平三年下诏，称：由于《尚书·琁机钤》上讲"有帝汉出，德洽作乐名予。"便决定把郊庙之乐改为《大予乐》，乐官也称为大予乐令，以应合图谶。此事原出于曹充的建议，故此曹充及其子褒在明、章时，因杂引谶言成为制礼的权威。曹褒在章帝时，曾以五经谶记纠正叔孙通所定汉礼仪，重新编定汉礼百五十篇。后因翟酺、尹敏反对而未行。章帝时，樊儵与公卿定郊祀礼仪，以谶记修正五经异说。章帝时颁行四分历的诏令，亦引用谶文作为依据②。

图谶与儒家经典相依存，相杂糅。明帝时，诏令东平王苍正五经章句，命令他一律依据谶语。章帝时，贾逵争《左氏传》立博士，其重要理由，是左氏与图谶相符合，胜过《公羊传》。贾逵说，五经都没有证明汉家皇帝刘氏出于尧后的谶言，唯独《左传》书上有明文。其他经书上都找不出尧是火德的根据，独《左氏传》上能找到。如果不能证明尧是火德，则不能证明汉代必须尚赤。贾逵的结论是：《左氏传》是与图谶相发明的，实在有很多补益，所以有充分的理由立为博士。明帝时皇帝亲自裁定的《白虎通义》，就是把儒家经书与图谶书混在一起，互相杂糅而成的。清代学者庄述祖对此有专门研究，他论定：《白虎通义》一书是"傅以谶记，援纬证经，自光武以《赤伏符》即位，其后灵台郊祀，皆以谶决之，风尚所趋然也。是故书论郊祀、社稷、灵台、明堂、封禅，悉隐括纬候，兼综图书，附世主之好。"③ 庄氏讲得十分中肯：由于皇帝爱好谶纬，而且也是当时的风气所决定，《白虎通义》中论郊祀、社稷、封禅等典礼，都是把经书与谶纬结合起来！

---

① 见《后汉书》卷三《章帝纪》。
② 见《续汉志》卷七《祭祀上》。
③ 庄述祖：《白虎通义考序》，见《珍艺宦文钞》卷五。

（四）与鬼神相对抗

由于方士作祟，淫祀沿袭、谶纬盛行三者相交织，鬼神支配着人们的意识。统治者则提倡这种种愚昧荒诞意识，作为神化自己和欺骗群众的工具。按照谶纬的逻辑，国家的治乱、历史的推演不是政治兴衰、人心向背等因素决定，而是所谓的神意所安排，由几句神秘难解的妖妄言词所预先注定的！如果不抵制这种妖妄的邪说，将是民族文化思想可悲的倒退。

当时敢于批评和抵制谶纬邪说的学者，有桓谭、王充和班固等人。以桓谭的批评尤为锋利，他曾上书光武帝批驳图谶，说："今诸巧慧小才伎艺之人，增益图书，矫称谶记，以欺惑贪邪，诖误人主，焉可不抑远哉？"并指出他们即使像占卜的人猜中一件事，也是出于偶合。所以后来他与光武帝爆发了一场冲突。班固则是用史实进行批驳。他在《汉书》结尾概括了全书内容，表明他强调历史演进主要决定于杰出人物的政治活动和人心的向背，而对当时被奉若神明的谶纬说法根本不提。《汉书·艺文志》著录天下图书，却对当时大量存在的谶纬书摒弃不载。《汉书》全书所包容的丰富史实，更是从多方面记载人事的成败，这部巨著代表了一种具有朴素理性特征的进步历史观，跟谶纬的妖妄邪说是相对立的。从这个方面说，《史记》《汉书》这两部产生于汉代的杰作，在文化史上共同起到廓清鬼神迷信的思想浊流的作用，因而闪现出理性的光辉。在《汉书·艺文志》中，班固还讲诸子出于王官、儒家是诸子之一，孔子是先师，是学者，儒家经典是文化典籍，这些都是与谶纬针锋相对。班固还在《王莽传》中揭穿了王莽制造谶语夺取帝位的欺骗伎俩，更是对谶纬的妖妄本质的有力揭露。他把秦的灭亡和王莽的败亡都归结于倒行逆施："昔秦燔《诗》《书》以立私议，莽诵六艺以文奸言，同归殊途，俱用灭亡。"这里的"奸言"，就是指王莽利用图谶制造的妖言。

班固除撰《汉书》以外，本来还有文集十七卷，后已佚失。

严可均《全上古三代秦汉三国六朝文》所辑班固的论著，有《终南山赋》《两都赋》《幽通赋》《答宾戏》《典引》《匈奴和亲议》《奏记东平王苍》《秦纪论》等。多数篇章的主题，即从政治得失、人事成败的角度，赞颂光武中兴、明章治世。在《两都赋》中，用东都主人之口，陈述光武在王莽酿成"原野压人之肉，川谷流人之血"的祸乱中，削平群雄，"茂育群生，恢复疆宇"的功勋，都是从人世间的功罪治乱来观察、评论的。对于当时被奉若神明的谶纬，他并不宣扬，仅仅用"披皇图，稽帝文"的含混说法点缀一下而已。班固这样做，在当时是出于不得已，因为经过光武向全国宣布，图谶已取得权威的地位，进步学者怀疑图谶，是处在巨大思想压力之下，只好偶或表示几句"赞同"的话来应付。班固如此，王充、张衡也如此。王充不信图谶，但他又说："神怪之言，皆在谶记，所表皆效。孔子条畅增益，以表神怪。或后人诈记，所表皆效。"[①] 张衡对谶有过中肯的批评，但他又说："《河》、《洛》、六艺，篇录已定，后人皮傅，无所容篡。"[②] 班固等人是迫于外来压力偶或表示"赞同"的，在他们的思想中绝不占主要地位。甚至直至三国和唐初，八十一篇谶纬的合法性也仍然被视为定论。《三国志·先主传》中说："群臣劝进表曰：'河图、洛书，五经谶纬，孔子所甄，验应自远。"《隋书·经籍志》说："《河图》九篇，《洛书》六篇，云自黄帝至周文王所受本文，又别有三十篇，云自初起至于孔子，九圣之所增演，以广其意。又有七经纬三十六篇，并云孔子所作。并前合为八十一篇。"

---

① 见《论衡·实知》。
② 见《后汉书》卷五十九《张衡传》。

第五章　一代兴亡的历史画卷

　　班固以如椽巨笔，描绘了西汉一代盛衰的历史画卷，将其清晰地划分为开国、上升、鼎盛、中兴和衰亡五个阶段，提供了认识历代皇朝周期性更迭的一把钥匙。

　　跟西汉后期至东汉初期盛行的妖妄迷信观念相反，班固对于西汉的历史，完全是从人的活动的角度来观察和记述的。他写了汉朝的赫赫功业，写了其中政策的成败得失、经济状况的起落、社会风气的变迁，有力地证明人类自觉的行动和努力决定了社会的面貌和历史的进程。全书呈现在我们面前的，正是一幅西汉盛衰的巨型历史画卷。

　　《汉书》作为纪传体史书，"本纪"和"列传"是它的主要部分。"本纪"是全书的纲领，它按帝王在位的起迄，列举一朝的政治、经济、军事、民族，以至于学术文化的重大事件，按年代的先后编排，因而使历史发展的线索清晰可见；"本纪"有时也写帝王的性格特点，评论其措施的得失。"列传"则以具体的史实，告知这些重大活动是怎样由人做出来的，人是历史的主体，借助对人物事迹的记载，显示出人们是抱着什么动机去从事这些活动的，在进行之中又有什么变化，最后取得什么结果，其间有哪些经验和教训。"本纪"与"列传"二者配合，既揭示出发展的主线，又叙述了活动的主体，就能反映出一代盛衰治乱和社会变迁的基本面貌。

一、开国和上升

刘邦及其文臣武将缔造了中国历史上赫赫有名的汉朝，《汉书》对于这个艰难曲折而又气概不凡的历程有具体而翔实的记述，起于秦二世元年（209）刘邦起兵，至高祖十二年（195）刘邦卒。《高帝纪》是这段历史的主干，与之相配合的有《陈胜项籍传》《张耳陈馀传》《魏豹田儋韩王信传》《韩（信）彭（越）英（布）卢（绾）吴（芮）传》《萧何曹参传》《张（良）陈（平）王（陵）周（勃）传》《樊（哙）郦（商）滕（夏侯婴）灌（婴）傅（宽）靳（歙）周（缍）传》《郦（食其）陆（贾）朱（建）刘（敬）叔孙（通）传》《蒯通传》及《异姓诸侯王表》等篇章。

（一）艰难创业

秦朝何以灭亡？汉朝何以兴起？在长期的楚汉战争中项羽为何失败？刘邦为何胜利？这些问题在汉朝刚刚建立之时就曾一再被提出来。《汉书·高帝纪》记载：高祖五年，刘邦登上帝位不久，在洛阳南宫置酒大会群臣，刘邦问大家："各位大臣将领不要隐瞒，请说出真情：我为什么能得天下？而项羽为什么失天下呢？"王陵和高起回答说："陛下您待人傲慢，而项羽待人恭敬。可是陛下您派手下将领攻城略地，占领了城池土地，您就赐给将领，和下属共同享有。项羽却妒贤嫉能，对有功的人加害，对贤能的人猜疑，占领了城池土地也不赐给手下将领，所以他才失天下。"刘邦很不以为然，说："你们二位只知其一，不知其二。要论在军营中周密谋画，指挥在千里之外的战场上取得胜利，我不如张良；要论镇守关中后方，安抚百姓，把粮食给养源源不断运到前方，我不如萧何；率领百万大军，战无不胜，攻无不取，我不如韩信。他们三人都是杰出人物，我却能够指挥他们。这就是我取得天下的原因。项羽不会用人，他手下有个谋士范增，却不听从他的计策，这就是他为何被我打败的原因。"① 群臣听了都表示赞成。

刘邦的话是千古名言。他从是否善于用人，对比了本身的极大长处和项羽的致命弱点，讲出他感受最深的地方。而历史家则需要做出更为全面的评论。经过二百多年之后，班固站在应有的高度回答了这个问题。在《高帝纪》全篇末尾，他总结说："初，高祖不修文学，而性明达，好谋，能听，自监门戍卒，见之如旧。初顺民心作三章之约。天下既定，命萧何次律令，韩信申军法，张苍定章程，叔孙通制礼仪，陆贾造《新语》。又与功臣剖符作誓，丹书铁契，金匮石室，藏之宗庙。虽日不暇给，规摹弘远矣。"

班固所作的中肯概括，是书中对汉朝创业阶段全部记述的总纲。他正确地把刘邦的事业分为艰苦征战夺得天下和开创治国局面前后两段。他提出，刘邦夺得天下，主要依赖他豁达大度、富有谋略、善于用人，以及他实行安抚民心的政策，把民众从秦朝暴虐统治造成的灾难中解救出来。这些在《汉书》有关篇章中都有详尽而生动的记载。

（二）人心向背

公元前209年，反秦起义爆发后，起义军与秦军作战都在山东地区进行。第二年秋天，起义军阵营决定派遣一支队伍向西攻入秦朝京城所在的关中。当时，起义军将领项羽、刘邦、吕臣等人都隶属于楚怀王心（他原是楚怀王的孙子，因为在老百姓中有号召力，所以被拥立为"楚怀王"）的指挥。在决定派谁进入关中时，楚怀王身边的老将们形成了对刘邦有利的压倒意见，一致认为："项羽为人残暴，攻襄城时，把全城人杀尽，不剩一人，

---

① 原文见《汉书》卷一《高帝纪下》。

所到之处几乎全把城池夷平。关中地区最需要的是派去宽厚的人，那里的父老乡亲深受秦朝的虐待，如果派去的将领能得民心，不侵害他们，关中各地便会争相投降，沛公是个能安抚人心的人，派他去关中最合适！"① 这个决定，对于刘邦来说，是个极其重要的机遇，项羽被挡在函谷关以东，刘邦从此在政治上处于主动地位。

刘邦经过艰苦征战，从南阳入武关，在蓝田大败秦军之后，直捣秦朝统治巢穴。刘邦至霸上，接受秦王子婴投降，然后到咸阳，封存秦朝府库财宝，又还军霸上。他召集各县有影响的人士，宣布约法三章②，把秦残暴苛刻的法律全部废除。并派人周行各个乡邑告知。于是，"秦人大喜，争持牛羊酒食献享军士。沛公让不受，曰：'仓粟多，不欲费民。'民又益喜，唯恐沛公不为秦王。"老百姓早就受够秦朝暴虐统治和残酷刑法的苦难，刘邦的到来等于解民于倒悬之中，所以父老乡亲欢天喜地拥护他。项羽随后也到达关中，以他一贯的残暴政策，"引兵西屠咸阳，杀秦降王子婴（子婴已经向起义军投降，故称"降王"），烧秦宫室，所过无不残灭。秦民大失望。"从此项羽彻底地丧失了民心。他又采取分封十八个王、实行分裂割据的做法，企图使历史倒退。而刘邦受项羽排挤徙为汉王时，诸侯吏士民从跟随他进汉中的有数万人。因此，不用等到成皋对峙和垓下之围，刘胜项败的大局已经看得很清楚了。

（三）善于纳谏

刘邦能够打败项羽的又一重要原因是他富有谋略，善于采纳部属的谏议，形成正确的战略策略。班固评论中说的"自监门戍

---

① 原文见《汉书》卷一《高帝纪上》："怀王诸老将皆曰：'项羽为人慓悍祸贼，尝攻襄城，襄城无噍类，所过无不残灭。且楚数进取，前陈王、项梁皆败，不如更遣长者扶义而西，告喻秦父兄。秦父兄苦其主久矣，今诚得长者往，毋侵暴，宜可下。项羽不可遣，独沛公素宽大长者。'卒不许羽，而遣沛公西收陈王、项梁散卒。"

② 约法三章是："杀人者死，伤人及盗抵罪。"

卒，见之如旧"，指的是他采纳郦食其（音衣基）和娄敬的建议。即使是出身卑下的人，只要有好的建议，刘邦立即高度重视，虚心采纳。刘邦从砀山出发向西进军，来到陈留境内的高阳。郦食其是当地看管里门的守卒，认为见到路过的将领很多，只有刘邦气度宏大，能干大事，于是求见刘邦。当时刘邦正坐在床边让两个女子给他洗脚。郦食其见状不下拜，只是拱手行礼，说："沛公您若果要推翻暴秦，那么就不应该傲慢地对待有见识的人"。刘邦当即感到歉意，马上起身整理好衣服，请客人坐到上座。郦食其便告诉他陈留城内的虚实和攻下陈留的办法。刘邦依计攻下陈留，补充了士卒和给养，壮大了力量，并封郦食其为广野君，派他出使诸侯，发挥口辩的才能。

刘邦打败项羽之后，在洛阳安顿下来，准备以洛阳为都城。娄敬当时由家乡山东随着征发的队伍路过洛阳，要到陇西戍守。他要向新登帝位的刘邦面陈建议，先请示了一位山东人虞将军。虞将军要他换上一身新衣服，娄敬说："我若穿丝绸衣服，就穿丝绸衣服见；若穿短衣，就穿短衣见。我不敢改变我的本色，换上这身新衣服。"虞将军禀告刘邦，刘邦马上召见。先招待吃饭，然后问他有何建议，娄敬便滔滔不绝地讲了一番道理，说：洛阳以前作为周的都城，是合适的，因为周朝在陕西经过了十几代的经营，天下人心归附，不必依赖地形的险阻。陛下您的情况却很不一样，您经历了多年苦力征战，眼见中原人口死亡不可胜数，至今哭泣之声未绝，伤创者未起，远远不是天下太平之时。关中地区披山带河，形势险要，本身土地膏腴，物产丰富，一旦有急难，可凭险而守。况且同别人争斗，不卡住对方的咽喉，按住他的肩背，不能算获全胜，陛下入关而建都，对于秦朝来说，才真正是卡住咽喉，按住肩背的制胜措施。刘邦见他说得有理，又问了张良，张良也劝他入关建都。于是即日乘车向西，定都长安。并拜娄敬为奉春君，赐姓刘①。

---

① 刘邦见郦食其、娄敬的事，见《汉书》卷一《高帝纪上》及卷四十三《郦食其传》。

《汉书》中记载了许多刘邦采纳部属建议而正确指挥战争的史实。欲入武关前，刘邦接受张良建议，约南阳郡守吕齮投降，于是南阳境内各县都迎降刘邦，兵不血刃。刘邦进入汉中时，又用张良计策，烧掉栈道，麻痹项羽，向他表示无意东向与他争天下。后又采纳韩信谋划，暗渡陈仓，还定三秦。出关之后，刘邦由修武到洛阳，新城三老董公拦在半路劝说刘邦，要他为楚怀王（被项羽所杀）发丧。刘邦用这种方式声讨项羽之罪，取得诸侯信任，政治上进一步取得主动。楚汉成皋对峙，项羽自知少助食尽，不欲长久僵持，于是楚汉划鸿沟为界，中分天下。项羽解兵东归。刘邦也欲西归，张良、陈平进谏要乘胜追击。汉王采纳他们的计策，于是取得战胜项羽的最后胜利。

（四）谋略出众

以上这些史实，都说明刘邦为人豁达大度，又头脑机敏，富有谋略。所以从个人的才能、性格说，他的取胜也决非偶然。以往有的论者，每每出于对项羽这个失败了的英雄的同情，而反过来指摘刘邦，将他说成是个眼光短浅的庸才，甚至说他充满了"无赖"习气。这是以偏概全、夸大某些次要的方面①而造成的对历史的误解！《汉书》中写刘邦个人谋略出众，譬如：高祖三年，刘邦由宛返回成皋，项羽闻讯指挥大军向西，攻破荥阳，并围成皋。刘邦只身与滕公（夏侯婴）逃出重围，渡过黄河，夜宿修武。次日晨，刘邦来到韩信军营前，假称使者，乘韩信、张耳尚未早起，驰入军营而夺其指挥大权，派张耳向河北收复赵地。刘邦得到韩信军，势力又大振。同年秋，刘邦回军包围成皋，用计激怒项羽留守的部将曹咎出城应战，遂将他击败，夺回成皋。项羽从梁地引兵而还，楚汉两军临广武涧对峙。项羽想与刘邦二人

---

① 刘邦有些无赖习气，《汉书》卷四十二《周昌传》载：周昌性格倔强，敢于直言，许多大臣都畏惧他。有一次，周昌在高祖闲暇时进入奏事，见高祖正抱着戚姬，周昌扭头就走。刘邦追上去，骑到周昌脖子上，问："你看我这个国君怎么样？"周昌仰着脖子回答："我看你同桀、纣差不多。"刘邦大笑，然而还是很怕他。

独身挑战。刘邦在阵前数落项羽十项大逆不道的罪恶，项羽大怒，伏弩射中汉王。"汉王伤胸，乃扪足曰：'虏中吾指！'"明明前胸受了重伤，却忍痛机智地假装伤了脚趾。他因伤势重，躺卧在军帐中，又勉强起身慰问各部将士，以安定军心，防止楚军乘势进攻。又，高祖十年（前197），陈豨反，刘邦到邯郸，以羽檄（指军事文书，插鸟羽以示紧急）征各地军队，未有至者。于是他了解到陈豨的部将原来都是商人。刘邦说："我知道应该怎么对付他们了。"便派人用金钱收买，结果陈豨的部将好多都投降，最后击败了陈豨。

（五）尊儒、文治安天下

班固对于刘邦开创治国局面的评论，也是很精当的。班固所强调的有两条，一是刘邦在指导思想上实现了转变，二是为以后汉朝的强盛奠定了基础。刘邦靠武力征战起家，原来他最讨厌儒生。经过陆贾与他进行了一场毫不客气的论辩，使刘邦明白：必须"逆取而顺守之"，吸取秦朝暴虐而致灭亡的教训，用"文治"的办法安天下。陆贾所著《新语》受到刘邦和群臣的激赏。书中反反复复讲废除秦朝暴政、提倡仁义、减轻刑罚和剥削，以及与民休息、无为而治的道理。前者逐步形成西汉朝廷尊儒的方针，后者则是汉初五六十年间一直推行的政策。

在组织行政管理和恢复生产方面，刘邦颁布的一系列政令，有效地促使农民回到土地上从事生产，增加劳动兴趣，并释放了一批原来的奴隶，恢复其自由民的身份，推动汉初社会走上恢复和安定的轨道。在法律上，刘邦命令丞相萧何制定比起秦朝法律来说较为缓和的九章律，代替临时颁行的约法三章①。叔孙通制定朝仪礼制，则规定了君臣上下尊卑之礼，结束了原来群臣饮酒争功、拔剑击柱的混乱局面，使群臣的行动受到约束②。刘邦把

---

① 参见《汉书》卷二十三《刑法志》。
② 参见《汉书》卷四十三《叔孙通传》。

六国旧贵族迁到长安附近，朝廷就近加以控制。刘邦还采取断然措施，逐一消灭掉拥有重兵、专制一方、明显表现出离心倾向的异姓诸侯王。但他在异姓王的旧土上，分封自己的子弟为王，又造成了另一种形式的对抗中央的割据势力，以至需要在此后几十年间加以解决。

（六）上升气象

《汉书》反映历史纵向发展的又一明显阶段，是汉朝的上升时期，起于惠帝、吕后，至文帝、景帝，共历四朝，计五十四年（自前194年至前141年）。《惠帝纪》《高后纪》《文帝纪》《景帝纪》四篇是记述的主干，互相配合的篇章有《荆（刘贾）燕（刘泽）吴王刘濞传》《申屠嘉传》《淮南衡山济北王传》《伍被传》《万石（石奋）卫（绾）直（不疑）周（仁）张（驱）传》《文三王传》《贾谊传》《袁盎晁错传》《张释之冯唐传》《贾山邹阳枚乘传》《文翁传》《诸侯王表》及《高惠高后文功臣表》等。

惠帝、吕后时期的历史趋势，是继续执行高祖奠定的"与民休息"政策，使社会经济逐步得到恢复。刘邦临终之前，对于他身后的几任辅政大臣作了安排，目的正是为了保证政策的连续性，此后被一一遵行，说明刘邦确实知人善任，很有政治远见。这十五年间实际掌握政权的是吕后。惠帝刘盈继位时，年仅十七岁，尚未成年，生性又懦弱，政权完全掌握在吕后手中。吕后妒忌心很强，性格残忍，毒死赵王如意，又残害如意之母、刘邦宠姬戚夫人①。此后吕后玩弄权术，大封侄子吕禄、吕产等为王。这些都是她权力欲和狠毒性的表现。而从政治大局来说，吕后秉政期间先后任用萧何、曹参、王陵、陈平等人做丞相，执行的是刘邦确定的无为而治、恢复民力的政策。萧何任丞相，治事省约宽缓。曹参继相位，完全遵照萧何的方针。他任用丞相府的办事人员，标准是性格宽厚、口舌笨拙者，把贪图名利、玩弄心计者

---

①　参见《汉书》卷七十七《外戚传上》。

统统赶走。所以当时人用歌谣赞颂萧、曹二人治国："载其清净，民以宁一。"意思是两位相国都实行清静无为的方针，老百姓得以休养生息。

吕后秉政时，继续减轻刑罚，废除一人犯罪诛灭三族的残酷刑律，又宣布取消秦始皇时颁布的百姓家中私藏图书有罪的旧法令。吕后还避免了与匈奴的大规模战争。当时匈奴冒顿单于自恃武力强盛，蔑视汉朝立国未久，缺乏军事实力，写信恶意侮辱吕后及汉廷。群臣中樊哙提出，派他将十万大军可以横行匈奴境内！中郎将季布坚决主张国家正在医治战争创伤，派大军作战是动摇天下，斥责樊哙当面欺骗。吕后采纳了季布的正确意见，暂时忍辱，继续执行与匈奴修好的方针。

因此，吕后掌权的十五年中，刘邦所确立的恢复生产、减轻刑罚的方针继续得到贯彻。《汉书·高后纪》篇末赞语说："孝惠、高后之时，海内得离战国之苦，君臣俱欲无为，故惠帝拱己，高后女主制政，不出房闼，而天下晏然，刑罚罕用，民务稼穑，衣食滋殖。"说明由于汉初减轻百姓负担、恢复生产的方针得到贯彻，惠帝不用过问政事，吕后治国不出房门，而海内安定，经济有效地得到恢复，民众逐渐富裕起来了。上述有关记载和评论，都是班固采用了《史记》原有的内容，并加以补充发展，而经历了漫长时间的考验，至今来看仍然是信实公允的。

（七）恰如其分的评价

班固的原创性贡献，在于他从许多具体史实中概括出"文景之治"这一历史概念，详载这一时期的政绩，对后世产生了深远的影响。班固在司马迁的基础上继续前进，他搜集了更多的史实，并从汉初医治战争创伤到以后出现鼎盛局面的长过程中，恰当地评价了"文景之治"的历史地位。

司马迁所写的赞语说："汉朝兴起，到孝文帝大力实行德政，天下安定。到孝景帝时期，异姓王的威胁已经不存在，而晁错对同姓诸侯王过火地采取削弱的做法便引起七国反叛，集合兵力向西进攻，这是因为诸侯王势力太强，而晁错不使用缓和的措施的缘故。直到汉武帝时，采用了主父偃的建议，让诸侯分封他们的子弟，这样侯国的势力变得弱小，国家局势才得到安定。可见时机掌握不当，过急地行动，是要招致危险的！"① 司马迁的赞语主要包括两层意思：认为文帝大力执行有利于国家和百姓的政策，包括文帝对同姓诸侯王的一些迁就的做法；批评景帝时晁错采取过火的削藩做法。司马迁的赞语，对文景时期的政绩和地位并未做出全面的评论。

班固不满意上述赞语，因而对《汉书·景帝纪》作了改写，说："周秦之敝，罔密文峻，而奸轨不胜。汉兴，扫除烦苛，与民休息。至于孝文，加之以恭俭，孝景遵业，五六十载之间，至于移风易俗，黎民醇厚。周云成康，汉言文景，美矣！"意思是，东周末年的战国和秦代，实行残酷的剥削和苛严的法律，结果引起社会的动乱。汉朝兴起，扫除暴政，实行与民休息的政策。一直到孝文帝，谨慎从政，又节约民力，处事省俭，孝景帝继续实行这些方针，五六十年间，社会风气大大改观，百姓安心生产，风俗醇厚。西周有成、康之世，汉朝有文、景之世，都真正是政治清明的好时代啊！

班固是从由秦的暴政造成社会危机之后，历史前进的要求是需要扫除苛政、减轻百姓负担、发展生产这一总的趋势，来评价文、景时期的政治成就，并且把西周"成康之世"和西汉"文景之治"并列为历史上政治清明、人民安居乐业、前后映照的时期。显然，班固的视野更宽阔，站得更高，评论更加中肯。

（八）奖励生产

由于形成了对于文、景时期历史地位的总看法，班固认真地发掘了这一时期有利于民众、有益于社会发展的重要措施。这说明班固的补阙工作有自觉的目的，他所记载的史实又对赞语中的

---

① 参见《史记》卷十一《孝景本纪》。

结论提供了有力依据。归纳起来，班固增补的史实，都属于文帝和景帝奖励生产和整肃吏治采取的措施。如：文帝二年（前178）正月，文帝下诏亲耕籍田（京师用来表示朝廷重视农业的一块田地）；并赦免因被论罪充送官府役作者回家务农。

十二年（前168），下诏强调引导、教导民众的根本方针在于务农。向全国表明，皇帝本人对于十年来奖励农业所获得的效果颇不满意，责备各地方官对于督劝农桑、种树行动不力，劝民不明，要求切实改进。宣布免去本年田租之半。

文帝诏书中又大力提倡力田和廉政的社会风气，说：孝悌（对父母孝顺和对兄弟亲爱）是根本的伦理，力田是民众生活的根本，廉吏是民众的表率，三老是百姓的老师。我极嘉奖这些人才和官员。凡是万户以上的县，都要尽力举荐，不准许有阻碍。现特派遣使者到各地慰劳孝悌、力田、三老、廉吏，每人送给丝帛。请他们讲出百姓感到不便之处。按户口数量规定的名额配备好这些基层吏员，让他们尽心地对民众实行教育、劝导。

十三年（前167）二月，下诏亲率天下农耕。六月，下诏免收天下田租。

后元元年（前163），下诏再一次反躬自问施政上存在许多过失，认为民众食用仍很缺乏。要求查出问题之所在，让二千石官员及博士讨论之后作出答复。

景帝元年（前156）正月，下诏准许农民迁到地广人稀的地区从事生产。又下诏督令地方官务劝农桑，大量种树。

同年七月，对于官吏因公务外出而被吃请、贱买贵卖、收买贿赂者分别治罪。

后元元年（前143），颁发诏令称历来重视农业，减少徭赋，但百姓食用、蓄积仍缺乏。指出官吏中有诈伪、贿赂、侵夺百姓等劣行，要求二千石带头奉公守职，丞相切实对所有官员进行检查督察。

由于有效地执行这些措施，文景时期便奠定了汉朝国力强盛的基础。尤其是汉文帝，他一向被历代政治家和史学家所称道，是很有道理的。他在位期间，还极重视纳谏和节俭。他上朝时，每遇到有郎官或从官这些最下级的官员上书言事，他都让辇车停下来接纳，讲得对的实行，讲得不对的也给以鼓励。① 所以文帝一朝，出现了申屠嘉、贾谊、晁错、贾山、张释之、冯唐等敢于直谏的人物。文帝又是有名的重视节俭的皇帝，在位二十三年，宫室、园苑、车骑等，都没有增加。有一回，他打算建一个露台，叫来工匠计算，需要一百金，于是文帝说："百金等于是十户中等人家资产的总和，费用太巨大，不能建!"他本人常穿黑色绨袍，他所宠爱的慎夫人也只穿较短的衣裙，不让拖地，帷帐上不加彩绣，表示带头推行俭朴的社会风尚。当然，汉文帝减轻刑罚有的只停留在诏令文字上，而实际上却每每轻刑重判，所以受到班固的批评。② 文帝还宠爱佞臣邓通，赏赐每次都多达万万钱，还赐给他铜山，准许他自铸钱，所以邓氏钱布天下。文帝还一度迷信鬼神。景帝当吴楚乱起，错杀大臣晁错，这些又都是文景时期政治的阴暗面。

（九）良吏的典型

饶有兴趣的是，班固记载了蜀郡守文翁的事迹，作为文景时期整肃吏治收到良好效果的典型人物。文翁原籍是庐江郡舒县（今安徽庐江西南）人。他当过郡县吏，因通《春秋经》，被察举，景帝时任蜀郡守，成为中原先进文化大力推行者。在此之前，蜀地边远，文化低下，风俗落后。文翁决定通过提倡教育来改变这种情况，于是，他从郡县选拔了十几个资质聪明的小吏，亲自召集起来加以鼓励，把他们派到京师，有的向五经博士学习经学，有的学习刑法律令。文翁尽量节约本郡费用，省出钱来购买布匹等一类蜀土特产让上计官吏带给京师的博士老师，请他们费心教育培养。经过几年时间，这批学生都学有所成，回蜀后，文翁安排他们担任郡中各部门的正职，此后又陆续向朝廷荐举，

---

① 据《汉书》卷四十九《袁盎传》。
② 班固在《汉书》卷二十三《刑法志》批评说："外有轻刑之名，内实杀人。"

有的人后来官至郡守、刺史。

文翁重视教育的又一措施，是在成都城内兴建本郡的学校，从各县招收子弟前来学习，免除他们的徭役，成绩优秀的选拔作郡县吏员，其余的担任孝悌、力田一类乡官。文翁还经常让学生到衙门见习处理事务。他到各县督察，更从诸生中挑选一批学习与品行优良者随行，让他们向民众宣读政令，在县衙门进进出出。各县官吏百姓见了都认为这些年轻学生很荣耀，几年以后，各县父老都争着把自己的子弟送到郡中上学，富人家甚至不惜为此花费钱财。于是当地求学、受教、改变风俗的风气大盛，蜀郡派到京师的学生竟比一向文化发达的齐鲁地区还要多。由于文翁重视文化教育获得如此显著的成效，到汉武帝时，便下令在全国范围内推行州郡设立学校的制度。这生动地说明：文景时期中原地区有了良好的吏治风气而产生了像文翁这样出色的地方官，确实做到了政治上比较清明；又因为他办事得力，使得原来落后的边远地方反过来在教育上走到全国的前头，推动中原文化教育事业的发展。这些史实，今天读起来也仍然使人感到愉快。此后，巴蜀一再出现了司马相如、扬雄这样杰出的文学家，至班固的时代，巴蜀地区重视文化教育的风气更为浓厚。所以文翁受到当地百姓久远的纪念，他的事迹也列于《汉书·循吏传》之首①。

二、鼎盛时代

《汉书》对于汉武帝在位五十四年的政治社会情况，有翔实的记载，这是汉朝的鼎盛时期（前140年至前87年）。《武帝纪》是记载这一时期的大纲，与此相配合的篇章有《食货志》《郊祀志》《石建石庆传》②《汲黯郑当时传》《窦（婴）田（蚡）灌

---

① 文翁事迹见《汉书》卷八十九《循吏传·文翁传》。
② 在《汉书》卷四十六《万石卫直周张传》内。

（夫）韩（安国）传》《景十三王传》《李广苏建传（附李陵、苏武）》《卫青霍去病传》《董仲舒传》《司马相如传》《公孙弘卜式兒宽传》《张汤传》《杜周传》《张骞李广列传》《司马迁传》《严（助）朱（买臣）吾丘（寿王）主父（偃）徐（乐）严（安）终（军）传》《东方朔传》《公孙（贺）刘（屈氂）车（千秋）传》《儒林传》《酷吏传》《匈奴传》《西南夷两粤朝鲜传》《西域传》等。

（一）雄材大略的汉武帝

汉武帝在中国历史上占有特殊的地位。人们只要提起对汉武帝的评价就会用上"雄材大略"的论断。这一论断恰恰是班固在《汉书·武帝纪》赞语中第一次提出来，近二千年来一直为人们所接受。《史记》成书在武帝太初年间①，汉武帝的时代还未过去，所以司马迁还来不及对汉武帝的全部作为作全面的评价。班固后来居上，他能做到把武帝时代放到整个西汉历史的总过程来考察，并且吸收了昭帝以后历朝人物对武帝的评论，从而做出比较恰当的评价。《武帝纪》赞语说：

"汉朝是继前代社会衰敝的局面而兴起的，高祖拨乱反正，文、景时代做到了让民众休养生息。当时在礼制、文化方面，还有许多事情来不及做。武帝刚刚继位，便卓越地提出罢黜百家。而且同众多的人物商量谋划，选拔杰出的人才，同他们一起建树功业。兴建太学，规定祭祀制度、重新制定历法，制定朝廷礼仪所需要的乐曲，举行封禅大礼，祭拜天下名山的神明，在这些方面都创立了值得后世效法的制度；而这一时代皇帝的诏书、大臣的奏议、名家的文章，更是文采灿烂。此后继任的皇帝能够发扬他的业绩，就像夏、商、周的兴盛时期那样。以武帝这样的雄才大略，如果能不改变文、景时期治国恭谨节俭的方针，造福于老

---

① 据《史记》卷一百三十《太史公自序》："余述历黄帝以来至太初而迄。"

百姓，那么跟《诗经》《尚书》所颂扬的理想时代又有什么差别呢！"①

班固的这段论述，对于汉武帝时代把汉朝的强盛推向高峰的历史地位，对武帝的卓越才能和当时文化方面的成就，作了充分的肯定。与此同时，对于武帝时代政治的阴暗面作了比较含蓄的批评，实际上指的是连年征伐，造成了海内虚耗。赞语中有意不讲武帝时代的武功，这跟东汉初年的社会环境直接相关，因为东汉光武、明帝时代同样需要休息民力，大力发展生产。班固的上述论断，显然是吸收了西汉后期政治人物的看法而形成的。宣帝本始二年（前74），因宣帝初即位，要表彰先帝，便下诏让群臣议为武帝庙上尊号，诏书说："我继承了武帝的神圣业绩，武帝躬行仁义，发扬威武，北征匈奴，南平西南夷、两越②，东定薉、貉、③朝鲜，开拓疆土，四夷宾附，又协定音律，到泰山封禅，重新制定历法，提倡儒学，广开道术之路。武帝有这么盛大的功德，必须为他上尊号，请大臣们计议。"在朝廷商议时，只有儒学博士出身的夏侯胜表示反对，当时他任少府，说："武帝虽有征讨四夷、广开疆土之功，但连年战争却死了众多士卒，竭尽民力，又奢侈挥霍，造成天下财富空虚，百姓流亡，死亡几乎占了一半，蝗灾肆虐，赤地数千里，甚至人相食，时至今日，天下的蓄积还未恢复，武帝对百姓没有留下恩泽实惠，上尊号不合适。"夏侯胜遭到大臣们的奏劾，说他反对诏书，讲了先帝的坏话，在监狱中关了两年④。但是他却讲出了一个方面的重要事实，所以被班固吸收采用了。

---

① 赞语原文见《汉书》卷六《武帝纪》："汉承百王之弊，高祖拨乱反正，文景务在养民，至于稽古礼文之事，犹多阙焉。孝武初立，卓然罢黜百家，表章《六经》。遂畴咨海内，举其俊茂，与之立功。兴太学，修郊祀，改正朔，定历数，协音律，作诗乐，建封禅，礼百神，绍周后，号令文章，焕焉可述。后嗣得遵洪业，而有三代之风。如武帝之雄材大略，不改文景之恭俭以济斯民，虽《诗》《书》所称何有加焉！"

② 两越指南越及闽越，亦写作南粤、闽粤。

③ 今朝鲜半岛北部。

④ 夏侯胜系狱两年，至本始四年遇大赦放出，宣帝任他为谏大夫给事中。夏侯胜的言论事迹见《汉书》卷七十五《夏侯胜传》。

（二）抱负、风度、雅量

国家雄厚的实力，等于是为演剧搭好了宽阔的舞台，而能否演出一场威武壮阔的活剧，则要看汉武帝这位集主角与导演于一身的人物本身的才能和素养。《汉书》的记载清楚地反映出汉武帝登帝位即有宏大的抱负；他具有锐敏地评判事物和果断地作出决定的政治家的风度；还具有能够容人的雅量。

《汉书·武帝纪》载武帝元光元年（前134）和元朔元年（前128）的两次诏书，其中说：

"我听说：在唐尧、虞舜的时代，民众都不犯罪，在日月所照耀的范围内，无不安守本分；周朝成王、康王时代，刑罚几乎不用，对百姓恩德深厚，四海之内风俗淳美，那时候，东北的肃慎，北方的渠搜，西南的氐、羌，都来中原朝贺，境内没有灾害，祥瑞时时出现。啊！古代这些帝王是靠什么措施才达到这种太平境地？！自我登上帝位，黎明前就起床，深夜还不敢睡觉，时刻思考着如何能达到那种境地，但我至今仍找不到好办法。啊！那是多么伟大的目标呀！我究竟要怎么做，才能发扬先帝的洪大业绩和崇高品德，使我可以与古代贤君相并列？贤臣才士们，请告诉我！"

"公卿大夫的任务是掌握好方针，管理好政事，使天下太平，民风淳美。崇扬仁义，褒奖有道德有才能的人，赏善罚恶，制止暴行，这是古代帝王治国的必由之路。我每天苦苦思索，早起晚睡，就是盼望同海内贤能之士一起达到这样的境地。因此我多次征召贤才，让所有识见高明的人发表意见，共同参予政事，所以务必请各位地方官员，特别是大臣们不能埋没人才！"

这些诏书所表达的是武帝的真实心情，他的宏大抱负，是要干一番超越前古的丰功伟业。自汉初以来，中华民族经过六七十年的休养生息，已经蓄积着深厚的力量，不再满足于"无为"，而要大有作为。武帝向往建造赫赫功业的雄心宏愿，就是当时全民族创造活力的集中体现。（当然，后来武帝连年征伐，是把这种创造力部分地引错了方向，造成了严重后果。）

汉武帝很有才能，他会写辞赋，尤其善于鉴识别人写的赋或文章的高下。《汉书》卷九十七《外戚传上》中载有武帝因伤悼他所宠爱的李夫人早逝而写的辞，其中有"神茕茕以遥思兮，精浮游而出疆"，"念穷极之不远兮，思窈窕之翔漾"的佳句，表达对逝者思念之深。又卷五十七《司马相如传》载，武帝读了司马相如所撰《子虚赋》①，不禁击节激赏，说："我没赶上和这位作者同时代，真是遗憾！"一打听，原来相如是成都人，于是赶快召见。

作为一个皇帝，武帝有武断独裁的一面，但他很有头脑，受忠直之言，颇有政治家风度，往往能对问题作出敏锐的判断、果断的处理，变被动为主动。建元六年（前135），是武帝登帝位的第六年，当时他年方二十三岁。新任丞相田蚡是武帝的母舅，生性骄横，他认为皇帝年纪轻轻，应该听任自己摆布。丞相每次入宫奏事，总要待上很长时间，田蚡一心想操纵大权，摆老资格，一一提出他所想任用的官员，让武帝当场表示同意。武帝先耐着性子听田蚡讲，然后截住他说："您所要任用的官员该完了吧！我也准备任用一批官员哩！"又有一次，田蚡提出要占用少府负责工程设计的衙门（称为"考工"），给他扩大府宅用，武帝见他如此出言无理，马上狠狠地把他训斥一顿："你何不干脆把朝廷武库的兵器都搬到你家里去?!"经过这两次巧妙的交锋，骄横的国舅爷立即收敛气焰，年轻的武帝便掌握了处理政事的实权②。

武帝处事锐敏果断的政治家风度，尤其表现在对公孙弘的选拔上。公孙弘是山东菑川（今山东昌乐县西）人，青年时当过狱吏，后来在海边放猪。四十岁学《春秋》。他第一次应征贤良文学人才时已六十岁，被选为博士，武帝让他出使匈奴，回来汇报，武帝不满意，公孙弘便辞职回老家。到第二次征用贤良文学

① 《子虚赋》是景帝时，司马相如客游梁孝王期间所写。
② 据《汉书》卷五十二《田蚡传》。

人才，菑川国又勉强让他应征。公孙弘来到太常①，回答皇帝的策问，卷子交上后，在应征的百余人中，他被列为下等。等到试卷送给武帝阅览时，武帝选拔他为第一名，召见后拜他为博士，在金马门待诏，等候任用。以后，武帝派他奉使西南夷，武帝又经过细心考察，任命不到一年，便晋升他为左内史②。数年之后任御史大夫，至元朔中任丞相，封平津侯。公孙弘由低贱的猪倌到登上相位，其关键即在武帝的识才用才之量。

对于公孙弘品格上的毛病，自司马迁、班固至后人多有批评，如说他善于讨好奉迎，不信守诺言，背后陷害人等。但平心而论，公孙弘经由左内史而获提升，在御史大夫和丞相任上六年时间，按武帝执法甚严的特点来说，公孙弘总是有一定政绩的。再者，公孙弘的最大特点，在于"其行慎厚，辩论有余，习文法吏事，缘饰以儒术。"③ 即是说，他行为谨慎，善于辩论，既熟习法律条文和行政规例，又善于把这一套与儒家的言论主张糅合起来。这种"外儒内法"的特点，后人尽可以指责其虚伪，但是，在西汉却是在政治上起过巨大作用的"汉家制度"。

《汉书·公孙弘传》比起《史记·平津侯列传》作了许多很有价值的补充。除载入公孙弘的重要言论《贤良策》外，还补充了有关他任丞相后重视延请贤才的史实，《公孙弘传》中说："公孙弘被封为丞相，此时正当武帝大兴功业之际，屡次征召人才。公孙弘看到自己是应征者中最为特殊的人，由布衣百姓出身，仅几年工夫便登上相位封为侯，不能慢待士人，于是在丞相府中建起客馆，开了方便出入的东门，延请天下贤人，请他们参与谋议政事。公孙弘本人过着俭朴生活，吃糙米饭，却为故友和宾客提供衣食费用，将俸禄所得全部用了，家中无有剩余。"

公孙弘的做法，跟他的继位者漠视士人形成鲜明对比。《公孙弘传》中又写道："公孙弘当御史大夫和丞相共六年时间，到八十岁那年，卒于丞相位上。其后李蔡、严青翟、赵周、石庆、

---

① 掌管宗庙礼仪和选试博士的机构。主管的官员也称太常，是九卿之一。
② 是首都长安近畿的行政长官，相当于郡太守，后改为左冯翊。
③ 《汉书》卷五十八《公孙弘卜式兒宽传》。

公孙贺、刘屈氂相继为丞相。从李蔡到石庆，丞相府的客馆长期空着无用，成了破房子。到公孙贺、刘屈氂时，索性把破旧的客馆变成马厩、车库和奴婢的住所了。这些后继者中，只有石庆因为处事恭谨，成了又一个卒于相位、享其天年的人，其他五人都因罪过伏诛。"

班固补充的史实含义极为深刻，说明公孙弘是一位称职的丞相，更重要的是，说明他热心延请贤才的做法，同武帝的求贤若渴正相合拍，这是武帝前期政治局面甚有生气的一个标志。

一个掌握有最高权力的统治者，当他头脑发热要干出一件事情之时，却有地位低下、毫无自卫能力的臣下向他当头泼去一盆冷水，他会怎么样呢？

如此情形当然是尖锐的考验，证明这位统治者是否具有能够容人的雅量。汉武帝恰恰经受过这样的考验。

那是元朔元年（前128），武帝又一次大规模征召贤良直言极谏之士。从山东来了主父偃、严安，从河北来了徐乐，三人同一天来到宫殿门上书。主父偃三人上书武帝，都没有一句奉承的话，相反地，都是联系历史教训对武帝的政策提出批评。主父偃针对武帝连年对匈奴进行战争，上书论述长期征战是导致秦亡的原因："秦朝驱赶士卒征战十余年，造成死者无法计算，这并不是秦朝人众不足或武器不好，而是因为它违背了历史的大势。秦又使天下的劳力都连年运载军粮，转徙道路，人民无法生产，百姓受苦极深，有许多人死亡在路上，于是人民忍无可忍，起兵反抗。"他直言不讳，批评武帝连年征伐是忘记吸取秦朝灭亡的教训。

徐乐的议论更深一层，他提出皇朝的灭亡："在于土崩，不在瓦解"的独到论点，这是论述政权如何稳固的问题，所以引起武帝的关心。他分析说："什么是土崩？秦朝末年的情形即是。由于民众困苦而国君却不怜惜，下层怨恨而统治者却不知情，社会混乱而政治却不加整顿，这就造成土崩的形势。"他认为，眼前正在进行的对匈奴的战争，给百姓造成了无法忍受的负担，形势的发展隐伏着巨大的危险。"作为贤明的君主，要能掌握安危的关键时刻，才能避免祸患。"处此关键时刻，必须改弦更张，才能把握前途。他还认为当时的情势是人民郁积着不满，"关东地区连年失收，民众生活困苦，加上战争带来沉重负担，难保不爆发严重的不测事件"。

严安上书，也论述治理国家的规律是应及时调整和改变政策。秦统一后，本来需要实行缓刑薄赋，减轻剥削，可是秦朝却反其道而行之，必然导致灭亡。他联系现实，举出当时埋伏着危机的各种因素："如今开通西南夷，东降薉君，北攻匈奴，造成国家疲敝，前景令人忧虑。"

十分意味深长的是，主父偃三人尖锐抨击时政的这些言论，非但没有使武帝反感，反而得到他的激赏！主父偃早晨将奏书递到皇宫大门口，下午就被武帝召进宫中见面。当武帝召见三人时，十分感慨地说："为什么早先找不到您们几位？我同您们见面真是太迟了！"真切地表达出他相见恨晚，幸得贤者的心情。三人都拜为郎中，主父偃还一年四迁，严安被拜为骑马令（主管天子骑马），官阶虽低却是武帝近臣。① 当时，征伐匈奴的大规模战争正在进行，汉武帝作为一个专制君主，此时正热衷于开边、干出轰轰烈烈的事业，三人上书却大讲他必须改弦更张，否则等于走亡秦的老路，这无异是让他当场感到难堪！武帝非但不怪罪，反而大为赞赏，这种雅量是很难得的！

主父偃三人上书的当时，并未能立即改变武帝对边境用兵的政策。但是，武帝作为文、景事业的继承者，他不能不被三人陈述的求长治久安之策所动心，不能不被他们分析连年征伐将引起的民困、民怨所警醒。到武帝晚年，下诏承认自己的过失，决定

————————

① 三人上书年代，据《资治通鉴》。司马光曾作《考异》："《汉书·主父偃传》，云'元光元年，三人上书'；按《严安书》云'徇南夷，朝夜郎，降羌、僰，略薉州'，此等事皆在元光元年后，盖误以'朔'为'光'字耳。见《通鉴》卷十八武帝元朔元年附《考异》。"《考异》未举出的重要证据是：元光二年，遣韩安国、李广、公孙贺、王恢、李息将三十万众，屯马邑，谋获单于。又于元光六年，遣卫青出上谷。公孙贺出云中，李广出雁门，大战匈奴，"青至龙城，获首虏七百级。"此即严安上书所讲"燔其龙庭"之役。元朔元年，卫青、李息再次出塞，而东夷薉君降，设苍海郡，也在此年。

罢兵力农。前后联系起来，我们可以推想，主父偃三人的直谏，已深深印在武帝的脑海，他晚年的改悔与当初对三人言论的心折叹服，是有其内在关系的。

（三）广招四方之士

"广开门路，宣招四方之士"，这是武帝为丞相公孙弘封侯所下诏书中的话，道出了武帝治国的一个重要特点。他广泛奖引各种人才，可以说是做到了不拘一格地加以选拔，根据他们才能高低加以任用。司马相如在他的文章中称赞当时是一个"兼容并包"的时代①，武帝对待人才的态度恰恰有此特点，因而为许多人提供了进取、竞争的机会。这是造成武帝时期鼎盛局面的重要原因之一。

武帝即位不久，曾连续多次大规模征召才能之士。建元元年（前140）冬十月，诏令丞相、御史大夫、列侯及二千石官员，举荐贤良方正直言极谏之士。元光元年（前134）十一月，令郡国举孝廉。五月，诏举贤良，诏书中说："我欲兴建功业，但能力有限。各郡国举荐来的贤良都明白古今治国兴邦的道理，现在由我出题策问，您们写成书面答案，我将逐篇阅览。"这一次，董仲舒和公孙弘都以治《春秋经》被举荐，武帝对董仲舒前后策三次，董仲舒的答案即是著名的《天人三策》，策问毕，武帝任他为江都王相，② 以后又徙胶东王相，董仲舒一生著书，为一代儒宗。这一年，六十岁的公孙弘也应征召，被任为博士。元光五年（前130），"征吏民有明当世之务，习先圣之术者，县次续食，令与计偕。"这一次把明白当今事务看得更重要，规定应召者随各郡到朝廷上计的官吏一同来京师，沿途各县解决食宿。公孙弘于此年再次被菑川国推荐，并被武帝亲拔为第一。据《汉

---

① 见《汉书》卷五十七《司马相如传下》载其《难蜀父老》文，云："武帝欲兴功业，"必将崇其弘议，创业垂统，为万世规。故驰骛于兼容并包，而勤思乎参天贰地。"

② 汉初各诸侯国都置丞相。至景帝时改名曰相。

书》记载，元光元年和此年应征召的贤良文学之士都多达百余人。元朔元年（前128），诏举孝廉①。从建元元年到元朔元年，朝廷征召人才多达五次。

除了通过全国性的大规模征召荐举发现人才之外，武帝对于了解或接触到的有嘉言卓行者，也常予以奖拔任用。

司马相如，是成都人，少时好读书，又学击剑。景帝时，出钱买了郎官的职务来到长安，景帝让他当武骑常侍（武职的卫士官，秩六百石）。相如不喜欢这份差事，相如擅长诗赋，却又是景帝所不喜欢的。当时恰好梁孝王来长安朝见，他的随从中邹阳、枚乘、严忌都是写诗赋的高手，相如同他们见面，志趣相得，极感快乐。便借口有病，辞掉武骑常侍职务，到梁游玩，同各地来的文人游说之士相处，客居数年之后，著《子虚赋》。梁孝王死后，文人游士们散伙，相如回到蜀郡，家中穷困，没有职业。后来与蜀郡临邛富人卓王孙寡居的女儿卓文君相识，结成夫妻。卓王孙起初不愿认相如这个女婿，相如与卓文君只好在临邛街上开个酒店，相如每天把大围裙系得高高的，忙着洗盘洗碗。后来经人劝说，卓王孙才勉强分给女儿一部分家产，他们便回到成都，相如成为闲居的富人。几年之后，蜀人杨得意在皇宫中任狗监（主管宫中狩猎用的猎犬的小官），侍候武帝，当他听到武帝对《子虚赋》作者表示极度钦羡时，便说："这篇赋的作者便是我的同乡司马相如。"武帝很感惊喜，立即召相如到长安，让尚书供给他笔札作赋。相如告诉武帝，原来写的只是第一部分，他又续写了两部分，于是把全篇写出呈上，武帝很是赞赏，任他做郎官。几年之后，又派相如当朝廷使者，到巴蜀喻告父老们关于开通西南夷的意义。此后，又派他为中郎将（管辖皇帝侍卫的长官）再度出使，带着三名副使深入到邛、莋等地，大大密切了这些地区与朝廷的关系。相如因这两次出使，先后写成《喻巴蜀檄》《难蜀父老》两篇文章；以后又写出《谏猎上书》《哀秦二

---

① 以上据《汉书》卷五《武帝纪》，卷五十六《董仲舒传》，卷五十八《公孙弘传》。

世赋》《大人赋》《封禅文》等诗赋文章。显然，司马相如两次出使和写成几乎全部诗文作品的成绩，都是由于武帝对他器重和任用以后才做出来的①。

兒宽，千乘（今山东高青县东）人，通《尚书》。因贫穷，当过伙夫和雇工。后在张汤手下任小吏，还曾到北部边郡管过牛羊。后因擅写奏书，被张汤提拔为侍御史（御史大夫属员）。见武帝，谈论经学，受到武帝嘉许，提拔为中大夫，再升为左内史，任内督劝农业、修建著名的六辅渠工程，灌溉大量农田，以后官至御史大夫。

卜式，河南人，家中有田地及畜群。武帝攻打匈奴，卜式以家财的一半充军费。武帝拜他为中郎，但卜式又不愿为郎，武帝让他在上林苑中牧羊。经过一年多，他牧养的羊很肥壮，武帝夸奖了他。卜式回答说："牧羊同治理百姓道理一样，按时赶出去到外田吃草，按时赶回羊舍休息，见有害群的孬种随即淘汰掉。"武帝听他说得很有道理，让他先后当缑氏和成皋（今属河南荥阳）县令，有政绩，晋升为御史大夫②。

班固把兒宽、卜式和公孙弘三人写成一篇合传，因为他们都曾从事过低贱的职业，而且还干过管放牧一类的事，后来却因机遇到来被武帝提拔，跻身于公卿大臣的显耀地位。把三人的事迹写在一起，正是班固在《武帝纪》赞语中所说"畴咨海内，举其俊茂，与之立功"的生动写照。

桑弘羊，洛阳商人子弟。按照汉初高祖的法令，规定商人只能有较低的社会地位，不许他们衣丝、操兵器、乘车骑马，不许做官，加倍征收算赋。武帝见桑弘羊精明机灵，破格任用，十三岁就让他到宫内当侍从。此后让他参与管理盐铁专营事务，解决因连年用兵造成的财政困难。不久，任大司农中丞，主管财政统计事务。又任治粟都尉，领大农，掌管全国盐铁专卖和均输平准。当时因大事征伐和皇帝连连出巡天下，财政费用浩巨，而全

---

① 据《汉书》卷五十七《司马相如传》。

② 兒宽及卜式事迹，据《汉书》卷五十八《公孙弘兒宽卜式传》。

部费用都由桑弘羊主管的大司农供给，被称誉为"民不益赋而天下用饶"。武帝晚年，代卜式任御史大夫，在任八年，直至昭帝之时①。出身于不能做官的商人家庭的桑弘羊，最后做了大官，这种事情也只有在武帝时代才有可能出现。

终军，济南人，从小好学，有辩才，文章又写得好，十八岁被选为博士弟子。来到长安，上书言事，武帝欣赏他的文章，便授这个青年学子为谒者给事中（谒者是负责接待迎送的官员，给事中是加官，在殿中备顾问应对），以后提拔为谏大夫。此时，南粤要求与汉朝和亲，终军奉命出使南粤，说服南粤王举国内属汉朝。武帝接到他出使成功的报告，十分喜悦，下令南粤实行汉朝法令，革新风俗，让终军留下镇抚。南粤相吕嘉反对内属发动叛乱，杀南越王，终军及随使人员也被杀害，死时刚二十岁出头，当时人称为"终童"，却出使几千里，干出了一番事业。

隽不疑，渤海（今河北沧州东）人。通《春秋经》，武帝晚年为本地著名学者。当时，暴胜之任直指使者（皇帝派出担任特殊使命的官员，又称绣衣使者），前来查办当地案件，威震州县。他听说隽不疑是有名的贤者，请他见面。隽不疑以庄重的风度前往，并忠告他："当官太刚强则易折断，太柔弱则政事废弛，应该是有威有恩，才能树功扬名。"胜之觉得他的话句句很有分量，又向他询问当前所应兴办的事务，不疑无不讲得头头是道。于是，胜之写了奏书，推荐这位人才。武帝阅后，命令本郡用公车送到京城，随即授他为青州刺史，昭帝时升为京兆尹，成为吏民尊敬、名声著于朝廷的人物。

车千秋，武帝晚年任守卫管理高祖陵园的郎官。当时，因巫蛊之祸，江充诬陷太子刘据（即卫太子）诅咒武帝，太子惧祸发兵与丞相刘屈氂在长安城中发生大战，然后太子逃到湖县自杀。武帝像无法逃脱梦魇一样，连年摆脱不了因巫蛊之祸而形成的阴暗多疑心理，一直责令各地穷究巫蛊之狱，株连治罪极多，搞得

① 桑弘羊《汉书》未立传，他的事迹据《汉书》卷二十四《食货志下》，参见卷六十六《车千秋传》。

人人心惊胆战。车千秋找了一个机会，向武帝上书，说明太子受了冤枉，劝武帝放弃继续追究。武帝本来也已逐渐意识到太子是受诬陷以后惧祸，在惊慌中仓促发兵，不是存心加害老子，现经车千秋道破，一下子醒悟过来。于是召见车千秋，听他陈述意见，然后说："父子之间有些事情很难讲清楚，唯独你看得分明，幸得有您点拨我，您应该做我的辅佐"。当场拜车千秋为大鸿胪（负责接待少数民族和协同主持礼仪的官，为九卿之一）。几个月后，又任命他代刘屈氂为丞相，封为富民侯。千秋任丞相果能称职，人们评价他出于前后几位丞相之上，尤其是劝说武帝把头脑中紧绷着的弦松弛下来。停止对巫蛊之狱的追究，赦免无辜受到株连的人。武帝临终前，命车千秋与霍光等人一同辅佐幼主，前后任丞相共十二年，对于开启"昭宣中兴"的时代也有一定的贡献。千秋本姓田，当武帝提拔他时他已年老，因此对他特殊优待，准他乘小车出入宫殿，故号为"车丞相"，时间一长，"车"也代替了他的本姓，这也是武帝优奖人才的一例①。

从董仲舒、公孙弘到隽不疑、车千秋，上面一共举出了十二个人物。《汉书》记载了他们的经历，反映出武帝时期俊秀之士时时脱颖而出的情景。"上之所好，下必效之"，在这种时代氛围下，大臣中也有人热心举荐贤才，视此为己任。著名的有韩安国、郑当时。韩安国在景帝时任梁孝王中大夫，武帝即位后，拜御史大夫。安国为人能识大体、通世务，喜欢推荐人才，"所推举皆廉士贤于己者。于梁举壶遂、臧固，皆天下名士，士亦以此称慕之，唯天子以为国器。"② 韩安国在梁国时所推荐的这位壶遂，精通天文历法，武帝时任上大夫，与司马迁等人一起制订太初历。由于韩安国举贤一向做得出色，他不仅在士人中备受仰慕，还受到武帝的格外敬重，把他视为国宝。郑当时，字庄，也是武帝时大臣，曾先后任右内史及大司农。他特地告诫守门人说："有客来访，无论地位高低都不许阻拦。"虽然他位居九卿，

---

① 终军、隽不疑、车千秋事迹，分别见《汉书》卷六十四《终军传》，卷七十一《隽不疑传》，卷六十六《车千秋传》。
② 据《汉书》卷五十二《韩安国传》。

却殷勤地对待士人。家中不置产业,把全部俸禄都用于接待宾客,不过都只供给一份饭菜。他每次朝见武帝,有机会私下谈话时,总是向皇帝推荐贤才,认为这些人胜过自己。间接听到别人讲了什么有价值的话,也要立即告知武帝,唯恐晚了一步。所以山东士人提起郑庄,无不翘指称赞①。

(四) 赏罚严明

《汉书》还反映出:武帝时期出现鼎盛局面的另一重要原因,是做到了赏罚分明。

有这样一个典型事例:隆虑公主是汉武帝的妹妹,她的儿子昭平君娶了武帝的女儿夷安公主。隆虑公主溺爱儿子,在她病重时,拿出金千斤、钱千万,说是预先为儿子,也就是武帝的女婿赎死罪,武帝答应了。隆虑公主死后,昭平君越来越骄横,最后因喝醉酒杀死老管家,被抓到监狱里。廷尉依法判处他死罪,但因为是公主的儿子、皇帝的女婿,便将案情上报武帝审批。当时武帝的左右都说:"隆虑公主早先就已交钱替他赎罪,陛下就免他一死吧!"武帝说:"我妹妹是到岁数大了才有这个儿子,临死之前又已经出钱预先赎死罪,托付给我,该怎么办呢?"武帝长长地叹息流泪,思想上展开激烈斗争,最后说:"法令,是高祖所制定的,难道能因为是我的妹妹就篡改了先帝的法令,那么我还有什么面目到高帝庙去拜先帝呢?况且那样做是辜负了万民的心!"于是流着泪批准把昭平君处死,又无法抑制住悲痛,左右也都哭了。

正当武帝宫内一片悲伤气氛之时,诙谐多智、跟随武帝多年的东方朔来到武帝面前,说:"我来为陛下祝贺!我听说:圣明的帝王治国,行赏不避仇人,诛罚不避骨肉。《尚书》也说:'不偏不倚,就像圣贤的帝王治国的办法那样平直坦荡。'这两条原则,是历来帝王所最重视、也是最难做到的。而陛下实行了,所

---

① 据《汉书》卷五十《郑当时传》。

以海内百姓都各得其所，天下民众是多么幸运！我为陛下斟满这杯酒，冒死祝福您长寿！"

武帝听了这一番话，看了看东方朔一本正经的神情，什么话也没说，从殿上起身回到住处去了。到了傍晚，武帝派人把东方朔叫去责备说："《论语》上讲：'选择合适的时机讲话，别人就不会对你的话产生反感。'今天先生您到殿上祝寿，这时机难道合适吗？"

东方朔连忙脱帽弯身行礼，说："我听说，哀伤过度会损伤身体。解除忧愁最好的是酒，我今天敬酒祝寿，就是为了宣扬陛下执法严正，不袒护近亲，也为了劝陛下不要哀伤。我不知忌讳，有罪。"

武帝见东方朔道理讲得好，话又说得风趣，不但没加责罚，反而给他奖励，恢复他郎官的职务，赐给他帛百匹[①]。

班固记载武帝含泪批准处死犯罪的昭平君这一史实，含意非常深刻。作为一个封建专制皇帝，若想要袒护一个贵公子，在有些人看来，不过是小事一桩。但武帝没有这样做，他重视的是自己的处置要能够服天下人之心，所以尽管昭平君是自己的女婿，又是亲妹所托付、事先交好死罪赎金的，武帝也仍然要绳之以法。在"权"与"法"、"亲"与"义"的尖锐对立中，武帝服从了后者。而东方朔却用一个臣下所能做到的、极严肃又极诙谐的方式，宣扬武帝执法严明，不徇私情。这一史实，无疑是古代法制史上一个有警省意义的案例。

《汉书》上记载了大量武帝严于法治、赏罚分明的事实，对于征战的将领，尤能视具体情况操纵赏罚，并且常常给予一时失利的将军以重新立功的机会。

元狩二年（前121），张骞、李广利随骠骑将军霍去病攻匈奴，张骞、李广利奉命从右北平出击，李广利部下死伤亡失太多，张骞误了与大军会合日期，按法律当斩首，但允许赎为庶

---

① 据《汉书》卷六十五《东方朔传》。东方朔本来是郎官，后来因论奏不能毁坏农田扩大上林苑，武帝认为他道理讲得好，提拔为太中大夫。但有一回，因"醉入殿中，小遗（小便）殿上，劾不敬"，被免为庶人，让他在宦者署等候任用。

人，给予重新立功的机会，以后张骞再次出使西域，因打通了汉与西域的联系而名垂史册。

自张骞凿通西域有功、地位尊贵之后，跟随过他的属吏和士人争着上书，讲西域各国情形、奇异特产，要求奉命出使。武帝认为西域道路艰难、相隔辽远，因此对这些人的要求都予以答应，正式派为使节，又招募吏民，不问原来的职业、经历，作为使节的随从前往。出使途中犯有过失者，加以查问。又给他们立功自赎的机会。由于有这些人相继出使，汉与西域的交往逐步加强，酒泉以西的长城亭障也越伸越远①。

对于为国死难的将领，武帝郑重地加以表彰。南粤吕嘉反叛，韩千秋自告奋勇前往，武帝即派他带二千人入粤。韩千秋在番禺（今广州）附近被截击身亡。对于韩千秋的勇敢并自告担任攻伐的前锋，武帝下诏褒奖，说："韩千秋虽亡无功，亦军锋之冠。封其子延为成安侯。"以此激励将士②。

武帝对杨仆和荀彘的处置也是很有说服力的例子。杨仆原为主爵都尉（主管有关封爵之事），受武帝赏识，南粤吕嘉反叛时，拜为楼船将军。他指挥作战勇猛，摧锋陷坚，军功卓著，封为将梁侯。东越反时，武帝再次要任命他为将军，又明白他因前功而夸耀自傲，武帝便下了一封书信，列举他"拥精兵不穷追"等六项过失，历历有据，严加责备，并问他：现在东越反叛，你能带兵以功补过吗?"杨仆的傲气一下子被全部打掉，表示甘愿效力赎罪，于是与王温铎一起打败东越。此后，武帝又派杨仆与荀彘分别率兵攻朝鲜。此役虽然最后获胜，但荀彘因为争功嫉妒而与杨仆互相掣肘，被处死。杨仆因擅自冒进，士卒逃亡甚多，罪重，经宽大处理免为庶人③。

《汉书》所记载的这些史实，说明武帝对于文武群臣的行为得失、禀性特点，有相当清楚而及时的了解，然后以道理和法令衡量，施行赏罚，因此从激励和儆戒两个方面，驱使臣下争攻受

---

① 以上据《汉书》卷六十一《张骞传》。
② 据《汉书》卷九十五《西南夷两粤朝鲜传》。
③ 据《汉书》卷九十《酷吏传·杨仆传》，卷九十五《西南夷两粤朝鲜传》。

赏、收敛劣行。此项显然是武帝在位五十四年间建树了诸多功业的重要原因之一。清代学者赵翼对此有精辟的论述，他认为：武帝做到操纵赏罚，所以能够激劝臣下。"其驾驭豪杰如此，真所谓绿镀（即转轴，比喻运转灵便）在手，操纵自如者也。""赏罚严明如此，孰敢挟诈避险而不尽力哉？史称雄才大略，固不虚也。"① 当然，武帝是一个封建君主，他又有私袒近臣和滥施刑罚的另一面。如：李广之子李敢，武帝时代其父为郎中令。有一次，李敢随武帝狩猎。霍去病因私怨，假装射猎失手，把李敢射死。武帝却为霍去病隐匿真情，用"被鹿撞死"掩盖过去。② 至于武帝滥施刑罚，更是当时一大弊政。

（五）弊政和晚年改悔

上述《汉书》对武帝时期经济条件、武帝本人的才能素养、当时对人才的选拔任用和赏罚严明的翔实记载，说明武帝时期出现鼎盛局面是由多方面因素推动而成的。与此同时，《汉书》也记载了这一时期存在的严重弊政和社会问题。根据班固所述，概括起来，当时的主要弊政是：一是刑罚太滥，治罪严酷；二是连年征伐，造成财富虚耗，于是加重对人民的剥削，使生产受到严重破坏；三是迷信鬼神，加上奢侈逸乐，挥霍无度。这些弊政引起了社会的动荡，农民暴动接连发生。

武帝有赏罚分明的长处，但他又执法苛严，一向重用酷吏，所以给人民带来灾难。班固记载说："当时刑律之繁多和系狱的人数都达到惊人的地步。武帝时，任用酷吏，由张汤、赵禹之流制定律令，结果条例越来越繁苛。律令增加到三百五十九章，单单规定处以死刑大辟的法律就有四百零九条，分为一千八百八十二事项，规定与死罪相当的更多达一万三千四百七十二事项。有关律令条例的文书把房间都堆满了，专门负责整理的人也无法看

---

① 《廿二史劄记》卷二"汉武用将"条。
② 据《汉书》卷五十四《李广传》附李敢传。

过来。于是，郡国一级引用法律的便五花八门，往往案情相同而判处却不一样。奸邪的官吏便借此贪赃枉法，想让人减罪活命就引用免于死罪的条款，相反就引用从重判刑的条款把人处死，有识之士对此都感到痛心疾首！"[1]

班固还记载：杜周任廷尉，监狱里关押的犯人数量多得惊人。单是二千石大官囚禁在狱中新旧加在一起就接近一百人。州郡上报到廷尉的大案，一年有一千多宗。大宗案件牵连的有几百人，小宗的几十人；侦问审讯远的涉及几千里以外的犯人，近的也有几百里。审问时就硬要犯人招认告发者所讲的罪名，如不服罪，就用毒打逼他供认。因此民户一听到受传讯，就赶快逃走隐藏起来。有的案件在赦令下达十几年之后还未查清楚，往往因为畏罪而辗转诬告。廷尉及京都衙门按朝廷公文逮问监禁的有六万七千人，官吏另外捉拿的有十余万人[2]。如此滥施刑罚，囚禁无辜百姓，必然要引起混乱和反抗。

由于武帝连年征伐，光与匈奴的战争前后就持续几十年。因此造成丁壮男子丢下锄耙从征，又征发更多的人转运粮食给养，耗费大量财富，农民无法忍受繁重的徭役和赋税剥削，四处流亡，农业生产受到严重破坏。如班固所说："外事四夷，内兴功利，役费并兴，而民去本。""天下虚耗，人复相食。"[3]

征伐造成国库空虚，于是武帝下令：犯罪可以出钱赎罪，将粮食输送到边境的可以授官，又把盐铁生产和卖酒收归官营。实行的结果，是贪污贿赂公行，欺诈和投机行为恶性发展，引起社会动荡不安。班固引用了贡禹的一段言论，对此作了深刻的论述，是我们认识武帝时期弊政的重要思想资料。贡禹说：

"武帝治理国家，他尊贤才，加以提拔任用，开拓边境，扩大版图数千里。他自以为功劳伟大，威权雷厉风行，于是为所欲为，毫无顾忌。由于国家财政困难，便实行应急的办法，改变汉初法令，让犯法的可以出钱赎罪，运输粮谷到边境的可以补官，

---

① 据《汉书》卷二十三《刑法志上》。
② 据《汉书》卷五十九《张汤传》，卷六十《杜周传》。
③ 《汉书》卷二十四《食货志上》。

结果造成天下奢侈成风，官吏违法乱纪，民众贫困，盗贼到处出现，农民大量逃亡。各郡国恐怕对朝廷应付不了，落个死罪，便选择擅长在公文、报表上对朝廷弄虚作假的人，担任主要职务；案件频繁发生，便找生性凶暴、对百姓严酷苛刻的人，担任高位。结果是：品德差而有钱财的人在世上出名，说谎话、搞假文书的人在朝廷上受尊敬，凶横不守法度的人受到官员的重用。因此流行这样的说法：'孝顺友爱有何用？钱财充足最光荣。讲究礼义有何用？会造假文书便当官。谨慎认真有何用？凶狠严酷的登大位。'于是那些受过刑、蹲过大牢的人，仍可神气地回到衙门里掌管大权，品行像猪狗一类，只要有钱有势，到处横行，这种人就会受到称赞、羡慕。这样一来，做官贪污而暴富的人被认为了不起，违法投机而发财的人被认为有本事，兄长劝小弟，父亲教儿子，都怂恿着那样去做，社会风气的败坏，竟到这种地步！分析如何造成这种局面，总根子就在规定犯法的可以出钱赎罪，任用的官吏又不是真正的贤才，郡国大官眼里只认钱，法律得不到施行的缘故！"[①]

贡禹的论述，对于武帝时期因连年征伐造成财政困难，终于导致贪污贿赂公行、法纪废弛、社会动荡的后果，揭露得淋漓尽致。班固引用他的言论，对于我们认识武帝时期社会的阴暗面是有重要意义的。

武帝一生沉溺于鬼神迷信，据《汉书·武帝纪》载，自元狩元年（前122）至后元二年（前87）武帝卒之前，他外出祠神、巡行、封禅共二十九次，其中远程出巡、祭祀达十三次。元封元年（前110），东巡，封泰山，沿渤海边到碣石而还，历时四个多月。元封五年（前106），从冬季开始（太初改历之前，每年以十月为岁首），至春四月封泰山而还，历时五个月。每次外出祭祀巡行，都带着大队人马，沿途官府动员众多吏民修路、献礼、迎送，耗费民力、财力、物力无数。武帝又任用神仙方士，给他们大量赏赐，仅对栾大的赏赐，一次就有十万金。还有，武帝生

---

① 据《汉书》卷七十二《贡禹传》。

活极其淫靡，据贡禹说，他"多取好女至数千人，以填后宫"①。像这样挥霍无度，文景时期积贮的巨量财富终于被他耗费净尽。

《汉书》记载，上述种种弊政引起了社会矛盾激化。至武帝统治后期，各地出现了农民暴动，南阳有梅免、百政，楚有段中、杜少，齐有徐勃，燕、赵之间有坚卢、范主等。这些暴动，规模大的有数千人，小的数百人，攻占城邑，夺取武库兵器。武帝指派酷吏，动员了军队，几年时间才镇压下去。

面对着激烈的社会矛盾，使武帝晚年面临着两种选择：或者是继续兴师劳民，或者是罢兵息民，挽救危机。至征和四年（前89），他终于当机立断选择了后者，承认了自己的过失。班固称赞武帝晚年实行的政策转变，说："武帝末年，悔征伐之事，乃封丞相为富民侯。下诏曰：'方今之务，在于力农。'"② 以后，宋代史学家司马光在班固论点的基础上加以发展，认为：武帝的种种弊政，致使他末年出现社会危机，几乎与秦相差不多。但是武帝能晚而改过，所以有亡秦之失而免亡秦之祸！③

汉武帝能晚年改悔，说明他警惕着步亡秦后尘，掌握着一个"临界点"，控制其所为不要超过这个限度，引起社会的崩溃。以此为转折点，昭、宣时期即继续沿着这一罢兵力农的路线走下去，因而出现了"中兴"局面。

三、中兴和衰亡

《汉书》记载昭宣时期中兴史实的纲是《昭帝纪》《宣帝纪》，与此相配合的篇章有《霍光金日磾传》《张安世传》《杜延年传》《公孙（贺）刘（屈氂）车（千秋）王（䜣）杨（敞）蔡（义）陈（万年）郑（弘）传》《赵充国传》《傅公子常惠郑吉传》《隽不疑疏广于定国传》《王吉传》《魏相丙吉传》《赵

---

① 据《汉书》卷七十二《贡禹传》。
② 《汉书》卷二十四《食货志上》。
③ 《资治通鉴》卷二十二武帝后元二年"臣光曰"。

（广汉）尹（翁归）韩（延寿）张（敞）传》《儒林传》《循吏传》《匈奴传》等。

昭宣时期起于公元前86年，至公元前49年，历时三十七年。由于执行了停止对边境大规模用兵、减轻农民负担、缓和社会矛盾的政策，政治局面重新稳定，国力得到恢复，成为西汉盛世的继续，因此历史上称为中兴时期。

（一）霍光辅政

公元前87年，武帝已到垂暮之年。他已拿定主意让少子弗陵继承帝位。这一年，弗陵年仅八岁，武帝仔细考察近臣的人品言行，最后决定由霍光为未来年幼的皇帝辅政。但他先不明说，而命令画师画了一幅周公背负周武王以朝见诸侯的画，亲自赐给他。霍光是骠骑将军霍去病的弟弟，他在宫中侍奉武帝出入已有二十多年。为人沉静细密，一向小心谨慎，据郎官从旁观察，他在宫里走路、出入大门，什么地方停步，什么地方拐弯，都有固定的尺寸，可见他举动的规矩检点。如今，武帝重病不起，守在他身边的是霍光、金日䃅、车千秋、桑弘羊等亲近大臣，霍光见武帝已到弥留之际，忙问："陛下百年之后，谁继帝位？"武帝说："我送给您的画，你还没有懂吗？由弗陵继位，由你辅政。"于是封霍光为大司马大将军，掌握军政大权。[①] 这是武帝临终托孤，对于此后几十年政治关系重大，因此史家称武帝"顾托得人"。

昭帝在位十三年，大权掌握在霍光手中。宣帝登帝位之后最初五年，政事实际上也一决于霍光。班固在《昭帝纪》赞语中，对于霍光辅政的历史地位作了非常准确、中肯的评价：

> 承孝武奢侈余敝师旅之后，海内虚耗，户口减半，光知时务之要，轻徭薄赋，与民休息。至始元、元凤之间，匈奴和亲，百姓充实。举贤良文学，问民所疾苦，议盐铁而罢榷

---

① 据《汉书》卷六十八《霍光传》。

酖，尊（帝）号曰"昭"，不亦宜乎！

班固的论述深刻地指出了：霍光继续实行武帝晚期的政策转变，有效地缓和了社会矛盾，制止了危机的趋势。他正视因武帝连年征伐和奢侈挥霍，造成国家财富空虚、户口减半的严酷事实，认识到时势的迫切需要，采取减轻剥削、节约民力、与民休息的政策。又对匈奴实行和亲。因此八九年时间便大见成效，出现了百姓充实的局面。

班固在《昭帝纪》中具体记载了这一时期重视生产、减轻民间疾苦的一系列措施。昭帝始元元年（前86），就派遣使者王平等五人巡行郡国，举用贤良，了解造成民间疾苦的问题。

自始元二年（前85）至元平元年（前74），曾连续九次颁发减田租，给贫户借贷粮食、种子，免除军马负担，赐给孤老残疾者以衣被，减少马口钱及口赋钱，减少及停止漕运，裁减官府冗员以减轻民众负担等项诏令。由于班固重视这些记载，就为这一时期扭转危机、再度出现上升局面提供了确切而充足的证据①。

班固还记载，始元六年（前82）二月，召集了各郡国所举贤良文学反映民间疾苦，议论盐铁榷酤。这就是有名的盐铁会议。贤良文学在大将军霍光、丞相车千秋的支持下，主张罢去盐铁官营及酒的专卖，指出武帝时期律令繁苛，罪名无数，使百姓摇手得禁，难以自保。第二年七月，宣布罢去酒的专卖②。

（二）少年皇帝的判断力

昭帝虽然年幼，却懂得支持霍光奉行的政策，并在关键时节以他皇帝的权威充当了霍光的保护人，挫败了霍光政敌的诬陷，公开宣布信任霍光。那是始元五年（前81），上官桀、其子上官

---

① 这九次诏令的颁布时间，分别为：始元二年三月，四年七月，五年夏，六年七月，元凤元年三月，二年六月，三年正月，四年正月，元平元年二月。

② 参见《汉书》卷二十四《食货志上》及桓宽《盐铁论》。

安、桑弘羊及燕王刘旦设计谋害霍光。刘旦是昭帝之兄，因不得立为皇帝，心怀怨恨。上官桀原先地位比霍光高，现屈居其下，故父子与霍光争权。桑弘羊此时仍为御史大夫，仍然坚持盐铁专营、对匈奴作战的过时政策，并夸伐功劳要为子弟求官，达不到目的，故与霍光对立。他们密谋，让人假称是燕王旦的使者，从燕国到长安上书，告发"霍光到长安城外，调羽林兵，又往丞相府中增设校尉，霍光平时专权，他现在这样做必有阴谋。故燕王旦要进京保护皇帝、查办奸臣。"这封上书，趁霍光告假休息的日子，通过上官桀递到昭帝面前。

次日清早霍光上朝时，得知此事，心事重重，也不直接上殿，就在外间臣下议事的画室停留。昭帝问："大将军在哪儿？"上官桀说："因为燕王告发他有阴谋，他不敢上殿。"昭帝下诏让霍光进殿，霍光进去后，脱帽向昭帝叩头谢罪。昭帝立即阻止他，说："将军请把帽子戴上。我知道那封上书是假的，将军无罪。"霍光问："陛下怎么知道呢？"昭帝说："将军您到长安城外，不过是检阅羽林郎，是正当的事。您增调校尉到丞相府，至今未过十天，燕王旦远在燕国，他哪能这么快就知道了？况且将军您若真要搞阴谋，也用不着增调校尉呀！"

群臣望着昭帝那稚气又带严肃的表情，听着他那还带着童音的嗓子说出这一席话，不禁为他具有的敏锐判断力和沉着态度而感到大为吃惊，因为这时他只有十四岁。上书的人果然逃之夭夭，朝廷严令追捕，上官桀等很恐慌，报告昭帝说这是小事不要追究，昭帝不准。此后，上官桀的同伙又有人讲霍光的坏话，昭帝立即大怒："大将军是忠臣，是先帝特地嘱托他辅佐我的，谁敢诽谤他，要判他死罪！"于是上官桀等人不敢再进谗言。元凤元年（前80）九月，上官桀一伙又策划杀死霍光和废除昭帝，阴谋事先泄露，霍光把上官桀、上官安、桑弘羊处死，燕王刘旦自杀。

班固对于这一事件十分重视，因为它是保证昭帝时期政局稳定的一个关键，所以不仅在《霍光传》中详细记载，而且郑重写入《昭帝纪》之中①。

（三） 迎立宣帝

公元前74年，昭帝卒，无有子嗣，经大臣们计议，迎来昌邑王刘贺，立为皇帝，立二十七日，昏乱无度。霍光与丞相杨敞、大司农田延年等商议，并上告皇太后，废掉昌邑王，迎立武帝曾孙刘询为帝，是为宣帝。这是保证西汉社会继续向前发展的又一重要决策。②

班固认为：宣帝在位的二十五年，是西汉盛世的继续。这同样是经受了久远历史考验的公允评价。首先，班固十分强调宣帝出身微贱、遭受过许多磨难的经历。他是在巫蛊之祸中自杀的卫太子的孙子，父母也都因那场灾祸死掉。所以当他还是个刚出世不久的婴儿时，就被裹着褓褓送到监狱，好几回差点因病死掉，幸好有位富有同情心的狱官丙吉关照，他让两个好心的女犯作乳母，找药治病，这位皇曾孙才得以在灾难中活了下来。以后送到掖廷③收养，不承认他是皇族后代，只能算个平民。班固一再强调，宣帝来自下层，知生活之艰难，民间的不平，官吏行为的好坏。《宣帝纪》中说他："具知闾里奸邪，吏治得失。"又说：宣帝"繇（与"由"字通）仄陋而登至尊，兴于闾阎（指百姓居住的里巷），知民事之艰难。"④ 出身和经历对于以后的作为关系

---

① 《昭帝纪》中所记简洁明确，值得引述在这里："（元凤元年）九月，鄂邑长公主，燕王旦与左将军上官桀、桀子骠骑将军安、御史大夫桑弘羊皆谋反，伏诛。初，桀、安父子与大将军光争权，欲害之，诈使人为燕王旦上书言光罪。时上年十四，觉其诈。后有潜毁者，上辄怒曰：'大将军国家忠臣，先帝所属，敢有潜毁者，坐之。'光由是得尽忠。"

② 据《霍光传》，参见《汉书》卷六十三《昌邑王传》，卷六十六《杨敞传》。

③ 掖庭是宫中旁舍，也用来称掌管宫人事务的官署。宣帝少时即与许广汉同住在此房舍中。许广汉先因犯罪被罚处宫刑，以后任宦者丞（办事的属员）。又再次因事犯罪，被处罚到掖庭中服劳役，随后当了掖庭中染作坊的小吏（称"暴室啬夫"）。宣帝小时即与他同住。许广汉同情这位皇曾孙的苦难身世，设法让他拜师读书，以后又将女儿许配给他。宣帝少时遭遇，据《宣帝纪》《武五子传·戾太子传》《外戚传·许皇后传》《丙吉传》。

④ 分别见《汉书》卷八《宣帝纪》，卷八十九《循吏传》序。

重大，这是非常正确的。

正因为宣帝深知吏治得失、民间疾苦，所以他到地节二年（前68）春霍光卒，本人亲掌大权之后，便极其重视整顿吏治。这是宣帝时代的突出成绩，也是当时保持盛世的首要关键。班固说：

"（宣帝）自霍光薨后始躬万机，厉精为治，五日一听事，自丞相以下各奉职而进。及拜刺史守相，辄亲见问，观其所由，退而考察其所行以质其言，有名实不相应，必知其所以然。常称曰：'庶民所以安其田里而亡叹息愁恨之心者，政平讼理也。与我共此者，其唯良二千石乎！'以为太守，吏民之本也，数变易则下不安，民知其将久，不可欺罔，乃服从其教化。故二千石有治理效，辄以玺书勉励，增秩赐金，或爵至关内侯，公卿缺则选诸所表以次用之。是故汉世良吏，于是为盛，称中兴焉。"①

可见，宣帝对于整肃吏治下了大决心，确定了努力的目标，又形成一套切实可行的制度，收到了超过以往的良好效果，所以受到班固的高度肯定和赞誉。他每隔五日，便要听取丞相及下属各部门报告本职工作。每到任命刺史、郡守、诸侯国相这些地方大员，宣帝都要亲自接见并深入交谈，了解这个人过去的经历、政绩，问他有何打算，以后拿他的行为与诺言对照，如果干得不好，便要认真查找其中原因。宣帝恳切地表达他的愿望，感召下属，说："要让老百姓能够安心生产而内心无有悲愁苦恼，最根本的是要做到治理政事公平、判处案件合理。能够同我一起实现这个目标的，就是你们这些二千石地方要员啊！"他认为州郡太守选任的得当，对于一郡官吏的办事作风和百姓的生活有决定性意义，更换太快了，会引起下面的不安定，百姓知道这个郡守要稳定地当一段长时间，欺瞒不得，才会服从他的治理。对于郡守、刺史一级政绩显著的，便亲自颁发文书，加盖国玺、加以鼓励，增加俸禄赏赐，朝廷公卿大臣有缺位便选拔他们来接替。由于宣帝这样下功夫整肃吏治，成效果然显著。班固认为汉代吏治

---

① 见《汉书》卷八十九《循吏传》序。

胜过以往的时期，是中兴的标志。

（四）　出色的丞相

作为当时吏治良好的代表，班固不但在卷七十六、卷八十九和卷九十分别记载了赵广汉、韩延寿、王成、黄霸等十一人的事迹，而且为名相魏相写了一篇内容丰富生动的传记。人们一向讲起汉朝历史，都要提到汉初贤相萧何、曹参。班固认为，魏相也是西汉的名相，声誉很高。

魏相当过河南太守，当时就以办事认真、严格闻名。不久丞相车千秋卒，他的儿子本在河南西部当武库令（主管兵器库的官员），认为父亲一死失去了靠山，而魏相办事这么严格，害怕获罪，赶忙逃回长安。大将军霍光认为魏相有意跟这位丞相公子找麻烦，很气愤，这时又有人诬告魏相当太守残杀无辜。不料，消息传出后，长安街上出现了令人吃惊的场面：河南在京师的戍卒二三千人，相约聚集起来，在半路上拦住大将军的车辆，愿为魏太守赎罪，在长安多服役一年。这是他们出自内心对办事认真的太守的拥护，不愿意他离开，更同情他受诬陷的境遇。可是魏相仍因武库令的事下狱，经查问无罪，真相大白。以后当茂陵令，再任扬州刺史，执法认真，对于不称职的郡国守相，即予以贬退。

魏相任丞相共八年，上任后的第一个政绩，是建议宣帝果断地结束霍氏一家专权的局面。在霍光死后，霍氏一家仍把持军政大权，至此才把他们调离，并改变所谓"副封"的办法。霍光当政时规定，凡向皇帝上奏书，必须有一个不准密封的"副本"，先呈交大将军看过。大将军看过"副本"之后，认为不需上奏的，就压下来不交给皇帝。这实际上是把握朝政、架空皇帝的做法。于是，宣帝让魏相兼任"给事中"，处处倚重于他，被掩盖多时的霍光之妻毒死许皇后一案这时才得以真相大白。[①] 此时霍

---

① 霍光之妻名显。毒死许皇后经过，见《汉书》卷九十七《外戚传上》，卷六十八《霍光传》。

氏集团密谋先杀丞相、后废皇帝，事败伏诛。至此，宣帝才"始亲万机，励精为治，练群臣，核名实，而（魏）相总领众职，甚称上意"①。丞相与皇帝相配合，目的都为励精图治，行政机器得以有效地运转，魏相统领群臣，使他们各称其职。班固还记载：魏相有一套考察官吏的办法。对于下属他要求兢兢业业奉行职事，派出丞相府的办事吏员到各郡国暗中检察情况，凡相府人员回原籍返来的，他都向他们详细询问各地生产、民情、灾害等情况，以便掌握下情。

（五）和好匈奴六十年

魏相的又一贡献是制止对匈奴用兵。元康年间，匈奴派兵攻打汉朝驻在车师国的屯田军队，双方相持，未分胜负。宣帝与将军赵充国商议，要利用匈奴已经衰弱的劣势出击，使匈奴不敢在西域进攻汉朝军队。魏相提出具有卓识的意见，说：匈奴在车师争屯田，并非入侵边境，是局部性争端，以此出兵攻打，是师出无名。现在汉朝戍守在边防的士卒处境艰难，披羊皮御寒，食野果充饥，自顾尚不暇，还能驱使他们远出作战吗？况且国家内部并非平静无事，征发士兵、徭役烦重必然引起国家不安。所以要重视的是内部问题。

魏相的建议非常重要，他开启了西汉后期与匈奴比较和好相处的时代。此后，正值匈奴发生内乱，神爵二年（前60），匈奴分裂，日逐王归汉。甘露元年（前53），呼韩邪单于归汉，带领他部众徙居阴山附近。并请求于甘露三年正月初一到长安朝觐汉宣帝，受到极其隆重的接待。另一支郅支单于则率部众西迁远走。

匈奴问题在汉高祖以来一直是困扰西汉朝廷的大难题。由于宣帝处理得当，又逢匈奴衰弱下去、内部分化出愿意和好归附势力的时机，因此结束了先前长期存在的战争关系而开创了六十年

---

① 见《汉书》卷七十四《魏相丙吉传》。

的和平局面。

作为对于宣帝时期总结性的看法，班固在《宣帝纪》作了这样的概括：

> 孝宣之治，信赏必罚，综核名实，政事文学法理之士咸精其能，至于技巧工匠器械，自元、成年间鲜能及之，亦足以知吏称其职，民安其业也。遭值匈奴乖乱，推亡固存，信威北夷，单于慕义，稽首称藩。功光祖宗，业垂后嗣，可谓中兴，侔德殷宗、周宣矣。

这段论述，恰恰总结出宣帝时期两个方面的主要成就，再次表明班固观察历史问题具有深邃的眼光。一是吏治方面的成绩。认为：宣帝治国，赏罚分明、毫不含糊，把所说与所做二者结合起来考察官吏的政绩，因此成效卓著，管理政事、从事学术和负责刑法各方面的人才都精通本行事情，在工艺技术方面也很有水平，后来元帝、成帝时期很少能赶上，这些都说明当时官吏办事称职，百姓安居乐业。二是实现了与匈奴的和好。他认为：当时正值匈奴内部分裂，宣帝对于愿意归顺的首领友好接待，对于敌对的势力则促使它远徙，致使北方少数民族敬慕汉朝的声威，呼韩邪单于诚心归附，愿做汉朝的藩属。班固总的评价是，这一时期的成就足以光耀前代、显扬后世，可同殷高宗、周宣王一样，称为中兴君主。

（六）盛世尾声

然则，班固也如实地反映出：西汉的盛世至此已到尾声，社会出现了阴影。宣帝为了打击霍光之子及上官桀等的权力，任用外戚许氏、史氏的子弟代替。许氏（许皇后的外家）一家三人封侯。史氏（皇帝祖母史良娣之外家）四人封侯。还有王氏（宣帝之母王夫人的外家）二人封侯。上述三家外戚的子弟中，许延寿、史高、王接三人都官至大司马车骑将军。这三家外戚都贵宠异常，每每得到巨额的赏赐。宣帝也忘记了以前的节俭，贪图起奢侈逸乐，被称为"颇修汉武故事，宫室、车服盛于昭帝"。①

宣帝还任用宦官掌握宫中大权。当时任司隶校尉的盖宽饶，是一个刚直的官员，他向宣帝直言进谏：陛下不行圣道，用受过宫刑的宦官做辅佐国家的人物，不把法律放在崇高的地位。宣帝竟认为他是怨谤，最后盖宽饶被逼自杀。②宣帝初年思进贤良、选拔俊贤、鼓励直言谏议的做法，至此都不见了。

重用外戚和宦官造成邪恶势力上升，正直人才受到排挤迫害。从此开始了西汉末期的混乱局面。

（七）帝国的衰落

《汉书》真切地写出西汉最后五十六年衰落的过程。《元帝纪》《成帝纪》《哀帝纪》和《平帝纪》是记述的主干，与此相配合的篇章有：《萧望之传》《贡禹鲍宣传》《韦贤传》《刘向刘歆传》《京房翼奉李寻传》《王尊王章传》《诸葛（丰）刘（辅）郑（崇）孙（宝）毋将（隆）何（并）传》《匡（衡）张（禹）孔（光）马（宫）传》《王商史丹傅喜传》《翟方进传》《谷永杜邺传》《王褒贾捐之传》《甘延寿陈汤段会宗传》《何武王嘉师丹传》《佞幸传》《元后传》《王莽传》等。

我们读着这些篇章，可以触目惊心地看到一个显赫的皇朝怎样迅速地走向衰落、灭亡的过程，有如一座堂皇壮观的大厦，未经多时，便由破败到最后坍塌了。

班固的记载告诉我们：西汉衰亡的第一个原因是，外戚、宦官、弄臣掌握大权，正直官僚被排挤，皇帝或是性格软弱，或是一心玩乐，或是即位之后痿痹不能走路，或是立了个不懂事的小儿，因此政治上必然陷于昏暗混乱。

元帝性格懦弱，即位初年，因为大臣萧望之、周堪是他当皇太子时的师傅，元帝感念旧恩，给以优遇，常在宫中接见，让

---

① 见《汉书》卷七十二《王吉传》。
② 据《汉书》卷七十七《盖宽饶传》。

萧、周二人亲近言事。这就引起外戚史高的怨恨。史高随即勾结宫中宦官石显、弘慕，掌握权柄。于是遭到大臣萧望之反对，说古代没有用宦官掌握大权的。史高与石显、弘恭联合起来攻击萧望之，指控他和周堪、刘向是"朋党"，交给狱吏治罪。于是萧望之愤极自杀。元帝听说自己的师傅已死，感到吃惊并且大哭，他也心知是石显等人所为，却不敢深究①。此后，元帝实际上即处于被摆布的地位，朝政大权已落入宦官、外戚手中。

成帝即位以后，情况更加恶化。成帝本人终日游乐，不理政事。他任用其母王政君（即元帝王皇后）的兄弟王凤任大司马大将军，操纵军政大权，还有另外四个舅父王谭、王立、王根、王逢时，五人同日封侯，当时称为"五侯"。朝廷的要害部门也都被王家把持着，所以班固在《元后传》中愤慨地抨击说："王氏子弟卿大夫诸曹侍中，分据势官满朝廷。"阳朔元年（前24），有人向成帝推荐刘向的儿子刘歆才能卓异，成帝召见了他，经过谈话，印象甚好，想任命他为中常侍（在宫中侍从皇帝的官员）。皇帝的手下人立即表示反对，说："这件事还没有向大将军报告，不算数！"成帝说："这是小事，不需告知大将军。"手下人叩头至流血，表示死也不能依了皇帝。于是成帝只好让人报告王凤，王凤果然不点头，事情便被否决，成帝再也不敢提起②。

不久，京兆尹王章因为向朝廷弹劾王凤，竟被逮到狱中害死，妻儿被流放到几千里外的合浦（今广西合浦）。从此，朝臣谁也不敢正眼看王凤这伙外戚，郡国守相刺史的任命都必须出自王氏门下③。西汉政权实际上已成王家囊中之物。所以班固引用了杜邺在哀帝即位初年上书的话说："王氏世权日久，朝无骨髓之臣，宗室诸侯微弱，与系囚无异。"④ 不仅刘姓宗室诸侯，连同皇帝在内，都已成为实际上的囚犯。

---

① 据《汉书》卷七十八《萧望之传》，卷三十六《刘向传》。
② 据《汉书》卷九十八《元后传》，卷三十六《刘歆传》。
③ 据《汉书》卷七十六《王章传》，卷九十八《元后传》。
④ 据《汉书》卷六十《杜业传》。

（八）堵塞言路，构害忠良

班固的记载告诉我们：西汉衰亡的又一个原因，是壅塞直谏之路，陷害正直之臣，使邪恶势力更加气焰嚣张，肆行无忌。

元帝时，司隶校尉诸葛丰曾先后两次上书，已道出政治腐败根源之所在。他说："现在以九州四海之大，却找不到为了坚持气节和正义而敢死难的人，尽是苟且偷生、讨好权贵、结党营私的人，不顾国家利益，结果是天怒神怨，百姓穷困，这都是臣下不忠于国家造成的。"又说："如果这种情况继续下去，则是邪恶的人阴谋得逞，伸张正义的道路被堵塞，使忠于国家的人感到绝望，智贤之士闭口不言！"①诸葛丰忠直的言论却引起元帝的不满，先是罢去他司隶校尉的官，调去管城门，以后又把他免为庶人。忠诚正直必遭陷害，这正是西汉后期政治上可悲的特点。

成帝时又发生了青天白日把正直的朝臣秘密监禁起来的丑闻。谏大夫刘辅向成帝上书，反对成帝宠爱赵飞燕，要立她为皇后，封她的父亲为侯。他认为这样做必将有祸而无福，但群臣却不敢言，他身为谏官，不怕受祸也要说出真话。奏书递上后，成帝竟命令侍御史把刘辅囚禁到宫中秘密的监禁处（称"掖庭秘狱"），不让朝臣知晓。

于是左将军辛庆忌上书说："刘辅不久前刚提拔为谏大夫，现突然被秘密监禁，如果他是犯了小错，那么皇帝对朝臣应该原谅，如果他有大罪恶，则应该送到司法部门公开审判。不然，群臣人人感到寒心，再也没有人敢于仗义直言！"结果竟把刘辅移到少府监狱，判决为比死罪减一等的"鬼薪"（为宗庙采薪，刑期三年）。②

---

① 诸葛丰上书的原话是："今以四海之大，曾无伏节死谊之臣，率尽苟合取容，阿党相为，念私门之利，忘国家之政。邪秽浊溷之气上感于天，是以灾变数见，百姓困乏。此臣不忠之效也！""令谗夫得逞，正直之路壅塞，忠臣沮心，智士杜口。"见《汉书》卷七十七《诸葛丰传》。

② 据《汉书》卷七十七《刘辅传》。

班固在书中详细记载了这类事情的经过，有力地说明西汉末年政治的昏暗，是非的颠倒！由此到哀帝、平帝期间，王莽使尽阴谋手段一步步篡夺大权，朝臣却一味对他阿谀讨好，无人敢站出来公开揭露他。于是王莽示意党羽上书王太后（王政君），封王莽为安汉公，女儿为平帝皇后，还要增封他新野田二万五千六百顷，赐金二万斤，合钱二万万。王莽假意不受新野田，为了这件事，上书请求不能让王莽退新野田和再为他加封者，前后竟有四十八万七千五百七十二人①，说明当时惯于趋炎附势的软骨头为数之众多！

（九） 无可奈何花落去

班固的记载还告诉我们：西汉衰亡的第三个原因是，皇族与权贵穷侈极欲，喝尽了人民的血，土地兼并恶性发展，社会矛盾不断激化，农民被逼得无路可走。

早在元帝时，贡禹就上书指出：天下百姓困苦，皇室却奢侈靡费，在山东三处为皇宫生产丝织物的工匠各有数千人，每年耗费上万万钱。蜀汉为皇宫生产金器银器，每年也耗资各五百万。长安各处离宫分置官奴隶十万余人，终日游戏无事，每日费钱五六万万。老百姓遇到饥荒饿死极多，无人埋葬，任畜牲撕咬，而皇宫中喂养上万马匹，终日食粟，苦于马匹太肥，还得占用许多人每日牵出去遛蹄，让马匹消食，天下竟有这样伤天害理的事！②当时贾捐之也说：关东民众连年流离失所，悲惨地饿死在外地，尸体在路上横七竖八躺着！③

成帝时，外戚史丹任右将军，赏赐累计达千金，奴仆数以百计，妻妾数十人，奢侈享乐至极④。又一外戚江阳侯王立在南阳霸占了数百顷田地，诈称为"荒田"，其中有不少是农民已经开

---

① 据《汉书》卷九十九《王莽传上》。
② 据《汉书》卷七十二《贡禹传》。
③ 据《汉书》卷六十四《贾捐之传》。
④ 《汉书》卷八十二《史丹传》。

垦的耕地。一转手又用高价卖给官府，都按高于市价计算，又额外攫取钱一亿以上。成帝时，丞相张禹利用权势，占有田四百顷，都在泾、渭河边，灌溉便利，土质肥沃，是关中上等好田。[①]哀帝时宠爱佞人董贤，赐给他田二千余顷。[②]董贤年二十二岁即封为大司马，父子都属于公卿高位，赏赐无数，董贤死时，没收其财产变卖高值四十三亿钱！

班固对于处在政治昏乱、土地恶性兼并和残酷剥削之下农民的悲惨处境，用哀帝时谏大夫鲍宣上书的话，作了使人伤心落泪的论述。鲍宣说，农民有"七亡""七死"。"七亡"是指有七项原因造成农民无法生产、出外流亡：一是水旱灾害，二是官府征收繁重的租税更赋，三是贪官污吏的勒索榨取，四是豪族的蚕食兼并，五是繁重的徭役，六是时常要被驱赶到路上追捕盗贼，七是盗贼的抢劫掠夺。"七死"是指另外还有七项原因使农民无法生存：一是酷吏殴打虐杀，二是判罪严酷，三是受冤而死，四是盗贼杀人，五是因怨仇相斗致死，六是饥荒饿死，七是因疾病无医药而死。鲍宣总结说：农民有九死而无一生！社会矛盾激化造成了民众惊变、起义事件相继发生[③]。

至此，西汉皇朝的统治已摇摇欲坠。平帝时，王莽利用社会动荡不安的局势，靠阴谋手段代汉而立，于公元八年自立为皇帝，改国号为"新"。西汉皇朝寿终正寝。王莽上台后，实行托古改制，结果造成更大的混乱，人民更加陷于水火之中。推动历史前进的任务，等待着一场新的农民战争风暴来完成。

（十）一把钥匙

班固以如椽巨笔，记载西汉皇朝由开国创业，经过上升阶段达到鼎盛，又历昭宣中兴、至最后衰亡的全过程。从纵向来看，他的记载既系统完整而又阶段清楚。由于他处在东汉初年，又潜

---

① 分别见《汉书》卷七十七《孙宝传》、卷八十一《张禹传》。
② 《汉书》卷八十六《王嘉传》。
③ 《汉书》卷七十二《鲍宣传》。

心撰著二十余年，就有可能做到及时而细致地汇集大量丰富的史实，熔炼成文，深刻地反映出历史进程，所以为后人学习、研究西汉史提供了极为可靠翔实的依据。

纵览《汉书》，我们可认识到：整个西汉二百一十四年中，自高祖至宣帝的一百五十八年，总的都是处于上升和兴盛的年代。也即是说，西汉治理得较好的年代占了四分之三，所以才保证西汉一代有伟大的成就，这在中国历史上具有特殊的意义。

纵览《汉书》，我们又可以认识到：班固叙述和解释西汉的盛衰时，都着眼于政治得失、人心向背、君主的才能性格、臣下能否奉公尽职、经济状况如何、对周边民族关系处理是否得当等项，一句话，是从人的努力、政策施行的效果着眼来解释历史，从根本上摒弃和否定了神意图谶一类妖妄邪说。这才使得《汉书》享有继《史记》之后又一宏伟巨著的崇高地位，成为对抗东汉初神学思潮的中流砥柱。

纵览《汉书》，我们还可认识到：它展现了一个皇朝盛衰的典型过程。人民的勇敢抗争教训了统治者，使他们懂得不能虐民残民，而重视兴邦治国，同时也使社会关系、生产关系得到调整，所以迅速出现兴盛局面。此后，封建政治的弊病由累积到恶性发展，从君主重臣到各层官僚机构逐步腐烂，社会就迅速衰落，危机四伏。"包举一代"的《汉书》所体现的这一规律，乃是我们认识中国皇朝周期性更迭的一把钥匙。

第六章　宏富的蕴涵　严密的体例

博学多才的苏轼对人家介绍经验说："我的渊博是从《汉书》学来的。"班固对西汉前期的史实作了出色的补充加工，对社会生活的反映十分广泛，从政治、军事、经济到学术、风俗等，他把琳琅满目的材料组织在严密合理的体例之中。

一、继起者的劳绩

在汉初群英跟随刘邦创建大业的过程中，萧何是一位功勋卓著的人物。《汉书·萧何传》写了萧何在楚汉相争的关键时刻，审时度势，力排众议，提供了正确的决策，使刘邦避免一败涂地的故事。

（一）汉初名臣的光彩

那是高祖元年（前206），刘邦受楚怀王命令，从东方打进关中，直捣秦朝统治老巢，宣告了暴秦的灭亡。刘邦安抚民心，因而得到关中百姓的拥护。按照原先楚怀王与诸将之约："先入关破秦者王其地"，那么刘邦理应是关中之王。项羽本来正在河北作战，他一听说刘邦已平定关中，不禁大怒，便率领大军尾随而来，攻破了函谷关，准备用武力击败刘邦。经过鸿门宴上一场惊心动魄的斗智斗勇之后，刘邦用计脱险，回到灞上军营，项羽企图消灭刘邦的目的未能达到。项羽已经将秦都咸阳变成一片废墟，无心再留在关中，于是他采取大封天下、恢复战国时期分裂局面的做法，一共封了十八个王，自称"西楚霸王"。他挖空心思打击刘邦，违背原先楚怀王与诸将的共同约定，封刘邦为"汉王"，把他赶到汉中、巴、蜀的偏僻角落里，又三分关中，封章邯为雍王，司马欣为塞王，董翳为翟王，号称"三秦"，利用这三个秦国降将堵死刘邦的出路。

项羽的分封办法一宣布，刘邦和手下的将领们个个切齿怒骂，因为楚怀王与诸将事先有约，刘邦定关中功劳最大，现在却封他到最边远贫穷的地方，岂有此理！巴蜀道路崎岖险阻，以前是秦迁徙豪强、流放罪犯的地方，项羽这样做，是想把刘邦手下的山东人①赶到那里困死。周勃、灌婴、樊哙这些勇将都主张同项羽硬拼，刘邦也盘算如何进攻以吐出这口怨气。

这时，独有一向深谋远虑的萧何保持清醒的头脑。他认为当时项羽拥有大军四十万，号称百万，而且刚刚在巨鹿取得大胜，士气正高；刘邦的军队只有十万，号称二十万，双方实力悬殊，因此他坚决阻止，说："虽然封给您汉中这块穷地方，不过，难道不比去死好些吗？"刘邦问："怎么说去死呢？"萧何说："这是明摆着的，现在双方兵力相差悬殊，攻打项羽必定百战百败，不是去送死吗？《周书》上说：'老天爷安排好你该怎么做，你偏不做，只会自找倒霉！'俗语称银河为'天汉'，'天'和'汉'联在一起，老天要保佑汉王，这样说封到汉中又是好兆头了！能屈才能伸，先居于一人之下，说不定后来却站在万乘国君之上，历史上的商汤王、周武王就是这样的人！我希望大王您先压下怒火，看得长远，就动身到汉中当汉王，安抚好百姓，任用贤人，

---

①　秦汉时期称太行山以东为山东。

以巴蜀为后方，积蓄力量，然后回过头来再攻下三秦，这样您最终能拥有天下！"刘邦听萧何说得十分在理，不禁连连称是。于是刘邦到达汉中，任萧何为丞相。随后，萧何举荐韩信，刘邦拜他为大将，韩信为刘邦具体谋划偷袭陈仓、还定三秦的计策，展开了刘邦东向与项羽争天下的新篇章。萧何的战略思想后来被历史进程所证明是正确的。

《汉书·萧何传》是依据《史记·萧相国世家》写成的，但是上述这段内容却是《史记》原本所无，而为班固所补充的。由于此，从项羽分封到汉王还定三秦之间重要的一环才补上，萧何深谋远虑的形象才更鲜明，嗣后刘邦称帝，论功行赏，萧何得第一，根据才更加充足。

与《萧何传》所增加内容相照应，班固在《高帝纪》中也作了补充："汉王怨羽之背约，欲攻之，丞相萧何谏，乃止。夏四月，诸侯罢戏下，各就国。羽使卒三万人从汉王，楚子、诸侯人之慕从者数万人，从杜南入蚀中。张良辞归韩，汉王送至褒中，因说汉王烧绝栈道，以备诸侯盗兵，亦视项羽无东意。汉王既至南郑，诸将及士卒皆歌讴思东归，多道亡还者。韩信为治粟都尉，亦亡去，萧何追还之，因荐于汉王，曰：'必欲争天下，非信无可与计事者。'于是汉王斋戒设坛场，拜信为大将军，问以计策。……因陈羽可图，三秦易并之计。汉王大说，遂听信策，部署诸将。留萧何收巴蜀租，给军粮食。"（加点字均为班固所增）显然，班固增添了这些内容，这一重要的局势转折才讲述清楚。

（二）出色的补充

《汉书》武帝以前的大部分内容是直接采取《史记》的。南宋的郑樵对此十分不满，由于郑樵是主张修撰"通史"，同"断代为史"的开创者班固旨趣不同，所以他对《汉书》存有很深的偏见，再加上他对《汉书》所作的补充、修订工作不作认真研究，所以轻率地得出《汉书》武帝以前"尽窃迁书"① 的结论，这是极其不妥的。学术乃天下之公器，古人更把著史视为名山事业，他们所重视的是：只要有能力，就应该撰成有价值的著作，使之传留给后世，前人有用之文，可以采入书中②；父辈未竟之业，应该继续完成。当时更不存在因关系到评定职称或稿费收入而引起的著作权问题。既然《史记》是一部成功的信史，班固撰《汉书》，有关汉代前期的内容直接采用司马迁的原文，在当时是很正常的事。假若班固将光彩焕发的《史记》原文丢开，自己另起炉灶，那倒是难以理解了。所以，班固采用《史记》原文，是对司马迁成就的肯定。此其一。

其二，《汉书》对《史记》中阙略的内容作了补充。除上文所举萧何在关键时刻提出正确战略思想外，我们还可以举出一些例子。《韩信传》中补充了：刘邦命韩信击魏王豹，韩信担心的是魏国任用名将周叔，便问刚刚从魏豹处回来的郦食其："魏王是否用周叔为将？"郦食其告诉他；"所用的是柏直。"韩信根本瞧不起柏直，说："这小子不堪一击。"于是进攻魏国。又补充：韩信活捉了魏豹，派人再向刘邦请战，提出他的庞大计划是北举赵，东击齐，绝楚粮道，然后与刘邦在荥阳大会师。这番话已规划出此后韩信为西汉开国所建立的赫赫战功。

在《楚元王传》中，班固补充了：楚元王父子两代熟悉《诗经》，楚元王刘交本人还曾为《诗经》作注，与鲁申公注《诗经》相同时。

《王陵传》中，《史记》原文记载简单，说吕后当政时，王陵任右丞相，陈平为左丞相，吕后欲封诸吕为王，"问王陵，王陵曰：'不可。'问陈平，陈平曰：'可。'"于是吕后怒恨，罢去王陵丞相职务。《汉书·王陵传》则有如下补充：吕后问王陵，王陵说："高祖和各位大臣杀白马歃血为盟，说：'非刘姓而王者，天下共击之。'现在要封吕姓兄弟为王，是违背高祖立下的盟

---

① 《通志·总序》。

② 现存《史记·礼书》抄录了《荀子·礼论》的文字，《史记·乐书》抄录了《礼记·乐记》的文字，在长期流传中人们对此习以为常，也是一例。

约。"吕后一听，脸色立即阴沉下来，又问左丞相陈平及绛侯周勃，两人都说："高祖定天下，当了皇帝，就封刘姓子弟为王；如今太后掌管皇帝的权力，要封吕姓子弟为王，也没什么不可以。"太后一听，脸上马上堆满笑容。等散朝走到外面，王陵不客气地责备陈平、周勃二人，说："早先大臣们和高祖一起歃血为盟，您二位难道没参加吗？现在高祖去世，太后当政，想封吕姓子弟为王，您二位竟怂恿她这样做，当面讨好，违背誓约，我看您们死后有何面目去见高祖！"陈平说："老兄，要论当面驳回君王的意见，在朝廷上无顾忌地争论，我是不如您；若是论运用计谋保住刘姓天下，我看老兄就不如我了。"王陵听后，一时答不上话。①

以上是《汉书》"列传"所作的补充。"本纪"的一些篇章所作的补充也很明显。《汉书·高帝纪》对于刘邦开国前后的政令措施有极其重要的补充，前面已举出高祖元年汉王到汉中前后，君臣的谋略措施。班固在本篇中增加的很有价值的内容还有许多：高祖二年（前205），"二月癸未，令民除秦社稷，立汉社稷。施恩德，赐民爵。蜀汉民给军事劳苦，复勿租税二岁。关中卒从军者，复家一岁。举民年五十以上，有修行，能帅众为善，置以为三老，乡一人。择乡三老一人为县三老，众县令丞尉以事相教，复勿徭戍。以十月赐酒肉。"这是刘邦为建立关中稳定的政治秩序而采取的重要措施。同年，"六月，汉王还栎阳。壬午，立太子，赦罪人。令诸侯子在关中者皆集栎阳为卫。引水灌废丘，废丘降，章邯自杀。雍地定，八十余县，置河上、渭南、中地、陇西、上郡。令祠官祀天地四方上帝山川，以时祠之。兴关中卒乘边塞。关中大饥，米斛万钱，人相食，令民就食蜀汉。"这是最后消灭掉项羽布置在关中的势力，划定了新的行政管理区域，以及为了防备北方匈奴和对严重的饥荒采取的应急措施。

同年八月，刘邦布署进攻魏王豹，先派郦食其前往劝降及探

---

① 关于《汉书》"列传"部分在内容上对《史记》的补充，可参见赵翼《廿二史劄记》卷二"汉书增事迹"。

听消息。然后，班固写刘邦的果断决策，生动地写出他判断的敏锐和稳操胜券的信心："汉王如荥阳，谓郦食其曰：'缓颊往说魏王豹，能下之，以魏地万户封生。'食其往，豹不听。汉王以韩信为左丞相，与曹参、灌婴俱击魏。食其还，汉王问：'魏大将谁也？'对曰：'柏直。'王曰：'是口尚乳臭，不能当韩信。骑将谁也？'曰：'冯敬。'曰：'是秦将冯无择子也，虽贤，不能当灌婴。步卒将谁也？'曰：'项它。'曰：'是不能当曹参。吾无患矣。'九月，信等虏豹，传诣荥阳。定魏地，置河东、太原、上党郡。信使人请兵三万人，愿以北举燕赵，东击齐，南绝楚粮道。汉王与之。"

高祖五年（前202），刘邦即帝位后，下诏嘉奖故衡山王吴芮参加反秦战争有功，封为长沙王。又下诏改封故粤王亡诸为闽粤王。

同年，刘邦以洛阳为都城。五月，罢兵遣送回家。刘邦连续下诏令奖励从事农业生产，规定：一，入关灭秦的关东人愿留在关中为民的，免徭役十二年，回关东的免徭役六年。二，劝说原先因逃避战乱逃亡山泽的回到原籍，重新成为编籍内的民户，恢复他们的爵位、田地、住宅，以从事生产，不准官吏虐待。三，原先因饥饿自卖为奴婢的，恢复庶民的身份。四，所有军吏卒无罪的，凡是无爵者一律进爵为大夫，原是大夫的进爵一等，这些人并且一律免除本人及全家的徭役。

高祖十二年（前195）二月，连续下两道重要诏令。一是布告天下，朝廷立意要减少赋敛，指出由于未对各郡及诸侯王国向朝廷贡献作出规定，所以造成献礼过多，向民众征收赋敛过重。命令诸侯王等每年于十月朝献，并且规定数额。一是诏令各郡国荐举贤能之士，认为：古代圣王，最高的是周文王，最有声望的霸主是齐桓公，他们都是依靠贤人的帮助才获得成功。难道只是古代才有智能之士，而今天没有吗？问题出在君王不去结交他们，贤才又有什么进身之路呢？我借上天保佑，靠豪杰的辅佐而得天下，我希望能长治久安，现在多么需要贤能之士同我一起安天下啊！贤士大夫有肯协助我做事的，我要尊敬他，让他扬名。

特此布告天下，让众人都明白我的意思。各郡守、诸侯相国要发现有德行、有才能的士人，立即上报，劝说他们为朝廷效力，负责护送他们到京师。这两道诏令，体现了汉初轻徭薄赋的方针，成为汉代荐举人才的先导。

同年五月，下诏嘉奖南海尉赵佗治理有力，立为南越王。

十二年（前195）二月，下诏对被卢绾胁迫反叛愿意归附者予以宽大。

以上十一项内容，都是《史记》原本记载所缺，而为班固补充的。这些行政措施涉及汉朝开国奖励生产、稳定社会秩序，处理四方边境和选拔人才等等，对今人考察西汉的经济发展、民族状况、制度演变、社会习俗等项，都是非常值得珍视的。

《史记》没有《惠帝本纪》，惠帝年间事悉记在《吕太后本纪》中，司马迁的用意，是当时惠帝只有虚名，实权握在吕太后手中，故按照实际权力的归属处理。但篇中有关惠帝年间事却按惠帝纪年。班固觉得《史记》的处理有不尽恰当之处。故增设了《惠帝纪》，这从纪传体史书以"本纪"为大纲的性质来说，是有道理的。《史记》与《汉书》的不同处理各有根据，不必强论此是彼非。

《汉书·文帝纪》中大量补充了显示文帝政绩的诏令。如：元年（前179），下诏对鳏寡孤独穷困之人借贷救济；又下诏照顾老年人。二年（前178），下诏亲率农耕，并释放因罪没入官府服劳役者回乡务农。十二年（前168），下诏劝民务农种树，减田租。十三年（前167），下诏劝农桑。后元年（前163），下诏求直言无隐，告知各地实情。以上补充，就为汉文帝恭谨求治、成为历史上著名的皇帝提供了更充分的史实，使人信服。《汉书·景帝纪》从内容到篇末赞语，都是班固重写的；《汉书·武帝纪》与《史记·今上本纪》内容迥然不同，当然更是出自班固的手笔①。由此可见。《汉书》"本纪"武帝以前的六篇之中，新增一

---

① 现存《史记·今上本纪》内容系后人割裂《史记·封禅书》的文字以充篇幅，《汉书·武帝纪》则是武帝在位五十四年施政的大纲，记载很有系统。

篇，作重大补充两篇。重写两篇，说明班固著史态度极其严肃认真，且又采集了许多重要的资料、做了出色的充实加工，所以《汉书》的这些篇章也同样为后来研究学习西汉历史者所高度重视。仅就这一方面来看，"尽窃迁书"之说与事实是怎样地大相径庭！

（三）增设篇目

《汉书》中除增设了《惠帝纪》外，列传中增设篇目的还有不少，兹举出其中比较重要的人物：

吴芮是汉初诸侯王之一，他的事迹关系到秦汉之际长江中游地区的历史。《汉书》立《吴芮传》记载其事迹：初年秦时为番阳（今江西鄱阳东北）令，被称为番君。秦末率越人起兵，并派部将梅鋗领兵从刘邦入关，项羽分封诸侯时，封吴芮为衡山王。汉朝建立，改封为长沙王。

《史记》设有《齐悼惠王世家》，记刘邦之子刘肥事迹。刘邦诸子中，赵隐王刘如意、赵共王刘恢、燕灵王刘建三人无传，赵幽王刘友仅附在《楚元王世家》之内，《汉书》则为这五人写了合传——《高五王传》。

景帝诸子封王的有十三人，《史记》按同母者立为一宗，写了《五宗世家》，《汉书》则为十三王写了合传——《景十三王传》，并在内容上作了重要补充。其中，河间献王刘德的传中详细叙述他与学术的关联："刘德重视学问，喜爱珍藏古代典籍。态度特别认真，极其重视善本、真本。如果打听到民间有善本书，他便找人工整誊抄好，留下正本，归还抄本，另外赠送黄金、丝帛等贵重礼物，以起到招集吸引的作用。因此各地有学问者不远千里来归附他，或是拿出先祖留下的旧籍献上，长期收集的结果，刘德所得的珍重典籍，几乎与朝廷差不多。当时，淮南王刘安也喜爱典籍。他所收集大部分是浮夸巧辩的言词。献王所得的书大多是儒家典籍，如《周礼》《尚书》《礼记》《孟子》等，还有《老子》。他推尊儒术。在王国内设置《毛诗》博士、

《左氏春秋》博士。他的活动起止都按儒家的礼乐、仪式进行，山东各地的儒生许多都慕名而至。"① 这段记载，清楚地显示出西汉前期儒学上升的趋势，是学术史的宝贵资料。在鲁恭王刘馀传中，班固记载了："恭王初好治宫室，坏孔子旧宅以广其宫，闻钟磬琴瑟之声，遂不敢复坏，于其壁中得古文经传。"② 这是关于古文经籍的重要资料，故为论述汉代经学史的学者所经常引用。

《汉书》还增设了《李陵传》《张骞传》《苏武传》。原先在《史记》中，李陵的事迹只附在《李广传》之后，事迹简略，《汉书》为他立传，详述其战功，以及因李陵降匈奴而引起的风波，具体记载事件的前因后果。《史记》中张骞的事迹附在《卫将军骠骑列传》之后，只有寥寥数语，而把他通西域的经历写在《大宛传》。《汉书》单独设立了《张骞传》，给他以应有的历史地位。《史记》无《苏武传》。《汉书》写了《苏武传》，以饱满的感情赞扬了苏武高尚的民族气节，成为千古名篇。

为了做到叙述合理、章法严密，《汉书》还对《史记》部分篇章的内容作了调整，显示出班固在安排布局和材料剪裁上高明的手法。

（四）比司马迁提高一步

在有的篇章中，班固纠正了《史记》的矛盾说法，从其原有见解中吸收了正确的部分，加以提高。

譬如，在《汉书·晁错传》中，班固更公正地评价了晁错主张削弱诸侯王国势力的贡献。晁错是景帝时期代表西汉朝廷对藩国坚决斗争的关键人物。当时，吴王刘濞等诸侯王骄横不法，齐悼惠王刘肥占有七十二城，楚元王刘交占有四十城，吴王刘濞占五十余城。刘濞据有江淮流域广大地区，长年称病不到长安朝见汉朝皇帝，他开山采铜，自铸钱币，煮海水为盐，拥有大量财

---

① 原文见《汉书》卷五十三《河间献王刘德传》。
② 《汉书》卷五十三《鲁恭王刘馀传》。

富，引诱各地奸邪不法之徒，纠集在一起，成为对抗朝廷的最大的隐患。晁错当时是御史大夫，对于上述局面看得很清楚，向景帝上书作了深刻分析，最后提出坚决削藩的主张，说："今削之亦反，不削亦反。削之，其反亟，祸小；不削之，其反迟，祸大。"① 要景帝敢于面对朝廷中央权力与诸侯王国割据势力之间的尖锐矛盾，不能再姑息养奸，必须采取果断措施，以免王国势力更加膨胀而造成将来更大的祸乱，晁错明知由此会立即招来杀身之祸，而毫不动摇。结果是吴楚七国起兵叛乱，在危急形势下，晁错被景帝误杀。对于这样一个悲剧人物，班固作了公正评价："晁错锐于为国远虑，而不见身害"，"错虽不终，世哀其忠"②，肯定晁错敏锐而深远地考虑到国家的安危，把个人的灾祸置之不顾，他为国尽忠，后人世代承认。

我们将《史记》《汉书》两篇晁错传作一比较即可发现：班固所作的评价，采用了司马迁的正确部分，而纠正了《史记》中自相矛盾的见解。《史记·晁错列传》篇末论赞说："晁错为家令时（指景帝为太子时，晁错任太子家令之职），数言事不用；后擅权，多所变更。诸侯发难，不急匡救，欲报私仇，反以亡躯。语曰'变古乱常，不死则亡'，岂错等耶！"并没有肯定他主张削藩的积极作用，相反地，认为当七国乱起，晁错不为国家利益提出匡救办法，反而为报私仇，并且责备他的做法是"变革古代制度，打乱现行秩序"。这些评语都是不恰当的。然则，司马迁毕竟是重视客观事实的史学家，因而他在《晁错列传》中又记载了邓公称颂晁错和批评景帝的话，称赞晁错建议"削地以尊京师"是"万世之利"，只有削减王国的地盘，尊奉和加强朝廷的地位，才符合国家的长远利益。在《吴王濞列传》中，司马迁也称晁错"为国远虑"。这样，司马迁对晁错的评价就自相矛盾，班固纠正了司马迁论点中的错误，提出了符合历史实际的正确结论，这就比司马迁的认识明显地前进了。

---

① 《汉书》卷三十五《吴王濞传》。
② 《汉书》卷四十九《晁错传》。

二、反映广泛的社会生活

《汉书》的内容丰富，所反映的社会生活很广泛。古代学者已见到了这一点。南北朝著名的史学家、《后汉书》作者范晔很佩服班固的《汉书》。他写有一篇《狱中与诸甥侄书》（他因被告发参与彭城王刘义康谋反，被逮入狱，随即被杀）中，即极口称赞《汉书》内容的丰富。他说："我因为撰著了《后汉书》，对于著史的得失高下有了深切的体会。详细阅读古今历史著作及史家评论，很少有使人较为满意的。班固著史，最受人赞誉，我以为像《汉书》内容的丰富详赡，是难以达到的，但在整理史事上，我又自信未必比他差。"① 范晔推崇《汉书》博赡，即主要着眼于《汉书》反映了广泛的社会生活。

（一）"我的渊博是从《汉书》学来的"

宋代著名的文学家苏轼讲得更为具体而生动。有人曾向他请教："像先生您学识这么渊博，能学到吗？"苏轼回答说："能。要说我的渊博，是从《汉书》学来的。《汉书》中包含有治理政事、人物成败、地理知识、天文历法、官制、军事边防、经济生产等方面内容，我有意识地分几次通读，每通读一遍专钻研一个方面，等几遍都通读完了，便各个方面都精通。达到了这一地步之后，对于错综复杂的各种学问和知识，不论从哪个角度受到考验，我都能应对自如，感到根底雄厚，具有一种不可阻挡的豪迈气概。"苏轼对《汉书》的深刻体会，很受明代学者杨慎、虞舜治的重视，常常引用来教人们读书。②

可见，《汉书》内容的宏富滋养了不少杰出学者。苏轼所看

---

① 范晔：《狱中与诸甥侄书》，见《后汉书》附录。
② 据（明）凌稚隆《汉书评林》所辑杨慎对《汉书》的评论。同治甲戌仲冬长沙魏氏养翮书屋校刊本。

重的，主要也指《汉书》反映社会生活的广泛性。从现代眼光来看，比较重要的包括有以下三个方面：

一、本纪和列传部分，有对于社会生活各层面的大量记载，譬如有关边防、学术以至婚姻家庭等。

二、有目的地选录了西汉一代贤才对于社会各方面问题的重要论议，可称含英咀华，具有思想哲理、史学和文学上多方面的价值。

三、十志，既包括丰富的典章学术知识，也反映出社会生活的各个侧面。

关于二、三两项，需要留在末两章探讨，这里先就第一项加以论述。

（二）安疆和防御

《汉书》中有许多是关于军事边防的生动记载。如对秦汉之际项羽巨鹿大战、韩信井陉奇袭、韩信壅水半渡击败龙且、刘邦指挥成皋固守、汉军垓下之围等战役，以及指挥作战的策略思想，对于景帝时期平定吴楚七国之乱，武帝时期征伐匈奴的军事行为，都采用了《史记》内容，作了详细记载。关于武帝以后的安疆和防御，《汉书》也创设了许多出色篇章。宣帝时，名将赵充国为安辑西羌、捍卫西北边境立了大功。起先，光禄大夫义渠安国奉命出使西羌，竟错误地答应羌人进入河西走廊。等第二次出使时，又滥杀羌人酋长三十余人，结果事态骤然变得不可收拾，羌人大规模地攻杀，安国派部将迎拒，遭到大败。在这种情况下，七十多岁的老将赵充国自告奋勇去安辑羌人。《汉书·赵充国传》具体地叙述他成功的关键，是在于既谙熟军事谋略，又熟习边境民族情形。他采取了一系列正确的策略，首先出其不意地渡过黄河，进入河西地区，占据有利军事地点。派兵及时侦察对方军情，同时关心士卒，培养士气，不仓卒出击，坚守待变。他区分带头反叛的先零部酋长和其他羌人部族，对后者采取安抚政策，解散羌人各部的盟誓，孤立先零酋长。其次，当辛武贤提出分兵出击、远追羌人时，赵充国予以反驳。当时宣帝及大多数朝臣对充国都不理解，他处于巨大压力下，又连续三次上书分析利害，终于得到皇帝及朝臣们的支持。赵充国利用有利的时机和地形，进击先零部，而对罕（同罕字）部羌人实行安抚，罕部等相继归附。最后赵充国利用河西地区优良的田地、水利条件，实行屯田，解决既可屯守又免除远途运输粮食的困难，一年之后，羌人反叛事件平息。① 到成帝时，人们对赵充国仍然十分崇敬，朝廷命令扬雄为赵充国的画像撰写赞语，说："料敌制胜，威谋靡亢（不可抵挡的意思）"②。班固所记载赵充国安辑西羌的谋略影响深远，人们历来都视此为《汉书》的名篇。

班固还记载了有关北方边境重要军事谋略。元帝时，呼韩邪单于向汉朝求婚，元帝将宫女王昭君嫁给他，呼韩邪成了汉朝的女婿。于是，他向元帝提出：愿意世世代代为汉朝守卫北部边境，请罢去长城守卫。朝臣中许多人都感到，汉朝因长期戍守边境，人民早就苦于徭役，罢去守卫甚好。郎中侯应熟悉边防事务，却坚决反对，他分析：匈奴自周、秦以来，不断大肆攻袭，造成严重威胁。是武帝时代把匈奴军事势力赶到漠北，进一步修建长城，此后又不断加固，形成防守体系，边境才得平静。若撤掉长城边塞防守系统，那就立即失去阴山地区这一有利军事地带，使中原大地袒露在匈奴进攻面前。那样做是忘掉了过去的惨重教训。再说，先前已将外城撤掉，现在只保留烽火警戒，这是最起码的防卫手段。为了修筑长城，百余年动用了浩巨的人力、物力，如果今日一旦毁掉，以后突然有变故，要重新修缮，那不知要重新花费多少年的努力。绝不能为图一时省去徭役，做出极其错误的决定。侯应的正确建议被宣帝采纳。

到了王莽的年代，将军严尤反对王莽大肆调兵进攻匈奴。王莽对匈奴进行侮辱，破坏了自宣帝年间以来六十年的边境和平。王莽称帝后，提出要征发三十万大军，各带三百日口粮，同时十

---

① 《汉书》卷六十九《赵充国传》。
② 见《汉书》卷八十七《扬雄传》。

路并出，穷追匈奴。将军严尤是当时难得的有头脑、敢说话的人物，他指出，这种计划，历史上从未闻说，那样做，只能是造成海内骚扰，民怨沸腾，士卒、牲畜死亡无数，最后招致失败。[①]王莽不听严尤计策，大规模征发大军、转运粮食，引起天下骚乱，士卒久困边境，大量死亡。

班固记载的侯应反对错误地撤除长城防守系统，严尤反对头脑发昏进行军事冒险，他们策略思想有一个共同的出发点，即积极防御，务求立于不败之地，所以在军事上很有价值。

（三）学术变迁

学术是社会生活的重要方面，《汉书》中对学术的变迁有丰富的记载，有的还带着故事性，让我们通过场面和情节了解当时的学术风尚。

汉初黄老学说盛行。景帝时，儒生博士辕固生与黄老学生黄生在景帝面前曾有一次争论，景帝偏袒黄生。窦太后（景帝母）喜爱黄老学说。她召来辕固生，问他：“你说《老子》这部书怎么样？”辕固生说：“这本书是奴仆一类人所说的话。”窦太后一听大怒，说：“你手拿的儒家《诗经》《尚书》，才是罪犯的书呢！”她气汹汹地命令辕固生下猪圈同猪搏斗。皇帝知道太后气恼，这样做是为了处罚辕固生，辕固生讲的是真心话，不算罪过，便悄悄地递给辕固生一把尖刀。辕固生握着尖刀下到猪圈，对着猪直刺过去，正中心窝，猪应声倒地。窦太后见此情景无话可说，也没法再找别的借口刁难他[②]。

武帝即位，提倡儒学，罢黜百家，特别是《春秋经》，更成为意识形态的最高权威，俨然具有“圣经”的地位。董仲舒因大力推演《春秋经》的“大义”，并与阴阳五行学说相结合，成为一代儒宗。公孙弘用《春秋》经义对策，由布衣百姓一下子登上

---

①　以上侯应及严尤言论，均据《汉书》卷九十四《匈奴传》。
②　据《汉书》卷八十八《儒林传》。

131

丞相高位。武帝也让太子学《春秋》。于是，《春秋》成为决定朝政大事的依据，简直具有最高法律条文的作用。

武帝建元六年（前135），高帝陵园和辽东高祖庙先后发生火灾。董仲舒上奏，认为这是上天向朝廷示意要对悖逆不法的诸侯王施加打击。他的根据是：《春秋》是处理政事的指导，遇到大灾异或大事件，都可以从《春秋》中找到可相类比的记载，体会其精神实质，然后按照《春秋》的原则作出处理，对此不能有任何怀疑。他指出，"《春秋》中所记相似的火灾即有两次，都是告诫鲁国严惩逆乱的贵臣季氏①。如今高庙、高园火灾的性质，正与此同。上天就好像告诉陛下：现在国家也有严重问题，你对于宗室亲戚中最不遵守法纪的，也要不宽恕地杀了他，就像火烧掉辽东高庙一样！"提醒武帝从《春秋》找到依据，果断地对横逆不法的诸侯王严加诛杀，不能违背天意！当时武帝对此并未立即采纳。到了元朔六年（前123），淮南王、衡山王谋反，胶东、江都王阴谋策应，都因计划败露伏诛。于是武帝追思仲舒前奏，叹服其正确，深信《春秋》乃是裁决大疑、确定大政的依据，便派仲舒的弟子吕步带着天子授给的斧，去查办淮南王谋反的案件，用《春秋》义"专断于外"，不必事先请示，回来汇报，武帝一概认为处理得对②。这就是西汉时期用《春秋》断狱的著名事例。

《春秋》还用来指导处理假冒太子引起混乱的紧急事件：

昭帝即位当年（前86），有个姓张的男子利用新皇帝幼小，威严不足之机，冒充卫太子，当时距卫太子在湖县自杀已有五年，但是民间因出于同情他蒙冤而死，还有人传言卫太子还活着，流落在外。冒充者乘着牛车，出现于长安街头。消息传出，一时轰动宫廷内外。皇帝诏令所有公卿将军二千石要员前去分辨究竟，长安吏民聚观的有几万人。右将军亲自指挥士卒守卫皇

---

① 董仲舒所举出的《春秋经》所载类似的火灾，指定公二年五月两观火，哀公三年五月桓公、庄公两宫火。董仲舒解释：两观和两宫都是"僭礼之物"，"天灾之者，若曰，僭礼之臣可去"，又等于说"燔贵而去不义"，所以是告诫鲁君要严惩季氏。

② 据《汉书》卷五十七《五行志上》。

宫，以防发生大乱。丞相和御史呆立街头，不知如何处置。当时的京兆尹隽不疑以精通《春秋》闻名，他赶到现场，立即喝令属吏把冒充者捆绑起来。这时有人阻止说，现在真太子假太子未知分晓，不要错抓了闯下大祸。隽不疑立即引《春秋》回答："即使真卫太子还活着，你们怕什么！《春秋经》上记载有，卫国太子蒯聩违命出奔，后立的国君辄便不准他回国，《春秋经》予以肯定①。卫太子得罪了先帝，即使逃出去没有死，今天罪人跑来了，正好把他抓起来！"由于搬出《春秋》这一最高权威，混乱的局面马上被镇住，公卿大臣再无二话可说，冒充太子的人立即被关进监狱。隽不疑依据《春秋》果断地处理了这场意外的风波，被昭帝和大将军霍光大加赞许，要求大臣们都仿效他，做到"用经术明于大义"②。

　　甚至在推动汉与匈奴和好的过程中，《春秋》也曾被用作重要依据。

　　宣帝五凤年间，正值匈奴大乱，朝臣中许多人议论说，匈奴长期危害汉朝，现在正好乘它内乱，出兵灭掉。宣帝向御史大夫萧望之询问计策。望之回答说："《春秋》上记载，晋国的范宣子率军侵齐，听说齐侯死，率领军队折回，范宣子'不伐丧'的做法，得到了《春秋》的肯定。这是因为，这样做符合礼义，可以使齐侯的继承者敬服，也足以感动诸侯。这个道理适用于现在。以前匈奴单于愿归附，请求和亲，海内百姓都为此高兴。现在若去进攻，是不义的行为。应该派遣使者去吊唁，帮助力量薄弱的新立单于安定国家，那他们必会自愿归附。"宣帝按照这番意见去做，派兵帮助新立的呼韩邪单于安定国家，③ 果然推动了和好局面的到来。这是萧望之引用《春秋》，为促进民族安好做了件好事。

　　武帝时期至宣帝初年用《春秋》指导决定重大政事，都是按

---

　　① 卫国太子蒯聩出奔后，由晋国护送欲回卫，被他的儿子、新立的国君辄拒绝。按《公羊传》的解释，《春秋经》肯定了辄拒而不纳的举动。

　　② 据《汉书》卷七十一《隽不疑传》。

　　③ 《汉书》卷七十八《萧望之传》。

照《春秋》内部三派学说中《公羊传》一派的学说解释，所以是公羊学大盛。到宣帝甘露元年（前53）情形发生变化。宣帝本是卫太子刘据的孙子，他听说：卫太子虽按武帝的旨意学通了春秋《公羊传》，但私下里又学习了《穀梁传》，并且喜爱它。一些大臣也劝宣帝兴穀梁学。宣帝找来公羊穀梁两派学者各自作讲解，经过比较，他喜欢《穀梁传》。于是宣帝有心扶植穀梁学派。他从元康年间便作了布置，选了十个郎官，让穀梁学者蔡千秋和江公先后为他们讲授。经过十来年培训，这些郎官都能通晓《穀梁传》。于是在甘露元年（前53）宣帝召开有名的石渠阁会议，评论公羊、穀梁异同，让各家各出五名学者辩论对答，诏令大儒萧望之（此时任太子太傅）和五经博士们评议，多数认为穀梁学派讲的有道理。从此，穀梁学又兴盛起来。这个会议对汉代学术影响很大，东汉明帝时便仿照这个先例，召开白虎观会议①。

至汉哀帝时，学术风气又出现新的趋向。当时王莽任大司马，刘歆依附王莽，并利用其社会地位，要提高《左传》《毛诗》《古文尚书》等古文经典的学术声望，主张立为学官，并写了一篇著名的《移让太常博士书》。刘歆的主张得到哀帝和王莽的支持②。从此引起了古文学派与《公羊传》为主要代表的今文学派长达二千年的争论。

《汉书》中记载的这类史实，对于今天了解西汉社会和研究学术史、思想史、文化史所具有的宝贵价值，是不言而喻的。

（四）婚俗与妇女

《汉书》中还有反映婚姻关系和妇女状况的资料。我们可以看到，当时的婚配不重门户，与南北朝时的婚姻习俗迥然不同。这从卫子夫姐弟二人的婚配可以证明。

卫子夫即武帝卫皇后。她出身贫贱，母亲卫媪在武帝姐平阳

---

① 据《汉书》卷八十八《儒林传》。
② 据《汉书》卷三十六《楚元王传》附刘歆传。

公主①家中当女奴，卫子夫本人是公主家中的歌女。当时，武帝即位已数年，皇后无子。有一次，武帝到霸上拜神，回宫的路上到平阳公主家歇息。平阳公主忙让她事先准备好的美人侍候武帝，武帝不喜欢。该饮酒的时候，平阳公主让歌女上前助兴，武帝一见，很喜欢卫子夫。武帝到挂有帏幔的轩车更衣休息，卫子夫随着侍候。等武帝回来，他便异常高兴地赐给平阳公主金千斤。平阳公主心里明白，乐得做个顺水人情，禀告武帝送子夫进宫。卫子夫上车时，平阳公主抚摸着她的背，说："你要走了！到宫中好自为之吧！如果日后地位尊贵了，不要把我忘了！"子夫进宫中一年多，武帝竟把她忘了。等到武帝把所有宫人作一番别择，要把一批闲置无用的宫人打发走时，才见到卫子夫。她悲伤地哭泣，要求放她出去，引起武帝的同情，于是得到亲近宠爱，身份高贵起来。后来卫子夫生了太子刘据，被立为皇后。②由歌女立为皇后，这在南北朝的门阀制度下是不可想象的事。

卫子夫之弟卫青的婚配也较特别。卫青从小牧羊，长大后到平阳公主家当骑奴，专门侍候公主骑马。子夫相继立为夫人、皇后，卫青也随之尊贵起来。以后卫青因伐匈奴有军功，封为大将军。此时，平阳公主的丈夫曹寿得了暴病被送回原先的封邑，平阳公主需再选择丈夫。她问别人："列侯之中哪个人才出众，可以配得上我？"别人都回答她大将军最好。平阳公主笑说："他是我家骑奴，以前总是伺候我骑马，他能配得上我吗？"别人说："以前是奴仆，现在地位最尊贵。"于是平阳公主通过卫皇后向武帝递了信息，武帝便诏令卫青做平阳公主的丈夫。③ 这同南北朝时门阀观念牢不可破，出身寒门的人，即使以后当了大官，也绝对不能与高门通婚，也迥然不同。

成帝时，赵飞燕原为歌女，后立为皇后，其妹也立为昭仪④。

① 是武帝长姐，原称阳信长公主。因嫁平阳侯曹寿，故又习称"平阳公主"或"平阳主"。
② 《汉书》卷九十七《外戚传上》。
③ 《汉书》卷五十五《卫青霍去病传》。
④ 《汉书》卷九十七《外戚传下》。

《汉书》还记载了一些有见识的妇女的事迹，譬如：

文帝时，齐太仓令淳于公有罪，要被押送到长安受刑。他家有五个女儿，没有男儿，差吏来给淳于公带刑具时，他大骂女儿们："白养活你们一群丫头，现在遇到急难，你们有什么用处！"她的小女儿缇萦很为父亲悲伤，跟着到了长安，向文帝上书说：父亲管理谷仓，一向廉洁，现在父亲有罪，如果被判刑砍断手脚，是无法再长回来的呀！愿没为官奴婢，以免父亲受刑。缇萦的事迹使文帝感动，于是下令取消对罪犯刺面、割鼻和砍掉脚趾这三种肉刑①。

还有丞相夫人在关键时刻见识比丞相高出一筹的事。昭帝时，杨敞任丞相，次年，昭帝卒，霍光先迎立昌邑王，随即见他大肆淫乱，霍光与车骑将军张安世商议把他废掉，计划已定，派大司农田延年到丞相家中告知。杨敞一贯胆小怕事，一听这件事，吓得浑身打颤，只是嗯嗯表示应答，不敢明确表态。这时，田延年上厕所，趁这工夫，在东厢房静听有时的丞相夫人赶快走到正厅对杨敞说："这是国家大事，大将军已作出决定，派了九卿来给您通报，您必须立即明白表示赞同，跟大将军协力同心。若仍只是嗯嗯啊啊的，犹豫不决，那么首先要被杀掉。"等田延年回到厅前，杨敞有夫人壮胆、催促，才敢于明白表示支持大将军的决策，并愿意听从大将军指挥。于是杨敞这位胆小丞相也因参加废昌邑王、迎立宣帝，立了一功②。

还有妻子在困境中激励绝望的丈夫坚定信念的故事。王章在宣帝时，从山东到长安太学中当学生。因为贫穷，同妻子住在一间破房子里，王章生了病，严冬时节无被可盖，身上只盖着用乱麻编成的"牛衣"。王章以为自己活不成了，躺在"牛衣"中同妻子诀别，绝望地哭个不停。妻子大声呵斥他："仲卿（王章之字），那些在京师享有高位的尊贵人，有哪一个比您聪明？现在碰到困难，你自己不振作精神，却在这里哭死哭活，你不感到可

---

① 《汉书》卷二十三《刑法志》。
② 《汉书》卷六十六《杨敞传》。

耻吗?!"妻子的呵斥责备果然使王章精神振作起来。通过发奋努力，他由文学进身，先后晋升为谏大夫、左曹中郎将、京兆尹，成为西汉历史上一个有名的正直官员。

三、严密合理的体例

《汉书》著述上的风格，宋代文学家杨万里曾作过很形象的比喻：

> 太白诗，仙翁剑客之语；少陵诗，雅士骚人之词。比之文，太白则《史记》，少陵则《汉书》也。

他把历史上杰出的作品，区分为两种风格，一种以追求感情奔放为特色，一种则以讲求格式的整齐和谨严为特色。他认为，李白的诗作，司马迁的《史记》属于前一类；而杜甫的诗作，班固的《汉书》属于后一类。杨万里的看法确有其道理。

（一）　史坛上的李白杜甫

就《史记》《汉书》的风格论，司马迁重视抒发自己的感情，文章有"奇气"；班固则以体例谨严、布局合理为明显的特色。司马迁有更大的才气，笔势纵放，文章打动人心；班固则更多地注意把历史表述得明白清楚，把丰富的材料组织得妥帖，从历史学的角度说，也是可贵的优点。正如李、杜二人各代表一种风格一样，迁、固二人也各具风采，未可轻易地扬此抑彼。

清代著名史学评论家章学诚显然也有见于此，他在《文史通义·书教下》篇中所作的概括对我们很有启发。他把自古以来所有的史书分为两大类，用《易经》上"圆而神"和"方以智"的说法，分别概括它们的特点："记注藏往似智，撰述知来拟神。藏往欲其赅备无遗，故体有一定而其德为方；知来欲其抉择去取，故例不拘常而其德为圆。"所谓"藏往似智"，是指记注这一大类史书，作用在于记载历史知识，这就要求作者应当有相当的知识水平。为了达到内容丰富，包容量大，必须讲究一定的体例，做到有规矩可循，整齐合理，所以说"藏往欲其赅备无遗，故体有一定而其德为方。"所谓"知来拟神"，是指撰述这一大类史书，目的在于展示未来的趋势，这就要求作者有高明的见识，按照自己的见解有所轻重取舍，在体例上则注意灵活运用，做到融会贯通，互相配合。所以说"知来欲其抉择去取，故例不拘常而其德为圆。"

那么，《史记》和《汉书》各具什么特点呢？章学诚认为：

> 史氏继《春秋》而有作，莫如马班；马则近于圆而神，班则近于方以智。

> 迁史不可为定法，固书因迁之体而为一成之义例，遂为后世不祧之宗焉。……然而固书本撰述而非记注，则于近方近智之中，仍有圆且神者以为之裁制，是以能成家而传世行远也。

他的意思是：《春秋》之后最优秀的史书要算《史记》《汉书》。《史记》较多地具有"圆而神"的特色，《汉书》则较多地具有"方以智"的特色。不过，像司马迁那样灵活洒脱，后人不容易学到，因此，班固在继承司马迁的体裁上，形成一种有规矩可循，整齐合理的体例，后代修史者便一概以他为榜样，谁也不能改变。章学诚又特别强调，尽管讲究体例整齐是班固的明显特点，但是又必须清楚，《汉书》也是一部撰述而非记注的书，所以它在讲究体例的同时，仍然是卓有见识，对体例作灵活运用，剪裁处理得当。这正是《汉书》自成一家而具有久远生命力的根本原因。

杨万里和章学诚都相当中肯地讲出《汉书》具有体例严谨、整齐合理的显著特色。《汉书》确实做到了用恰当的体例来容纳丰富的历史知识，它在编排上有规矩可循，考虑得周全，处理得妥当，同时班固又能根据内容的需要而灵活处理。

（二）调整总体布局

《汉书》在总体布局上继承了《史记》的成就，而又根据时代条件的变化而作了适当调整。

人们习惯上都称《史记》是"纪传体"的开山之作，实际上它是五种体裁的综合。这五种体裁为：本纪、世家、列传、书志、表。按照刘知幾的解释，五种体裁各自具有的作用是："本纪"用来包举大端，同时表示天子至尊；"世家"用来记诸侯的史事，表示他们开国成家，世代相续，地位仅次于天子；"列传"用来记载人臣的事迹，与"本纪"相配合；"书志"用来记载国典、朝章、天文、地理、刑法、礼乐、风土、山川等等，并可以对纪传的缺漏作补充；"表"用来简列世系、人物、职官和史事等等。

要评价这种体裁的长处，需特具慧眼，透过它外表上的古旧和浓厚的封建色彩，看到它合理的内核。"本纪"按年代顺序记载大事，"列传"记载人物事迹，"书志"记载典章制度、礼乐刑法等等，这种布局，恰恰是从不同视角展现历史的进程，符合于下述道理：从时间说，历史事件是按年代先后发生的；历史又是人创造的，必须反映出历史的主体即人的活动；历史是社会演进的历史，要表现出多样的社会生活。在同一部史书内，要从不同的视角来观察、反映历史进程，这是极不容易做到的。"纪传体"却根据当时的条件出色地解决了这一难题。所以，这种体裁容量广阔，很有伸缩性，足以构成一代全史，古代伟大史家的杰出创造，足令后人感到敬佩和自豪。今天的史学家还在吸收"纪传体"的这些长处，加以改造，注入新的时代内容，在批判继承的基础上创新。当然，"纪传体"又有浓厚的封建气味，它显示出天子唯我独尊、众星托月的封建等级结构，对此我们必须予以批判。

《汉书》在总体布局上继承了《史记》的体裁，同时根据时代需要加以改造。一是创立了断代史，这点上文已作了论述。二是班固取消了"世家"。其理由很明显：春秋、战国时期有各个诸侯国，汉代文景以前有诸侯王，所以司马迁为他们立世家，表示他们地位仅次于天子、居于一般人之上，可以世代传家。到武帝之后，所谓诸侯只存虚名，实际上已同于衣租食税的郡国，春秋战国时期的分立政权和汉初开国成家、世代相嬗的局面已不复存在。所以班固取消了"世家"，只留下"本纪""列传""志"和"表"，是符合时势变化的恰当做法，反映了统一国家权力战胜了旧的割据势力这一新的时代特点，故后来一直被修史者所沿用不改。

（三）移置内容

《汉书》武帝以前有关纪传的内容，大多采用《史记》的文字。但又从体例的严密考虑，对有的内容移换位置，放到更合适的篇章之中，譬如：

《史记》为项羽立"本纪"，排在《高祖本纪》之前。因此，有关楚汉战争的许多重要事件，都先在《项羽本纪》中叙述，往下的篇章则略提或不提。《汉书》开卷第一篇是《高帝纪》，项羽改为"列传"，在"本纪"之后，所以重大事情都必须在《高帝纪》中叙述，必须从项羽篇中剔出补入。这类事件有鸿门宴上刘邦脱险；刘邦在彭城失败后，半路上遇到惠帝和鲁元公主，载在车上一同逃走；刘邦下令韩信、彭越率兵会合，一起包围项羽，韩、彭二人不发兵，刘邦用张良计策，分地封二人为王，才实现了对项羽的包围等。

由于本纪是记军政大事，列传记人物活动，根据这一原则，班固把《史记·吕后本纪》中的一些宫廷斗争（吕后杀戚夫人及赵王如意）都写入《外戚传》，这样做使《吕后纪》的纲更清楚。

吴、楚七国乱起之时，袁盎与景帝对话，晁错在一旁。景帝问袁盎有何善计，袁盎请求屏退旁人，只剩晁错还在。袁盎又说他的计策"人臣不能听"，这时晁错才悻悻然退下。袁盎请求斩晁错以谢天下。景帝于是误杀晁错。这件事与晁错关系更为直接。《史记》原来放在《吴王濞列传》内，《汉书》从体例严密考虑，移到《晁错传》中，使记事更加紧凑明白。

（四）多设合传，以醒眉目

《汉书》体例的严密，特别体现在七十篇列传的编排上，做到了历史联系与逻辑联系二者相一致，从而给读者学习和研究提供极大方便。

《汉书》的列传，大约一共记载人物三百三十七人，其中有七篇类传（《儒林传》《循吏传》《酷吏传》《货殖传》《游侠传》《佞幸传》《外戚传》）记载了九十八人，此外尚有二百三十九人，这么众多的人物，身份、地位各不相同，又分散在汉初至汉亡二百多年时间之内，有的彼此相隔很远。如果每人都立一传，则零散纷繁，无有统绪。为了避免这一缺陷，班固采用了专传与合传结合的形式，作了周密安排。

专传，是因所记人物事迹多，或是载入篇幅较长的论议、作品的，则单独设传，计有《贾谊传》《董仲舒传》《司马迁传》《萧望之传》《元后传》《王莽传》等。

合传，是按人物事迹联系密切，或是人物的身份、行为互相近似的，把他们合在一起。少的为两三人，多的有七八人。前者，如《陈胜项籍传》《萧何曹参传》《袁盎晁错传》《卫青霍去病传》《魏相丙吉传》等。后者，如《严（助）朱（买臣）吾丘（寿王）主父（偃）徐（乐）严（安）终（军）王（褒）贾（捐之）传》《公孙（贺）刘（屈氂）田（千秋）王（䜣）杨（敞）蔡（义）陈（万年）郑（弘）传》《王（吉）贡（禹）两龚（龚胜、龚舍）鲍（宣）传》等。

《汉书》多设合传，极具匠心，其好处：一、避免头绪纷繁。把二百多人物组织到四十七篇合传之中，显得眉目清楚，便于查检。二、从现代观点来看，设置合传，可以突出某一类型人物的行为和思想特征，以群体的形象出现，有利于反映社会情状。

譬如：严助、朱买臣等六人，以上书议论政事出色受到武帝的重视，把他们写在一起，显示出武帝对人才的重视。（王褒以善作赋受宣帝重视，贾捐之在元帝时谏伐珠崖，也是重要议论，故附在后面。）

公孙贺、杨敞、陈延年等八人，都是武帝后期至元帝前期大臣，任丞相、御史大夫，故立为合传。

王吉、贡禹等五人，则同有清名高节，合在一起更显示出共同特色。

傅介子、常惠、郑吉、甘延寿、陈汤、殷令宗六人，都是昭帝以后出使西域立功的，合在一起可以看出西汉后期与西域关系的变化。

如何安排这些专传、合传，班固有很细致的考虑，兼顾了时间的先后和人物的类型，体现了历史的线索与逻辑的线索相一致。我们可以拿卷五十六至卷六十九各篇为例加以说明。董仲舒、司马相如、公孙弘、兒宽等人，都是以儒学或文学受到重用，以下张汤、杜周，是以刑法严酷著名，张骞、李广利的活动与匈奴、西域有关，主父偃、徐乐、严安等人则上书反对大事四夷，然后到公孙贺、刘屈氂等，是武帝后期至昭宣时代的过渡，再接着霍光、金日磾是昭帝时重臣，赵充国是宣帝时大将。这样安排，使读者既读到人物活动，又了解到历史的前后联系。

（五）"断代为史"与"通古今"

班固重视体例而又不拘守成例的特点，还表现在：《汉书》虽是断代为史，但有的地方却又根据需要突破汉代的限制，做到"通古今"；书中还设立了兼有志和表两种功能的篇章——《百官公卿表》。

班固发愿要写一部"汉史"，它的上限自然起于高祖。但是历史发展又是前后互相联系，不能割断，尤其是有关制度的问题，为了说明汉代何以是这种情况，还必须向上追溯其来源。史家班固很懂得这一点，所以他又为自己的书明确提出"通古今"

的要求。在《刑法志》中，为了讲清汉代刑律的变迁，开头先论述刑法的起源，认为：在初民社会存在着"群"与"争"的矛盾。当时的人类为了战胜凶恶的野兽和艰苦的环境，必须利用集体的力量。但是由于群居的集体所能获得的生活品太少，故又引起"争"。当时，道德和能力最高的人受人们拥戴成为君长，他们为了维持社会的秩序，就一方面制定了"礼"，来确立尊卑的等级，一方面又制定了"刑"，来表示威严和处罚。这就是刑法的起源。

然后，班固叙述了历代刑法的演变。周代施行法律的原则是：对于新近接受周朝统治的邦邑，用较轻的刑律；对于普通的邦邑，用一般的刑律；对于秩序混乱的邦邑，用重的刑律。周代的一般刑律共有五百篇条文，规定有五种对于肉体的刑罚，包括刺面涂墨、割鼻、宫刑（即阉割生殖器）、砍脚、杀头。对于罪犯的处置是：杀头的押到街市取斩，刺面的可以把门，割鼻的送到边远地方守关防，处宫刑的在宫内使唤，砍脚的守卫园林，肉体未受伤残的罚他从事劳作，他们都是奴隶，男奴干苦力活，女奴罚去舂米或烧火。凡是受封有爵位的、年纪七十岁以上或未换齿的儿童，都免除当奴隶。

班固还概述了：周末，因社会秩序混乱，刑罚增加到三千篇条文。春秋时，郑国子产向民众公布法律，把刑律条文铸刻在大鼎上，晋国贵族叔向写信反对这样做，认为对老百姓只能使他们感到害怕，加以驱使，如果让他们知道法律，会更加引起纷争。子产则态度坚定，回信说："我这样做是为了救世。"到了战国，刑罚进一步加重，增加了株连三族、投入油鼎等极端残酷的刑罚。秦始皇时，更把刑罚视为治国的唯一手段，专门任用懂得刑律的官吏，秦始皇亲自审理案件，白天判刑，晚上审阅有关案件的文书，自己定了标准，每天所读的写在简牍上的案卷必须够一石重（合一百二十斤）才停下来休息。结果是，法律越繁苛，犯罪的越多，造成穿囚衣的人堵塞了道路，监狱遍布于各个城镇，最后终因百姓的痛苦和怨恨爆发成反抗的烈火，把暴虐的秦朝推翻掉。

显然，只有首先追述汉代以前刑罚的严酷，读者对于进入汉朝以后颁布"约法三章"、文帝废肉刑和有关各种论议的意义，才能有深刻的理解。在这里，班固不受断代史体例的限制，灵活地做到"通古今"，作用是很大的，它说明了汉代的刑法是在什么样的基础上演变的。同时，他的论述又为后人提供了一部中国刑法史的雏型。像这样体现出他"通古今"的撰写意图的篇章，在十篇志中，还有《律历志》《礼乐志》《食货志》《郊祀志》《地理志》《沟洫志》，以及《百官公卿表》。

（六）兼具"志""表"的妙用

《汉书》卷十九《百官公卿表》是极具重要价值的篇章，它兼有"百官志"和"公卿大臣年表"的作用，对于后代修史影响很大，直至今天对我们也仍然很有用。

《百官公卿表》由两大部分相辅相成。前面是文字叙述，综述秦汉以至王莽新朝，自中央至地方的官员设置、职掌、属员、俸禄、名称的更改和权限的变动；后面以表格形式列出汉初至汉朝灭亡，中央政权各部门每个长官任职年代的起讫。

由于班固提供了关于秦汉官制系统、全面的综述，我们可以清楚地看到专制皇权被强化到何种地步。按照秦汉及历代官制，丞相位居"三公"（丞相、太尉、御史大夫合称三公）之首，职责为"掌丞天子助理万机"，是辅佐皇帝、综理全国政务的最高行政长官。但是自从武帝时任命大司马大将军的职务，便因其与皇帝本人的亲密关系，凌驾于丞相之上，实际上掌握了行政的最高权力，丞相的职务反而成为形同虚设。再加上，皇帝在丞相领导的正规机构以外，又可以任命一批近臣，叫做侍中、中常侍、给事中、散骑等等，由这些人组成了"中朝官"，以牵制丞相为首的"外朝官"。即是说，皇帝竟可以对负责全国行政机器运转的官制采取无视态度，在最关键的问题上任随己意作出改变，取消了丞相的最高行政长官权力，这样干还完全行得通。难怪汉武帝晚年因巫蛊之祸的刺激懒于政事，致使丞相的职务空缺一年之久。不要丞相，照样可以混下去，可见丞相在皇权专制下，可有可无。这是第一。第二，秦汉官制除"三公"外，还有太常、郎中令等合称为"九卿"。而"九卿"竟有六个是直接为皇帝或皇族服务的。他们是：太常——掌宗庙礼仪。郎中令（或称光禄勋）——主管宫殿门户，是类似宫廷秘书长或侍卫长的皇帝亲近官员，所属有大夫、郎、谒者及期门、羽林宿卫官，大夫可多至千人，负责顾问应对，郎也可多达千人，都是皇帝随从，平常掌门户，出充车骑，这么多人都归郎中令负责。卫尉——主宫门警卫。太仆——掌管皇帝的舆马与马政。宗正——负责皇族事务。少府——掌管山海池泽收入、皇室手工业制造，是皇帝的"私府"。

以上六个部门都是专为皇室或皇族而设置。与此相对照的是，负责掌管全国范围农业、财政等项事务的，只设了治粟内史这一职务（以后改称大司农）。这正好说明，在封建专制制度下，"朕即国家"，皇权被绝对化，全部国家机器、全部臣民，都要绝对听命于专制君主，为专制君主效劳。相反地，经济生产活动的管理却被置于不重要的地位。

《汉书·百官公卿表》的文字综述部分，其作用即等于一篇论述官制沿革的"通古今"的"百官志"。由此开端，以后大多数"正史"都设立有"百官志"或"职官志"。

这篇表又用纵横表格，列出自丞相至京兆尹十四种高级职位及将军每人任职的起讫。我们若要查找何时何人任某一职务，或要查找某一年代同时担任高级职务的是哪些人，都可一目了然。譬如，若要查找武帝在位五十四年中哪些人担任丞相和各人在任的年数，则立即可以明白先后共有十二人：窦婴，一年。许昌，四年。田蚡，四年。薛泽，七年。公孙弘，四年。李蔡，三年。严青翟，三年。赵周，三年。石庆，九年。公孙贺，十二年。刘屈氂，一年。此后有一年未任命丞相。田千秋，三年。

《史记》和《汉书》中的各表，都类似有这种功用。史书中有"表"，也是中国传统史学的一个创造。

第七章　进步史识和时代印记

　　班固对古代社会"盛世"下的阴暗面如实地揭露，对历史变局有精辟的论述，他让傲岸正直的人物名垂青史，对贪鄙的高官们无情地鞭挞，关心民生疾苦，主张民族和好，……突出地表现出进步的史识。

　　以往的研究者倾向于这样的看法，认为《汉书》有浓厚的正宗思想，它的内容也无非都是维护帝王统治的、四平八稳的官样文章。实际情形并非如此，《汉书》中也有金刚怒目式的文章。卷六十七《杨胡朱梅云传》就记载有正直人物在朝廷上怒斥邪佞丞相的惊心动魄的场面：

　　西汉后期，朝政衰颓之势已经无可挽回。成帝即位后，便对原来关系亲近的人委以重任，他当太子时的师傅张禹被任命为丞相。张禹原已受封为安昌侯，现在又以帝师位居特进①，身兼四重尊贵身份，炙手可热。有一天，君臣正在朝廷议事，忽然宫廷守卫进来报告说："朱云上书求见。"大臣们一听面面相觑，丞相张禹尤其脸色难看，却又没有理由拒绝他入内。随即便见朱云神情严肃地走进来，他慷慨激昂地说："如今朝廷大臣不能对君王

_____

　　①　西汉末期，对列侯中有特殊地位者授"特进"，表示格外优宠。

有所匡正，不能有益于百姓，白占着高官厚禄却不办好事，孔子所讲：鄙陋的人不能辅佐国君，如果只顾保住禄位，就会不择手段干出坏事。指的便是这种人。我朱云请求皇帝赐我一把尚方宝剑，我要把邪佞之徒斩头，以示惩戒别人！"成帝问："你指的是谁呀？"朱云说："就是丞相张禹。"成帝大怒说："你这个小人物胆敢指责大臣的不是，在朝廷上侮辱我的师傅，我非处死你不可！"御史立即上前把朱云拽走，朱云死死抓着殿上的栏杆挣扎着，因用力过猛，栏杆都折断了。他高喊："我死了到阴间也是同殷代因忠谏被杀的关龙逢、比干在一起，我不怕死！只是不知汉朝的命运会怎么样！"

在场的左将军辛庆忌早就被朱云的精神所感动，这时忽地站起来，解下印绶放在一边，庄重地表示宁可丢官，也要说句公道话，他说："朱云一向被人称为'狂直'，假使他所讲的话对，就不能杀他；讲的不对，也应该允许他说出来。皇帝若不答应，我愿以死来谏争！"辛庆忌坚决要求皇帝收回成命，连连叩头，直到流血。成帝至此也觉得刚才所言失当，态度才缓和下来。这样朱云才幸免一死，以后归家隐居。

朱云怒斥张禹是一个有象征意义的事件，反映出西汉末年正直人物对于腐败政治局面的抗议。班固以肯定的态度记载他的事迹，正表明了自己进步的史识。进步的史识是史书的灵魂。中国传统史学有"史家三长"的理论，这就是刘知幾所总结的：史学、史才、史识，是史家三长。史学，指史家应具有广博的学识，并广泛地搜集丰富的史料；史才，指确立著述格局、运用体例的能力和文字表达的技巧；史识，是指有进步的观点贯串于其中，褒彰正直，指斥奸佞，不畏直暴，秉笔直书①。三项之间，史识对于史学和史才起着指导和统帅作用。《汉书》的成功，不但在于内容丰富翔实、体例严密、文字典雅，还在于班固具有进步的史识。前文已讲到班固勇于对抗神学浊流、把握西汉一代盛

---

① 刘知幾的原话是："史才须有三长，世无其人，故史才少也。三长：谓才也，学也，识也。……犹须好是正直，善恶必书，使骄主贼臣，所以知惧，此则为虎傅翼，善无可加，所向无敌者矣。"见《旧唐书》卷一百零二《刘知幾传》。

衰的非凡见识，本章再分别谈他弘扬实录精神、观察历史变局等方面具有的进步观点。最后还要讲到班固在史识上的缺陷。

一、弘扬实录精神

对于一个历史学家来说，能够面对真实的历史过程，据事直书，为后人留下可信的历史记载，还是迎合一时风尚，屈服于外来压力，故意歪曲历史真相，欺蒙当代，贻误后人？——这是对历史学家的见识和责任心的最大考验，也是衡量史书价值的根本标准。

（一）评《史记》以寄志

我国传统史学自春秋时代董狐、南史开始，即形成了秉笔直书的优良传统①。司马迁发扬了这一传统，班固在评价司马迁史学时，对此极为推崇："自刘向、扬雄博极群书，皆称迁有良史之材，服其善序事理，辨而不华，质而不俚，其文直，其事核，不虚美，不隐恶，故谓之实录。"② 这是引用并赞成刘向、扬雄对于司马迁的评价，认为他学问渊博，有很高的著史才能，擅长叙述曲折复杂的史实，文词丰富而不浮华，质实而不俗气，他的文章刚直使人信服，史实正确经得起验证，对所记人物不凭空添加他的好处，也不掩盖他的坏处，所以称为"实录"。

著史要成为与历史真实相符合的"实录"，这既是班固对《史记》的评价，同时也是借此以寄托班固本人的志向。班固著

---

① 《左传》宣公二年载：晋赵穿攻杀晋灵公。晋大夫赵盾未出境。晋太史董狐书曰："赵盾弑其君。"以示于朝。太史的做法得到孔子的赞扬，他说："董狐，古之良史也，书法不隐。"《左传》襄公二十五年又载：齐崔杼弑其君，太史书曰："崔杼弑其君。"崔杼杀太史，他的两个弟弟继续这样记载，两人又都被杀。又一个弟弟继续书写，崔杼才感到害怕，不敢再杀他。南史氏听说太史连续被杀，他毫不畏惧地拿着史册前往。至此听说崔杼的小弟弟已经写在史册上，才回去了。

② 《汉书》卷六十二《司马迁传》。

史确实做到以此为标准，《汉书》记载的内容才能经受近二千年时间的考验，前文讲到，《汉书》所载武帝以前史事，对《史记》多有补充。而如何补充？班固对此有重要的申明：凡是《史记》所无的材料，决不随便添加，必须确凿有据，方予增补，否则阙疑。《汉书·张汤传》赞语说："冯商称张汤之先与留侯同祖，而司马迁不言，故阙焉。"冯商曾做过续补《史记》的工作，他讲张汤的先人与留侯张良同祖，但是司马迁对此并未讲过，因此班固不随便采入。可见班固对《史记》是如何尊重，自己的态度又是如何审慎。《东方朔传》又说，东方朔以滑稽诙谐著名，"后世好事者因取奇言怪语附著之"，考核的结果，凡属刘向著录的东方朔的文辞才可靠，"世所传他事皆非也"。这些都证明班固对材料严格地审核，确实发扬了"实录"精神。

（二）据事直书社会矛盾

《汉书》是以宣扬汉朝功业为撰写目的，那么，敢不敢暴露汉代的阴暗面，就成为班固是否具有"实录"精神的试金石。班固对此作出肯定的回答，他做到了"不虚美，不隐恶"，据事直书。有的学者称赞班固"不为汉讳"[1]，是很中肯的。土地问题在古代社会至关重要，班固对西汉土地兼并的严重一再作正面的揭露。《汉书·食货志》载有董仲舒上言，讲汉朝仍然继续秦朝当年土地兼并严重的局面，"富者田连阡陌，贫者无立锥之地"。因此他建议实行"限民名田"，即规定大官僚大地主占有土地的限额，不准超过，目的是"以澹（同赡）不足，塞兼并之路"，冀图让大土地占有者退出一些田地，使无田者有土地可以耕种，缓和极端严重的土地问题。但是董仲舒的建议却不被理睬，在当时注定行不通。《食货志》又记载：哀帝即位，师丹辅政，他指出："今累世承平，豪富吏民资数巨万，而贫弱愈困。"即是说大地主

---

① 冉昭德：《班固与汉书》，见吴泽主编《中国史学史论集》第一册，上海人民出版社1980年版。

大商人的巧取豪夺与农民破产无田耕种的矛盾更加尖锐，所以又建议限田。《汉书·哀帝纪》中也载皇帝的诏令承认兼并的严重，要求大地主占田不得超过三十顷，但是这无异是与虎谋皮，绝对做不到。土地兼并恶性发展，如决堤之水无法控制，最后必然导致大规模农民起义的爆发。

《汉书》还揭露诸侯王及外戚集团奢侈纵欲，无法无天。《景十三王传》有一段总概括："汉兴，至于孝平，诸侯王以百数，率多骄淫失道。"就是说，西汉二百一十余年间，数以百计的诸侯王，大多是骄奢纵欲、荒淫无道之徒，人数既多，为害时间又长，可见给西汉人民造成多么严重的祸害。其中，如广川王刘去，"燔烧亨（同烹）煮，生割剥人。距师之谏，杀其父子。凡杀无辜十六人，至一家母子三人，逆节绝理。"又江都王刘建，凡他认为宫女有过失者，"辄令裸之击鼓，或置树上，久者三十日才得衣"；"或纵狼令啮杀之，（刘）建观而大笑；或闭不食，令饿死。凡杀不辜三十五人。（刘）建欲令人与禽兽交而生子，强令宫人裸而四据，与羝羊及狗交。"① 齐王刘终古令其所爱奴仆与诸侍婢奸，"或白昼使裸伏，犬马交接，终古亲临观"。② 这类骇人听闻的肮脏罪行，写下来都使人感到玷污了笔墨！《外戚传》揭露外戚集团凭借裙带关系盘踞高位，"穷富贵不以功"，骄奢淫逸，凶狠残忍，宫廷后妃之间、外戚之间因争宠争权，互置对方于死地，甚至杀人投毒，无所不为。武帝陈皇后，是武帝姑母馆陶长公主之女，立为皇后，擅宠骄贵十余年而无子。后来闻知武帝宠爱卫子夫，因忌妒而几次寻死。以后又使女巫楚服用巫术诅咒，企图加害卫子夫。这是后妃之间设谋陷害。昭帝时，更发生外戚为了夺取大权而企图废掉皇帝的事件。昭帝立时才八岁，当时左将军上官桀与大将军霍光是姻亲，便倚仗权势将年刚六岁的孙女立为昭帝皇后。（皇后之母是霍光之女，故这个六岁皇后又是霍光的外孙女）以后上官桀父子为与霍光争权，遂与燕

---

① 均见《汉书》卷五十三《景十三王传》。
② 《汉书》卷三十八《高五王传》。

王刘旦及昭帝之姐盖公主相勾结，企图谋杀霍光，废掉昭帝，再立上官桀为皇帝。事情被发觉，燕王刘旦及盖公主自杀，上官桀灭族。

以后又发生毒死皇后的惨剧。当宣帝即位时，霍光夫人显（姓氏不详）一心欲使其小女成君贵显，苦于无计可施。逢宣帝许皇后妊娠期间生病，显便勾结宫中女医投毒将许皇后害死，显凭借霍光擅权，果然将小女成君立为皇后。嗣后，霍光卒，宣帝立许皇后之子为太子（即后来的汉元帝）。显又为此恼恨吐血，说："现在早早立了太子，等将来霍皇后有子，难道反而只能当王吗！"于是又唆使霍皇后毒死太子。霍皇后几次召太子赐食，每次保姆都先尝，显母女的计谋不能得逞。以后，原来毒死许皇后的隐情逐渐败露，霍氏家族企图谋反也被发觉，于是都被诛杀①。

（三）揭露弊政

班固对于即使是他所盛赞的"文景之治"时代，也能不加掩饰地揭露当时的弊政。《贾山传》引录贾山所写的《至言》对文帝进谏说：文帝刚刚在治国上取得成就，便耽于逸乐，让一班有作为、有德行的官员，日日陪着射猎，追野兔、打狐狸，损害大业，使百姓绝望。《路温舒传》引录路温舒所写《尚德缓刑疏》，讲景帝时冤狱遍地，狱吏上下驱使，把苛刻治罪当作执法严明，治狱越严酷越出名，治狱公平的却要招来后患，所以狱吏希望犯人被处死越多越好，这样狱吏的职位便能保住，所以被处死的人在街市上血流遍地，仅被处大辟的每年都数以万计！

武帝和宣帝时期是西汉"盛世"。班固揭露武帝刑罚之滥。张汤、杜周在武帝时先后任廷尉，都以治狱严酷出名，专门揣度武帝的用心，武帝要重处的，便设法陷害；揣测武帝要从轻发落的，便设法把犯人关着，然后找借口陈述此人受冤。《汉书》还

---

① 《汉书》卷九十七《外戚传》。

揭露武帝重赋于民，竟规定小儿三岁起便应交一份口赋（人头税），致使民众无法负担①。《夏侯胜传》和《平准书》揭露武帝连年征伐造成国库空虚、人口大量死亡，前文已经讲到。班固对宣帝时期吏治修明是大加赞扬的，同时对于当时豪强作恶多端也如实记载。《酷吏列传》记载：宣帝时涿郡豪强西高氏、东高氏欺压百姓，为非作歹，包庇一大批地痞恶棍专干坏事。一旦案发，便躲入西高氏、东高氏家里，官吏不敢追捕，歹徒的气焰越来越嚣张，致使方圆之内白天赶路还得带着刀剑，否则性命难保。

班固以"不虚美、不隐恶"的原则为指导，既赞扬西汉的功业，又如实揭露弊政，这才使《汉书》成为一部可信的西汉史，赢得后人作出"其文赡，其事赅"的高度评价。

二、观察历史变局

一部好的史书需要对具体事件、具体人物作真实的记述和中肯的评价，还需要从更高层次对历史变化的大方向作出总结，这是历史家的宏观把握问题。《汉书》对此也有重要建树。

（一）论秦汉兴亡

班固重视历史时势的进步史识，首先表现在他对秦亡汉兴的论述。刘邦为什么能"无土而王"，迅速建立起汉朝？这是西汉历史的一个重要问题。班固在《汉书·异姓诸侯王表》对此作了分析。他总结自虞夏至秦之得天下，有着共同的特点，即都经历了长期的艰难创业：虞夏之兴，积德累功数十年；商汤王、周武王兼有天下，乃由契、后稷修仁行义，历十余世，而后成功；秦的帝业，先由襄公崛起，经过文公、穆公、献公、孝公、昭襄

① 据《汉书》卷七十二《贡禹传》。

王、庄襄王历代经营，"稍蚕食六国，百有余载"，至始皇乃并天下。刘邦得天下却与历代君主相去天壤，"无尺土之阶，繇（同由）一剑之任，五载而成帝业。书传所记，未尝有焉。"刘邦并无一块哪怕再小的封地作为凭借，全凭他挥剑征战，五年功夫便完成统一大业，有史以来未尝有过。为什么会出现这样的历史大变局？班固认为，这是因为秦始皇的倒行逆施加速了自己的灭亡，为刘邦的迅速兴起准备了条件。秦始皇本来冀图以取消分封制、销毁天下兵器、禁绝儒学、大事征伐等，巩固其统治。"用壹威权，为万世安"，结果恰恰激起人民的反抗，"十余年间，猛敌横发乎不虞，谪戍彊（同强）于五伯，阎闾逼于戎狄，响应瘄（音惨）于谤议，奋臂威于甲兵。乡（同向）秦之禁，适所以资豪杰而速自毙也。"班固用这段掷地有声的精警语句揭示出形势的实质，事情的发展完全走向秦始皇愿望的反面：他实行极端残酷的统治才十五年，从他认为安全的地方却突然杀出凶猛的敌人，征发的戍卒比春秋五霸还要强大，普通百姓比强悍的少数民族威胁更大，一呼百应的起义气势比听到反对的意见更为可怕，赤膊举起的锄把竹竿比身穿铠甲的士兵更有战斗力。原先秦始皇采取的严禁措施，反过来却被造反的英雄们所利用，加速自己的灭亡。这样，刘邦"无土而王"这一亘古未有的历史新格局，就完全可以用能够确切指明的时代条件来解释。班固用"势"的命题对此加以概括，说："古世相革，皆承圣王之业，今汉独收孤秦之弊。镂金石者难为功，摧枯朽者易为力，其势然也。"秦的暴虐使老百姓积蓄着反抗的怒火，起义一爆发即成摧枯拉朽之势，刘邦的成功，就是由这种历史时势所决定的。

值得注意的是，上述班固对历史时势的看法，是在司马迁认识的基础上加以发展的。司马迁极为重视秦亡汉兴的历史教训，《史记·秦楚之际月表》序中论述刘邦得天下的原因，确已论及秦的暴政为汉的兴起准备了条件，表现出其卓识，他感慨"岂非天哉"，其中也确有历史时势的意味。但是不能否认，司马迁讲的"天"又会有"命定论"的意味，所以他称刘邦为"受命而帝"的"大圣"①。相比之下，班固的认识明显地提高了，他完全以历史时势来解释，摆脱了命定论的影响。正是基于这种认识，他指出《过秦论》中有"不通时变"的偏颇论断。班固的论述显然推进了对秦汉历史变局内在因果联系的认识。

（二）论藩国废灭

藩国问题是西汉历史又一大问题。西汉朝廷曾先后分封同姓子弟为王，意在辅翼京师、屏藩皇室，这些诸侯王又称"藩国"。在班固之前，司马迁也曾论及藩国问题，但由于当时西汉朝廷与藩国斗争的过程尚未结束，过程中矛盾的各个侧面尚未充分暴露，因而他不可能作全面的总结。班固后来居上，他站在新的时代高度，能够俯瞰西汉初至武帝时期朝廷与藩国斗争的全过程，从而在《史记》的基础上，对此作出比较全面、深入的总结。这也突出地反映出班固对历史变局的卓识。

《汉书·诸侯王表》序中肯地描述了藩国势力对西汉国家的危害："藩国大者夸（同跨）州兼郡，连城数十，宫室百官同制京师"，"小者淫荒越法，大者睽孤横逆"，高度概括而又十分形象地讲出藩国尾大不掉造成的危害，势力强的俨然成为割据一方的独立王国，直至发动叛乱，文帝时有淮南王刘长阴谋叛乱，景帝时发生吴楚七国之乱，武帝时有淮南王刘安、衡山王刘赐谋反。小的为害一方，如前面讲到的广川王等凶残淫乱，完全成为社会的毒瘤。总之，藩国构成了对朝廷的严重威胁。

对西汉朝廷与藩国势力作斗争所经主要阶段，班固作出了正确总结："文帝采贾生之议分齐、赵；景帝用晁错之计削吴、楚；武帝施主父之册（同策），下推恩之令，使诸王得分户邑以封子弟，不行黜陟，而藩国自析。"这段论述从大处着眼，把藩国势力的演变分为三段：文帝时，贾谊建议"众建诸侯而少其力"，

---

① 司马迁的原话是："然王迹之兴，起于闾巷，合从讨伐，轶于三代，乡秦之禁，适足以资贤者为驱除难耳。故愤其所为天下雄，安在无土不王。此乃传之所谓大圣乎？岂非天哉，岂非天哉！非大圣孰能当此受命而帝者乎？"

文帝采纳他的主张，多封诸侯子弟为王、削弱他们的力量，先从赵国分出河间国，以后分齐之地为六国，分淮南之地为三国；①景帝时，采用晁错建议，削去楚王东海郡，削去赵王常山郡，削去胶西王六个县，依次削夺便是吴国，这时吴王濞联楚、赵、胶西、胶东、临川、济南六国发动叛乱，三个月内被平定，从此景帝把王国的军政大权收归中央；武帝时，又采用主父偃实行"推恩法"的建议，下令诸侯得推恩给子弟，分出土地封他们为侯，皇帝借施德之名，行进一步削弱诸侯王势力之实②。

从此，"诸侯唯衣租食税，不与政事"，权力只限于收取租税，再也没有治理民众、任命官吏的权力，诸侯王国名存实亡，与一般的郡没有多大差别。班固所作的概括，恰当地总结了百余年间局势的变化，因此一向成为人们讲述西汉藩国问题最权威的依据。班固又在贾谊、晁错两篇传中，详细记载他们向文帝、景帝提出的削藩建议，这样做很有意义，使我们得以窥见影响朝政全局的重大事件的来龙去脉。

《汉书》还反映出"藩国问题"的曲折性、复杂性，对我们认识历史前进的"之"字形道路也很有价值。

班固论述道：汉初分封同姓诸侯王，在一段时间内对于韩信、彭越等异姓王起到制约的作用。"汉兴之初，海内新定，同姓寡少"，"尊王子弟，大姓九国"，"高祖创业，日不暇给，孝惠享国又浅，高后女主摄位，而海内晏如，亡狂狡之忧，……亦赖之于诸侯也。"③ 这是指刘邦分封的同姓王九个大国（自北向南是：燕王刘建、代王刘喜、齐王刘肥、赵王刘如意、梁王刘恢、楚王刘交、荆王刘贾、吴王刘濞、淮南王刘长），当时从北、东、南三面起到拱卫京师的作用。此后，贾谊反复陈述藩国势力膨胀

---

① 文帝二年，从赵国分出河间国。文帝十六年，分齐为六国：齐、济北、菑川、济南、胶西、胶东。其后，文帝又迁淮南王刘喜于城阳，而分淮南为三国，刘安为淮南王，刘赐为庐江王，刘勃为衡山王。

② 主父偃的建议是："今诸子弟或十数，而適（同嫡）嗣代立，馀虽骨肉，无尺地之封，则仁孝之道不宣。愿陛下令诸侯得恩子弟，以地侯之。彼人人喜得所愿，上以德施，实分其国，必稍自销弱矣。"见卷六十四《主父偃传》。

③ 均见《汉书》卷十四《诸侯王表》序。

必然造成祸乱，危害朝廷："疏者必危，亲者必乱，已然之效也"，"大抵强者先反"。他所提出的"众建诸侯而少其力"的方针即成为解决西汉藩国问题的根本指导思想。而在具体做法上，贾谊甚至提出以藩国制藩国的策略，淮南王刘长谋反事发后，贾谊建议文帝大封皇子刘武（淮阳王）为梁王，封国占有淮河以北、黄河以南大片地方，以起到"捍齐、赵"和"禁吴、楚"的作用。班固特别载明：至景帝三年吴、楚七国乱时，"合从举兵，西乡（同向）京师，梁王捍之，卒破七国。"还在《叙传》中概括《贾谊传》的撰写义旨："建设藩屏，以强守圉，吴、楚合从，赖谊之虑。"赞扬贾谊的预见性，同时反映出在一定时期内亲近封国对疏远的封国的制约作用。可见，《汉书》论述藩国问题，既从总体上看到藩国必乱的结局，又能有分寸地反映出特定时期特定封国的积极作用。

三、为"狂狷之士"立传，怒斥禄利之儒

《论语》上有这样的话："不得中行而与之，必也狂狷乎！狂者进取，狷者有所不为。"[①] 意思是，如果结交不到修养达到中庸这种最高境界的人一起论道，那么就希望找到狂狷的人，他们或者勇于进取，或者性格耿直、行为不同流俗，比起那班庸碌愚顽的人是强得太多了！

（一）让正直之人名垂青史

班固著史时，离罢黜百家的提出已有二百年左右，儒学作为官方统治思想，引诱和驱使着人们死背经典教条、借此获得进身之路，对读书人的头脑起着严重的禁锢作用。在这种庸俗化倾向笼罩一切的情况下，一个学者能够独立思考，批评持禄保位的俗

---

① 《论语·子路》，中华书局《十三经注疏》本。

儒，称赞具有独特见解和耿介性格、敢于与权贵斗争的人物，这是多么难能可贵！《杨胡朱梅云传》写的都是平民出身、也未获得高位，有的甚至是老死乡里的人物，班固却郑重地表彰他们傲岸正直的品格，使之名垂青史。

杨王孙是裸葬的提倡者。他信奉黄老学说，因此他的裸葬主张，即有道家"物反归真，亡形亡声，乃合人情"的理论色彩。更重要的是，他的行动是有意改变靡费厚葬的不良习俗，提倡薄葬，所以他说："吾是以裸葬，将以矫世也。夫厚葬诚无益于死者，而俗人竞以相高，靡财殚币，腐之地下。"他认为，那种竞相营造坟墓棺椁、置办各种陪葬物品的做法，造成了社会财富的大量浪费，"加功于无用，损财于无谓"，应为明智者之所不取！班固赞扬杨王孙这种力矫时弊的薄葬主张，认为他比起竭尽民力民财建造骊山墓，用大量珍宝以至活人殉葬的秦始皇，不知要高明多少倍！①

胡建，武帝时任军正丞，以过人的勇敢斩杀败坏军纪、穿北军围墙私作买卖牟利的监军御史，因而名震京师。昭帝时任渭城令，敢与骄奢的权贵势力抗争，追捕藏在盖公主家、受皇后祖父上官桀包庇的坏人。后上官桀代霍光专权，胡建竟受到胁逼而自杀。

朱云，是集义侠与博士于一身的豪杰之士。他平民出身，年轻时任侠，四十岁以后，从博士学《易》，从大儒萧望之学《论语》。华阴守丞嘉（姓氏不详）曾大力向朝廷举荐，认为：御史大夫之职，是宰相副手，职位重要。朱云兼有文武才能，为人忠诚正直且有智谋，可以让他试任御史大夫，发挥他的才能。嘉举荐未成，并由此遭到权贵的嫉恨而被免职。以后，朱云被推荐与五鹿充宗辩论《易经》。充宗官任少府，是九卿之一，炙手可热，别的儒生因害怕他的势力，都躲避不敢与他论辩。别人熟知朱云既有勇气又有学问，有意靠他压倒充宗气焰，辩论结果，果然逼

---

① 班固的原话是："王孙之志，贤于秦始皇远矣！"见《汉书》六十七《杨胡朱梅云传》赞。

得充宗无法招架。因此京师相传说："五鹿岳岳，朱云折其角。"
朱云于是被授为博士。以后任县令，由于遭到权贵集团的忌恨，
在元帝时被借故宣布终身禁锢。正是因为他有刚直不阿的性格，
所以他敢于在成帝和公卿大臣面前，要求皇帝赐剑让他斩下张禹
这个佞臣的头！

梅福是成帝时敢于与权贵斗争的另一位出色人物。他以郡文
学出身，曾任南昌尉，后去官归家。其时成帝沉迷酒色，不理政
事，大将军王凤专权。京兆尹王章正告成帝要改变权臣擅政的局
面，反被王凤迫害致死。此后群臣莫敢正言。唯独梅福敢于出来
指摘王凤，并且公开为王章伸冤。他曾一再上书陈言，毫无反
响，他仍不灰心，这次又上书，尖锐地指责权臣专国，必将招致
祸害，"势凌于君，权隆于主，然后防之，亦亡及已。"皇帝又昏
庸无知，拒纳士人谏议，甚至加以迫害。"折直士之节，结谏臣
之舌，群臣皆知其非，然不敢争，天下以言为戒，最国家之大
患也！"

为了改变这种危险局面，梅福从正反两方面总结历史经验。
他精辟地论述高祖、文帝、武帝任用贤才达到国家兴盛，[①] 又征
引秦杜塞言路招致灭亡的深刻教训，认为秦用"诽谤罪"迫害敢
于直言之士，结果给陈王、高祖灭秦提供了条件，对此生动地作
了比喻："倒持泰阿，授楚其柄。"等于倒提着利剑，而将剑柄放
到别人手里，那么灭亡也就指日可待了！所以他大声疾呼，要
"博览兼听，谋及疏贱"，"循高祖之轨，杜亡秦之路"。请求立即
采取措施鼓励士民上书言事，有可采者即给以奖励的表示，如果
这样做了，"则天下之士发愤懑，吐忠言，嘉谋日闻于上，天下

---

① 梅福的论述很精彩，原文为："昔高祖纳善若不及，从谏若转圜，听言不求
其能，举功不考其素。陈平起于亡命而为谋主，韩信拔于行陈而建上将。故天下之士
云合归汉，争进奇异，知者竭其策，愚者尽其虑，勇士极其节，怯夫勉其死。合天下
之知，并天下之威，是以举秦如鸿毛，取楚若拾遗，如高祖所以亡敌于天下也。孝文
皇帝起于代谷，非有周召之师，伊吕之佐也，循高祖之法，加以恭俭。……孝文
（按，中华书局排印本《校勘记》云，据景祐本、殿本，此"文"字应作"武"，应
据改）皇帝好忠谏，悦至言，出爵不待廉茂，庆赐不须显功，是以天下布衣各厉志竭
精以赴阙廷自衒鬻者不可胜数。汉家得贤，于此为盛。"

条贯，国家表里，烂然可睹"。高明的计策随时可以听到，国家便得大治，盛世即可到来。

梅福的上书是西汉后期极其难得的伟言正论。可是此时王氏专权、朝政紊乱的局面已无法挽救，这些极具胆识的谏议最终不被采纳。以后他在家闭门读书，晚年弃家出走。这不仅是梅福本人的悲剧，更是西汉皇朝的悲剧。

还有云敞，传中记载极简略，却突出他见义勇为的品格。他是名儒、博士吴章的弟子。吴章因反对王莽被腰斩，原先他教授千余人，王莽把他们都列为恶人党，下令禁锢，不准任官，弟子们便纷纷改称出自别的老师门下。云敞当时任大司徒掾，却主动自首是吴章弟子，收抱吴章尸体埋葬。他的作为一时在京师传为美谈。

（二）对贪官无情鞭挞

跟上述人物敢于违抗世俗，或者不畏权贵、甘冒身祸、仗义直言的高尚品格相对照，班固在《匡张孔马传》中写了一批追求利禄、贪婪庸俗的高官，给以无情的鞭挞。其中，匡衡、张禹、孔光三人都在西汉后期因通儒家经典而致身丞相，马宫在王莽时任大司徒[①]。班固以他们为典型，揭示出独尊儒术以后出现的严重社会问题，儒学成为向上爬的途径，因此造成一批只会背诵经典、对国家毫无责任心的人物，他们身居高位而只图保住富贵利禄。因此班固在传末愤慨地议论说：匡衡、张禹等人"咸以儒宗居宰相位，服儒衣冠，传先王语，其酝藉可知也，然皆持禄保位，被阿谀之讥。彼以古人之迹见绳，乌能胜其任乎？"刻画出这种人口诵经书、外表道貌岸然、专以阿谀奉承为能事的丑态。

匡衡是元帝时丞相，曾多次上书，都属于泛论灾异的应景文章，他畏惧掌握大权的宦官石显，唯恐得罪了他，"不敢失其

---

① 汉哀帝时改称丞相为大司徒，王莽新朝仍沿用。

意"。他身为丞相，还冒收四百顷地的田租①。事情被发现时，正值成帝即位，石显及其依附者倒霉，于是匡衡被人奏劾罢官。

张禹是成帝时丞相，他的行为尤其恶劣。当时王凤擅权，张禹身居相位却无所匡建，屡次上书辞职规避，惧怕招来身祸。张禹外表谨厚，骨子里却是贪婪、纵乐。平时聚敛财富，占田四百顷，都是泾河、渭河两岸土质肥沃、灌溉便利的上等田。他生活奢靡，身居大宅，后院陈列乐队、舞女。张禹惯于使用两面手法，对待弟子也是如此。少府戴崇、大司空彭宣都是他的弟子。彭宣为人恭俭守礼，张禹对他表面器重而内心疏远，每次来看望老师，张禹只在前厅接待，以讲论经义相敷衍。戴崇则喜爱饮酒玩乐，张禹打内心喜欢他，每次来，张禹便带到后堂饮酒，侍女陪伴，演戏奏乐，直至夜晚才散。传中还特别记载张禹生病时，趁成帝前来探病，请托将女婿从边郡内调，并为小儿子求职，将这个满口经义的丞相内心中自私龌龊的实质揭露得淋漓尽致。

孔光在哀帝时任丞相，平帝时任大司徒。王莽擅权，便拿这个享有威信的旧相、名儒做手中的工具，每欲压倒、陷害对手，王莽本人不直接出面，而先草好奏书，指使孔光向王太后上奏，借此将妨碍他夺权的人一一除掉。马宫在孔光之后任大司徒，也是王莽手中的傀儡。王莽称帝后，便将这个傀儡任命为太子师傅。

班固刻画上述利禄之儒的形象，直到今天，仍然具有深刻的认识价值，使我们真切地了解独尊儒术之后身登高位的是一些什么人物。与此有密切联系的是，班固在《儒林传》中指出，汉儒传经的流弊，在于乖离经义，搞支离破碎的解说，"一经说至百余万言，大师众至千余人"。这样任意附会、凭空臆说，必然引人误入歧途。所以用百余万言来解释一部经典的烦琐笺注，早就

① 匡衡被封为乐安侯，封地在淮阳郡僮县乐安乡。原先的郡地图把乐安乡南界闽佰画到南面的平陵佰。匡衡受封后，明知真情却故意隐匿，前后四年。当淮阳郡上计吏报告丞相府要求改正时，身为丞相的匡衡竟授意其心腹指使郡吏将四百顷仍划入乐安乡，并立即派人到乐安乡多收田租千余石归匡衡家中。因此被司隶校尉王尊奏劾"专地盗土"。

被历史淘汰，毫不可惜。班固作为一个儒家学者，却能把阐发儒学的真谛，继承早期儒家的本色，与利欲熏心的俗儒及专搞烦琐笺注的陋儒区分得很清楚。这对我们今天在反思儒学演进的历史时候，如何做到把历史上以经邦济世、弘扬儒学真义的正直儒家人物，与口称仁义而一心投机钻营的伪道学，及惯于琐屑饾饤、不明世务的章句小儒区分开来，作辩证的具体分析，使之互不掩盖、互不混淆，是很有启发意义的。

四、卓越的人才观

班固为狂狷之士立传、批评持禄保位的俗儒，其中即包含着必须重视具有卓识、勇于任事的真才的可贵观点。这种思想，在《汉书》其他篇章中有更多的发挥。

作为一个忠实的历史学者，班固清醒地认识到，只有人才兴旺、智能之士充分发挥作用，帝业才能成功、国家才能富强的道理。加上他本人身怀高才，却长期困居郎官的低微地位，因而对人才问题更有深刻的体会。他在青年时代显示出重视才能之士的真知灼见，经过二十多年对历史的探索和本身的生活体验，使他形成了很有光采的人才思想。

（一）时势造英雄

班固认识到人才与时势的关系。他认为，武帝时期大批人才的出现是时势造成的。这一观点见于《公孙弘卜式兒宽传》的论赞。班固讲，这三个人在武帝时分别身居丞相、御史大夫。可是他们都出身贫贱，或是放猪，或是放羊，或是当伙夫。这样低微的出身，"非遇其时"，能够上升到高位吗？班固认为，这正是时势造就人才的结果。汉初的休养生息成效巨大，到武帝时代，国家已经具有雄厚的经济实力，可以大有作为了。当时要做的有两件大事，一是开拓边境，奠定版图，二是需要建立一套礼仪、政治、法律等制度。"上方欲用文武，求之如不及"，于是，"群士慕向，异人并出，汉之得人，于兹为盛"。时代需要大量人才，人才便成批涌现出来。当时各方面都有不平常的人物施展才智，如儒学大师董仲舒、公孙弘、兒宽，荐贤的韩安国、郑当时，制定法令的赵禹、张汤，文学家司马迁、司马相如，天文历算家唐都、洛下闳，音乐家李延年，理财家桑弘羊，外交家张骞、苏武，大将军卫青、霍去病，一共举出十四个方面二十七个杰出人物。

依靠这些人物，使武帝时代达到强盛。"是以兴造功业，制度遗文，后世莫及。"这又寓含着杰出人才推动社会前进的可贵认识。这一基本认识在其他篇章中也屡有论及。在《武帝记》赞语中，概括出举用大批人才是武帝时期出现盛世的重要原因，故说："遂畴咨（意思是谋于众人）海内，举其俊茂，与之立功。"在《严朱吾丘主父徐严终王贾传》中，他论述当时人才众多，内外多所设施的需要，武帝有意形成逢有重大政事让朝臣之间进行论辩的风气，于是通过论辩，正确的意见磨砺而出。[①] 这篇合传中前面七人，便是特意为武帝时期善于议政的人物立传。

班固进而论述宣帝时期也很有作为，"纂修洪业，亦讲论六艺，招选茂异"，举出当时在儒学、文章、军事、政治、地方行政等方面"有功迹见述于世"的人物，如萧望之、夏侯胜、严彭祖、刘向、王褒、张安世、赵充国、魏相、丙吉、杜延年、黄霸、王成、龚遂、尹翁归等。为什么宣帝时有大批清廉官吏出现？班固在《循吏传》序中对此作了回答，认为这是因为宣帝曾在社会下层生活，知道官吏虐待造成百姓有苦无处诉，因此宣帝决心整饬吏治、奖励廉洁，结果有许多人上书提出改进吏治的建议，官场风气发生了显著变化。

总的讲，班固认识到时代的需要造就了有作为的人物，人物的作为又推动时代前进，不但论述问题完全从时势着眼，而且体

---

① 如这篇合传中记有田蚡和严助对于出兵闽越的诘问；《公孙弘传》中记有公孙弘与朱买臣对建朔方城的论辩；《韩安国传》中记有王恢与韩安国就出征匈奴进行往复多次的论辩。

现出从许多个别事例中概括出共性的道理，一点也没有掺入天命、迷信的意识。

（二）人才与地理环境

班固还精辟地论述了人才产生与地理环境所形成的客观需要有直接关系：秦汉以来，山东出相，山西出将。秦将白起、王翦，西汉先后出现的名将，如甘延寿、公孙贺、傅介子、李广、苏建、苏武、赵充国、辛武贤、辛庆忌等，都以勇敢善战建功扬名。苏氏、辛氏父子都奉节出使匈奴、西羌。这些是战将中知名者，其余还不计其数。武将们之所以集中在这里产生，是因为天水、陇西、安定、北地这些边郡（包括今天甘肃东部、陕西东北和宁夏东南部的一部分），地理位置迫近羌族、匈奴这些强悍的少数民族，民众形成练武作战的风气，尊尚骑马、射箭、比武。班固还引用《诗经·秦风》的诗句："王于兴师，修我甲兵，与子皆（同偕）行。"说明从古代就形成这种重视武备的习俗。听听今天还流传在黄土高原上高亢的歌声，那正是昔日的风气依然流传下来的证据。

（三）既不回护弱点又不掩盖功绩

班固还能正确评价有过失的人才，不回护其缺点，又不掩盖其功绩。

譬如霍光，他辅佐幼主昭帝，保证了武帝以后政治局面的稳定，为"昭宣中兴"奠定了基础，因此班固对他作了高度评价："处废置之际，临大节而不可夺，遂匡国家，安社稷。"在表彰其功绩的同时，班固又中肯地指出霍光有严重的过失："不学无术，闇（同暗）于大理。"[①] 这是指霍光未能防止其妻搞阴谋活动，闻知以后又由于惧怕受牵连而加以掩盖，本人又贪取财物，任用子弟

---

① 均见《汉书》卷六十八《霍光金日磾传》赞。

亲属把持一切大权，最终导致霍光死后才三年，便发生霍氏合族被诛灭的惨剧。这说明班固对人材的长处和短处有很恰当的评价。

再如陈汤，是一位在宣帝时扬名西域的人物。其时，匈奴郅支单于与西汉朝廷相敌对，困辱以至杀死汉使，又徙居西域，四出侵凌攻杀，使西域各国无法安宁。郎官陈汤自告奋勇出使，被委任为西域副校尉。他与西域都护甘延寿一起，取得西域国家的支持，用奇计攻杀郅支单于，解除了西域各国的祸患。班固用刘向、谷永等人的话称誉陈汤："报十年之逋诛，雪边吏之宿耻，威震百蛮，武畅西海，汉元以来，征伐方外之将，未尝有也。"又称"枭俊禽（同擒）敌之臣，独有一陈汤乎！"赞扬他是西汉一代威震西域最著名的将领。可是这样一位非凡将才却未能受封获得高位，后来曾被免职以至下狱，晚年充军敦煌。班固指出，其原因，固然与石显、匡衡等人妒忌陈汤立功、从中作梗有关，而陈汤本人也有贪财的致命弱点，好收纳钱财为人作章奏求封或打官司，屡屡被人抓住把柄。班固中肯地指出陈汤的过失："陈汤慆荡，不自收敛，卒用困穷。"同样说明班固能够把有才能而又有过错的人物放到恰当的地位①。

五、关注民生疾苦，主张民族和好

《汉书》卷七十七记载了孙宝在成帝时查处地方案件的著名

---

① 班固还有其他论述人才问题的有价值的言论，《艺文类聚》卷五十七引有："臣闻公孙爱其斧，故能妙其巧。明主贵其士，故能成其治。/臣闻良匠度其材而成大厦，明主器其士而成功业。/臣闻听决价而资玉者，无楚和之名；因近习而取士者，无伯玉之功。故玙璠之为宝，非驵侩之术也；伊、吕之为佐，非左右之旧。/臣闻鸾凤养六翮以凌云，帝王乘英雄以济民。《易》曰：鸿渐于陆，其羽可以为仪。/臣闻马伏皂而不用，则驽与良而为群，士齐僚而不职，则贤与愚而不分。这些论述，表达了他的一系列热望：1. 尊重人才，因其特长发挥其作用；2. 任用人才不能囿于旧见，不能任人唯亲；3. 人才大量涌现，才是盛世到来；4. 人才被埋没是十分可悲的。但班固在人材问题上也有保守观点，如他批评屈原："虽非明智之器，可谓妙才矣。"（见《全后汉文》卷二十五引《楚辞》王逸注本）表明他对屈原由于忧虑楚国命运而产生的愤世嫉俗感情不埋解。

事例，表明了历史学家对民生疾苦的关切。

（一）孙宝两度入川

鸿嘉年间，广汉地区（今四川金堂、射洪一带）民众由于忍受不了官吏、豪强的压迫掠夺，被迫起来抗争，当地官府诬称他们为"盗贼"。朝廷任命孙宝为益州刺史前去处理。孙宝为人正直，他到广汉实地查问，认为所谓"盗贼"问题的主要原因是太守扈商玩忽职守所致。孙宝实行安抚，亲自深入山区谕告众人说，你们原本无意为"盗"，故允许从首领以下悔过回到乡里务农，使事件很快平息。事后，孙宝自己劾告矫称朝廷旨意愿受处罚，并上奏扈商是祸乱的根源，按照《春秋》"只诛首恶"的经义，应对他从重治罪。扈商此人是外戚王商（王太后之弟，当时任大司马车骑将军，掌握极大权力）的外甥，他倚仗权势反过来上告孙宝放走了应该判罪的首恶分子。但因孙宝上告理由充足，成帝只好将扈商逮捕入狱。外戚王商暗中对孙宝施加报复，孙宝也被革职。益州的官吏百姓纷纷上书赞扬孙宝平息事件有功，揭露王商存心排挤。成帝迫于众议只好收回成命，重新任命孙宝为冀州刺史。

孙宝还曾处理民田被霸占事件。当时他调任丞相司直，了解到外戚王立（也是王太后之弟，封红阳侯）勾结南郡太守李尚霸占居民在湖畔开垦的田地，又卖给当地官府，获得大量钱财。孙宝闻知后派丞相府官员案问，查清王立、李尚欺骗贪赃的行为，于是李尚被处死，王立因是帝舅受到包庇，但也由于丑闻公开而名声不好。

不久，益州又发生少数民族反抗事件，巴蜀官府毫无办法。孙宝因上次处事在当地有声望，便再次被派入川，任广汉太守，又一次采取安抚政策迅速平息了事态。

班固还专设了两篇合传（《盖诸葛刘郑孙毋将何传》及《赵尹韩张两王传》），表彰西汉后期一批孙宝式的敢于为民请命的官员。除孙宝外，其他突出的还有盖宽饶、尹翁归、何并三人。

（二）刚直高节的盖宽饶

盖宽饶在宣帝时，先任太中大夫，奉使检察郡国吏治，称扬贤者，贬黜劣吏，甚有成绩。升任司隶校尉，严厉纠举豪强，公卿贵戚以及郡国官员到京师者，都收敛不敢犯法，时人称赞"京师为清"，赞扬盖宽饶本人"刚直高节，志在奉公"。宽饶一向嫉恨权贵仗势欺人，后来见宣帝晚年重用宦官，他上书进谏说："如今圣王治国的正道逐渐被废弃，孔子的学说也不见实行了，竟把阉人当作周公、召公那样的辅国大臣，把法律条例看作同《诗经》《尚书》一样重要。"他还引用《韩氏易传》上所说："五帝认为自己负有治理天下的责任，到了三王时代才把天下看作一家的属物。治理天下就要选择贤能，如同四时运行一样，作用发挥完了就要被代替，得不到贤才辅佐就无法稳坐在君王的位置上。"① 宽饶的奏事引起宣帝的不满，朝臣中又有人乘机给他枉加上"要皇帝把帝位禅让给他"的罪名。谏大夫郑昌挺身而出，上书赞扬盖宽饶正直："国家有忠臣，奸佞才不敢嚣张。盖宽饶身为司隶校尉，本人生活很清苦，却忠心为国，志节高尚。他不附托外戚、权臣，本身职责就是检察奸邪之徒，有勇气讲出真话，所以遭到忌恨。现在有人要枉加他死罪，我敬仰他的品格，不得不为他讲公道话。"宣帝对此却不加理睬。宽饶愤慨地在宫门下自杀，众人对他无不同情。

对盖宽饶这位敢于指斥权贵、正告皇帝不任用贤才则"不得居其位"的人物，班固极为推崇，在论赞中称："盖宽饶为司臣，正色立于朝，虽《诗》所谓'国之司直'无以加也。"《诗经》中这一句是赞扬品德高尚的人物可担负为国家维护正直原则的重任，班固以此来表彰盖宽饶的忠直，认为他当之无愧！这同样突出地说明班固同历史上关心国家、民众利益的正直人物是感情相通的。

---

① 《韩氏易传》这段话很有批评"家天下"的进步意识，原文为："五帝官天下，三王家天下，家以传子，官以传贤，若四时之运，功成者去，不得其人则不得其位。"

班固又用富有感情的笔调，记载尹翁归任右扶风（相当于郡守职务，管辖京畿西部今咸阳、宝鸡一带），严厉打击豪强、务在安民的政绩，赞誉他"抱公絜（同洁）己，为近世表"，意思是像尹翁归这样廉洁奉公，堪称官员的表率。在同一合传中，又记载何并任颍川太守，当地赃官钟威倚仗其兄钟元任尚书令的威势，为非作歹，何并上任，立即追捕，为民除害。班固称赞他是尹翁归一类的正直官员。

班固对民生疾苦的关注，在《汉书》其他篇中也多有表现。如：他把在元帝时一再上书，揭露由于封建政治腐败，而造成"人至相食""生子辄杀"，农民"手足胼胝"、不可胜供的贡禹，同哀帝时著书大声疾呼农民"七死而无一生"的鲍宣合在一起，其内在的联系就是他们敢于为民生疾苦而呐喊。谷永一再指出"百姓困而赋敛重"将引起祸乱，宣扬"以民为基"的儒家民本思想，也得到班固的赞扬。而《刑法志》全篇的基本思想，即是批评汉朝法律严酷，使人民深受其害！

（三）记文帝与赵佗

民族关系是汉代的重大问题。《汉书》对民族关系有广泛的记载，这显示出中国史学的一个好传统，有关的篇章是：《匈奴传》《东南夷两粤朝鲜传》《西域传》。

班固明确地主张民族和好，首先即突出地反映在《南粤传》中。这篇传前半部分取材于《史记·南越（与"粤"通）王赵佗列传》，但班固作了重要补充，记载了文帝与南粤王赵佗互致书信，借此表达历史学家主张安辑边境民族关系的深意。文帝在派陆贾再次出使南粤时，特意写了一篇态度诚恳、措辞谦和的信，文帝不以皇帝之尊压人，而是先谦恭地作自我介绍，表示平等待人的诚意。然后告知赵佗，朝廷对他还留在河北老家的兄弟作了悉心照顾，对赵佗所关心的祖宗坟墓已派人修葺。文帝语重心长地说明战争只会给汉和南粤造成祸害，"得一亡十"，所能得到的极小而危害极大，从希望国家安宁的目的出发，要求赵佗与汉通使如故。文帝的诚意，遂换得赵佗的真心归向，他重新盟誓永远当西汉朝廷的藩属。赵佗向文帝解释他的称帝是因误会引起，一是闻说祖宗坟墓被破坏，二是疑心长沙王从中谗毁，于是派兵进攻长沙国边境，并"妄窃帝号，聊以自娱"，是闹着玩的，并非真心与汉对抗。文帝与赵佗还互赠礼物，文帝所赠是当时很贵重的丝棉衣一百件，赵佗所赠是南粤特产白璧、翠鸟、犀角等物。

班固把文帝采取安抚政策视为处理边境民族关系的榜样。他在《西南夷两粤朝鲜传》赞语中，批评武帝对西南夷、东粤、朝鲜的征战，虽然得到成效，但是付出了巨大代价。他认为：相比之下，文帝安抚赵佗的做法，才符合古人所谓"招携以礼，怀远以德"的精神。以礼节和恩德来吸引少数民族，实现和好，这就是班固的基本思想。

（四）颂扬汉与匈奴和好

《汉书》卷七十八《萧望之传》以赞扬的态度记载了下列事件：宣帝五凤年间，值匈奴大乱，朝臣中有不少人提出：匈奴长期为害，正好乘其内乱出兵把它攻灭。宣帝向大儒、御史大夫萧望之询问对策，望之即引《春秋》为根据，提出《春秋》上记载晋大夫士匄（即范宣子，匄同"丐"）率师攻齐，闻齐侯环卒而退师，《春秋经》称赞晋国军队不乘人之危的行动。[①] 因此望之认为，匈奴单于愿意归附，请求和亲，海内百姓欣然赞同，在此情形下，派兵攻打是非正义的。应该派遣使者前往吊问，辅助其内部与汉友好、如今仍居于微弱地位的力量，这样一定会使之感动，决意归附汉朝。宣帝遂采纳望之建议，派兵帮助呼韩邪单于安定匈奴内部，由此导致呼韩邪单于决然内附。班固尤其赞颂汉与匈奴实现和解后北部边境上长达六十余年的和平安宁局面："是时边城晏闭，牛羊布野，三世无犬吠之警，黎庶无干戈之役。"[②] 而严厉谴责王莽对匈奴一再侮辱、欺骗、侵凌，使和亲局

---

① 事见《春秋经》襄公十九年。
② 见卷九十四《匈奴传下》。

面被破坏，匈奴与汉重新发生战争，而西域瓦解，汉朝经营多年的与西域的交通至此断绝。[1]

班固在《匈奴传》论赞中，有一段议论，对匈奴使用了侮辱性语言，表现了大汉族主义的严重偏见。这是其民族思想的糟粕一面。但在实际事务中，班固却又突出地显示出他力主民族和好的卓识。东汉章帝建初四年（79），北匈奴单于被南匈奴围困，因而遣使向东汉朝廷贡献礼物，要求和亲通好。章帝召集群臣计议。大臣中有人坚决反对，称：匈奴变诈之国，无内附之心，若答应和亲，恐怕会上"北狄猜诈之计"。当时任玄武司马的班固持论却相反，他认为，自汉以来，匈奴对汉朝的态度虽变化无常，但朝廷从来没有关闭通好的大门、制造关系上的僵局，"未有拒绝弃放，不与交接者也"。他举出了光武帝、明帝一再排除群臣中分歧的意见，瞻前顾后，相继派出使者聘问通好的历史经验，由此得出结论："如今乌桓已经归附，西域康居、月氏重新通好，北匈奴来请求和亲，东、西、北三个方向的少数民族都愿和好，不用武力去压服，这正是国家的幸福！我认为应该派使者通好，远则继承宣帝时有过的友好关系，近则与光武帝、明帝保持联系的做法相承接，难道可以怀疑对方欺骗、辜负北匈奴良好的愿望吗？与匈奴断绝并不有利，互相通好不会有害。这才是长远的打算。假设等到匈奴势力强盛、造成巨大威胁之后，那时再寻求修好，就为时太晚了！"[2]

班固的分析确实不为眼前利益和一时好恶所蔽，而能够着眼于长远的利益。

六、正宗思想的印记

我们从《汉书》观察历史时势，斥责禄利之儒，到表达对民生疾苦的关心、主张民族和好，看出班固具有进步的史识。他用

---

① 见《匈奴传下》及卷九十六《西域传下》。
② 原文见《后汉书》卷四十《班固传》。

人文主义观点解释历史、反对神学迷信的思想，这些看法能在东汉初年产生，非常难能可贵。因为，此时正值思想史的低潮时期，班固的著史处于不利的思想条件之下。

（一）文化专制的强化

汉武帝实行独尊儒术，儒学日益成为皇帝控制思想文化的工具，其手法更趋向于直接统制，由武帝时代亲自策问发展到宣帝以后亲自裁决经义异同。西汉宣帝甘露年间，曾举行过两次经学会议。甘露元年（前53），宣帝召名儒萧望之等在大殿中，评《公羊》《穀梁》异同。甘露三年（前51），诏萧望之、刘向、韦玄成等十几人，在石渠阁讲论五经异同，皇帝亲临裁决。这就是著名的石渠阁会议。光武帝建立东汉皇朝，完全继承了西汉政权统制思想的做法。明帝即位，行尊儒大典，皇帝在辟雍上笔直地坐着，亲自宣讲经义，经师们手拿儒家经书本子在皇帝面前讨论辩难，官吏、儒生和平民们环绕在周围观听，据《后汉书·儒林传》载，人数有亿万（形容人数有好多万，不是确数）。章帝时，再次以石渠阁会议为榜样，于建初四年（79）举行著名的白虎观会议，讲议五经异同，章帝亲临裁决。这次御前经学会议的时间前后竟连月，参加的学者有李育、魏应、班固、贾逵等。班固身为史臣，奉章帝之命"撰集其事"[1]，是会议记录的整理者，所整理的结果，即《白虎通义》一书。

汉章帝亲临裁决，是以皇帝、教主兼宗师的身份，对于关系到国家权力、等级制度、基本伦理等项儒家经义，制定出一套理解的标准和实行的法则。如侯外庐先生所说，"在经义统一之后，它是'永为世则'的统治阶级的支配思想，不能再有异议。"[2]

因此，东汉初年意识形态领域的趋势，一方面是阴阳迷信、

---

① 《后汉书》卷四十《班固传》。
② 《中国思想通史》第二卷，人民出版社1957年版，第227页。

图谶邪说盛行，又一方面是统治者对思想文化的控制不断强化，二者相汇合，造成思想史上的低潮时期。意识形态领域的趋势，同封建专制主义加强、土地兼并的发展相表里。儒家正宗思想与迷信结合杂糅，形成一种象征封建秩序法典化、封建思想神学化的"国教"。于是产生了《白虎通义》中体系化了的封建正宗思想和神学观点。

正因为在东汉初意识形态领域中，图谶邪说泛滥和封建正宗思想的法典化占据着统治地位，因此，进步思想的产生，实要冲破巨大压力！班固斥责禄利之儒、揭露封建统治的黑暗面等进步史识，同官方思想体系显然是不同的，这证明班固具有忠实于历史的严肃态度和社会责任心，发扬了中国史学的进步传统。这是《汉书》成为一部成功的巨著的根本原因。《白虎通义》虽成于班固之手，但书中的官方思想并不代表他的思想。身为史官，班固只是奉命整理会议上皇帝亲自裁决的经义，并没有宣扬谶纬神学。

（二）对《汉书》的影响

由于社会意识环境所决定，班固的著作必然受到当时正统思想深刻的影响。《汉书》中《高帝纪》《货殖传》和《游侠传》三篇，内容都依据《史记》相关的篇章而作补充删节，比较一下班固的改动，即可看到书中正宗思想的观点。

宣扬"汉承尧运"，汉家的皇权得于天。《汉书·高帝纪》的赞语，采用了刘向"汉帝本系，出自唐帝"的说法，编造出一套自唐尧之后至汉高祖刘邦的世系，以此神化汉家皇朝的统治。[①]而颂扬高祖继承尧运、天命所归，其目的又是要颂扬东汉光武帝的统治也是得自天授。

---

① 班固神化汉高祖的说法，还见于《汉书·叙传》所称："汉绍尧运，以承帝业"，"皇矣汉祖，纂尧之绪。实生天德，聪明神武。"又《典引篇》说："赫赫皇汉，巍巍唐基。"《西都赋》说高祖"体元立制，继天而作。"关于刘邦"天命所归，汉承尧运"的说法，在汉代是极为普遍的意识，所以班固也一再宣扬。

宣扬等级制度不容逾越，百姓应该服从统治、贵谊贱利。在《货殖传》中，班固增加了这样一段话：先王之制，自天子公侯卿大夫至于奴仆，爵位俸禄，生前的享受、死后的葬仪，都有等级的差别，"小不得僭大，贱不得逾贵"。这样上下才有秩序，百姓才会安定。士农工商，四民分开居住，各自世代相传。这样老百姓才不会见异思迁，各自安居乐业，安分守己，做到"有耻而且敬，贵谊而贱利"。班固又把封建社会中贫富尖锐对立，"富者土木被文锦，犬马余肉粟，而贫者短褐不完，含菽饮水"，归结于等级制度的破坏，"礼谊大坏，上下相冒"，"僭差无极"，指责"伪民背实而邀名，奸夫犯害而求利"。而不能认识等级制度的不合理性。《汉书·货殖传》内容大多取材于《史记·货殖列传》，但是司马迁在篇中的一些重要议论，反对老子的倒退历史观，讲追求财富是人人俱有的愿望，是各阶层人们活动的目的，"富者，人之情性，所不学而俱欲也"，"天下熙熙，皆为利来，天下攘攘，皆为利往"，却都被班固删去。其"贵谊贱利"的论点，则是直接从董仲舒继承来的。

指责游侠"以匹夫之细，行生杀之权"。《史记》《汉书》各有《游侠传》。《史记》赞游侠重然诺，扶危济困，救人急难的行为，认为他们具有高尚气节。司马迁赞扬平民阶层的人物也有优秀品德，拿权贵人物的虚伪和劣行相对照，斥责这伙人标榜仁义而行窃国之实的可耻行为。司马迁表扬平民之侠的个人品德是有道理的。但是我们又要看到，一个时代，如果纵容拥有巨大势力的"游侠"到处为所欲为，那么必然造成社会的不安定因素。游侠后来被诛杀，这是重要原因。所以《汉书》不赞成游侠，确是有道理的。问题在于班固从平民不能犯上作乱这种封建伦理观念出发，表示对游侠极其痛恨，说是由战国游侠之风兴起，"于是背公死党之议成，守职奉上之义废矣"，"况于郭解（按，武帝时大侠）之伦，以匹夫之细，窃杀生之权，其罪已不容于诛矣。"班固虽然赞扬游侠"振穷周急"，但又严厉谴责游侠违反封建道德、破坏等级制度，则突出地表明他以维护封建统治秩序为出发点的浓厚正宗思想。

　　历史学家的思想不可能超越他所处的时代。可以说，处在东汉初期思想低潮时期著成的《汉书》，如果没有这种正宗观点，那反而成为不可理解了。然则《汉书》的正宗思想与全书的杰出成就比起来，并不占主要地位。《史记》和《汉书》这两部巨著产生于不同的时代，各有其杰出的成就和局限，对此我们应该联系其时代条件予以恰当的评价。

第八章　学术文化的瑰宝

　　《汉书》十志中记载了我国典章制度的演变，不仅反映广泛的社会生活，而且保存古代天文学、历法、水利工程等自然科学部门的成就，开多种学科专史之先河，堪称为学术文化的瑰宝。

　　《汉书》十志的巨大成就，在近代以来一直为中外研究者所极度重视。司马迁在《史记》中创立了"八书"：《礼书》《乐书》《律书》《历书》《天官书》《封禅书》《河渠书》《平准书》。班固以此为基础而向前大大发展，撰成"十志"：《律历志》《礼乐志》《刑法志》《食货志》《郊祀志》《天文志》《五行志》《地理志》《沟洫志》《艺文志》。其中《刑法》《五行》《地理》《艺文》四篇志为班固所新创，其余六志则吸收了《史记》的成果而加以补充、发展。"十志"的成就一向得到学者的高度评价。白寿彝先生对此有精到的评论："班固将书志体完善起来"，"班固为史学上的有关学科的研究开辟了道路，是很有地位的。有的为政治制度史、法律史、经济史、水利工程史、学术史、历史地理各科的学术源流，提供了开创性的著作。十志的范围不限于汉代。自古以来的典章制度，包括传说，都写进十志了。好多分支学科都是从十志开始有了记载。研究两汉及汉以前的典章制度，必须要看《史记》的'八书'和《汉书》的'十志'。特别是把十志搞清楚，才能搞清后世的典章制度。"又说："从十志中，可以看出封建社会统治集团的作用。对于改变历史著作的内容很有好处。"① 范文澜先生也认为："《汉书》的精华在十志"，"十志规模宏大，……后世正史多有志书，大体有所增减。"②

一、宝贵的文献

宝贵的文献《天文志》《律历志》《五行志》记录了天文、历法和自然现象。

（一）《天文志》：对天象观测的总结

《天文志》总结了汉代以前天文学家对天象的观测。有下列各项：

记恒星。将全天分为五大区域：紫宫，包括天极、天一、枪、榑、北斗七星等；东宫苍龙，包括房、心、角、亢、氐、尾、箕等；南宫朱鸟，包括井、鬼、柳、星、张、翼、轸等；西宫咸池，包括奎、娄、胃、昴、毕、参、觜等；北宫玄武，包括虚、危、室、壁、斗、牛、女等。《史记·天官书》列有九十一星组，包括五百多颗恒星。《汉书·天文志》多十七组，二百多颗恒星，这是观测进步的结果。

记行星。记载了对五大行星运行的观测，它们是岁星、荧惑、太白、辰星、填星，即木、火、金、水、土五星。

以二十八宿对应地面的分野。并把岁星（木星）运行一周天十二宫命名为：摄提格、单阏、执徐、大荒落、敦牂、协洽、涒滩、作鄂、掩茂、大渊献、困敦、赤奋若。

说明星云、银河、彗星、流星、陨石等天象。记载日月运

---

① 《司马迁与班固》，见《司马迁研究新论》一书"代序"，河南人民出版社1982年版。
② 《中国通史简编》（修订本）第二编，人民出版社1964年版，第245页。

行。并介绍古人用的候、望说法，即借观测云气、天象预测吉凶。

最后记载自春秋至西汉末对异常天象的观测，包括日食、月食、彗星，陨石，五大行星运行的守、孛、逾、逆，流星，客星等。

（二）《律历志》：音律、计量和历法的制定

《史记》有《律书》《历书》，《汉书》合为《律历志》，内容完全新撰，根据王莽于元始年间征集天下通晓律历者百余人讨论，刘歆等负责整理上奏，班固加以删节而成。可分为前后两大部分。前一部分讲音律及度、量、衡制度，包括：

算术单位个、十、百、千、万的确定。

音律的确定。五声：宫，商，角，徵，羽；六律：黄钟，泰族，姑洗，蕤宾，夷则，亡射；六吕：林钟，南吕，应钟，大吕，夹钟，中吕。

度、量、衡制度。度的单位：分，寸，尺，丈，引。量的单位：龠，合，升，斗，斛。权衡单位：铢，两，斤，钧，石。

后一部分讲历法的制定，包括：

历法起源。从古代观象授时，古六历（《黄帝历》《颛顼历》《夏历》①《殷历》《周历》《鲁历》）的存在，到秦以十月为岁首。

汉代历法的演变。汉初袭用秦朝正朔，用《颛顼历》。武帝太初元年（前104），诏大中大夫公孙卿、壶遂，太史令司马迁，侍郎尊，大典星射姓议造汉历。于是武帝颁行《太初历》。又经过元凤三年（前78）太史令引起的应该改历与否的辩论，才达"是非坚定"，《太初历》的进步意义被人们所确认。

刘歆的《三统历》。"三统"的得名，按刘歆的说法，是"三代各据一统"，又说"三统者，天施、地化、人事之纪也。"

---

① 指夏历建寅，以正月为岁首；殷历建丑，以十二月为岁首；周历建子，以十一月为岁首。

他认为夏、商、周三代受天命各不相同，所以各改正朔，使用不同的历法。

《律历志》列举出《三统历》一系列基本数据。如：

一日分为八十一分，称"日法"。[1]

十九年中置九个闰月，称为"章岁"。每十九年中有完整的月份二百三十五月，称"章月"。

一月为二千三百九十二分，称"月法"。[2]

日食交食周期为一百三十五月，称为"朔望之会"。

这些数据都是实际观测和相当周密的计算得来，尽管其数值与运用近代科学方法观测得到的数值尚有误差，如日月交食周期一百三十五月与实际交食周期二百三十五月之间误差还较大，但这一测定却标志着探索工作向前推进了一步。

阅读《律历志》还应注意，《三统历》有意地将具有科学价值的数值罩上了一层神秘的外衣，必须透过这些比附和神秘的说法，才能掌握其有价值的内容。如朔望之会（日月交食周期）一百三十五月，本是由观测、计算所得，《三统》却作数字的假托："朔望之会百三十五。参天数二十五，两地数三十，得朔望之会。"这里的"天数""地数"，是比附《易经·系辞》所说："天一地二，天三地四，天五地六，天七地八，天九地十。天数五，地数五，五位相得而各有合。天数二十有五，地数三十。"换成现在的明白说法，把十位数内五个奇数（1，3，5，7，9）之和（25）称为天数，把五个偶数（2，4，6，8，10）之和（30）称为地数。于是假托为参天数 25（3×25）加上两地数 30（2×30），得会数（75+60=135）。关于"章月"的数据，《三

---

[1] 汉初使用四分历，以一回归年为 $365\frac{1}{4}$ 日，一朔望月为 $29\frac{499}{940}$ 日。《太初历》将一朔望月的日数简化为 $29\frac{43}{81}$ 日，一回归年为 $365\frac{385}{1539}$ 日。因将一日分为 81 份，故又称"八十一分历"。《律历志》称："太初术一月之日，二十九日八十一分之四十三。"《三统历》即完全袭用《太初历》所规定的数值。

[2] 《三统历》的月法是由推算得来。即一朔望月为 $29\frac{43}{81}$ 日，按每日分为 81 份，即一月为 29×81+43=2392（分）。

统历》也故意用了比附的说法。①

这种故意比附的做法，是当时迷信思想盛行的反映。近代天文学家朱文鑫说得好：《三统历》玄妙其说，附会《易象》以为"月法"，假托钟律以为"日法"，又故意讲历法的得来是"推大衍术"，反使人不可解。"后汉、晋、隋沿袭相承，至唐开元，直以'大衍'各历，致使天文之学误入歧途，而西人之术，遂得专美于前矣。"② 本来汉代历法已达到很高的成就，但使用神秘说法恰恰阻碍了科学的发展。这是科学史上的深刻教训。

《律历志》详细记载了五大行星在运行轨道上作顺行、留、逆行、复留、疾行及其度数，记录的资料周备，故为历代历法家所遵奉和继承。木星合日三十三日间，位于太阳近旁，无法观测，过了这期间，木星在日出前，出现于东方天空中，叫做"晨始见"。这是隔三百九十九日又一个月余所发生的现象。《律历志》记载了这个周期。同时记载了金星两次"晨始见"周期约为五百八十四日。土星两次"晨始见"的周期约为三百七十八日。火星两次"晨始见"的日数为七十八日。水星两次"晨始见"约一百一十六日。③

《律历志》还告诉我们：汉代天文学家对五大行星运行一周

---

① 关于章月，《三统历》说："会数四十七。参天九，两地十，得会数。/章月二百三十五。五位乘会数，得章月。"实际上，章月数二百三十五，是由一章十九年置七闰月，化成月数直接得到，即 $19 \times 12 + 7 = 235$（月）。但《三统历》为了说得玄妙，却故意掩盖起来，先将235化为47和5两个因子。再分为两步作数字的假托：把47称为"会数"，说是"参天九，两地十，得会数"。（$3 \times 9 + 2 \times 10 = 47$）然后又说"五位乘会数，得章月。"（$5 \times 47 = 235$）

② 《历法通志》，商务印书馆1934年版，第70至71页。

③ 朱文鑫对《律历志》记载五星运行规律的意义，作了高度评价："五星行度始见于《史记·天官书》，至《三统历》而大备。五步之法，为后世历法家所宗。其言五星'见复'之期，多与今测密近。可见古人观测之精。《三统》以土、木、火之周期曰'一见'，金、水之周期曰'一复'。盖土、木、火之轨道，在地球轨道之外，今谓之外行星。当地在星与日之间谓之冲日，与日相冲，如月之望，故《三统历》曰'一见'；金、水之轨道，在地球轨道之内，今谓之内行星，当星在地与日之间，或日在星与地之间，谓之合日，与日相伏，故《三统历》曰'一复'，区别甚明也。"（《历法通志》第47页）

天的周期已有相当准确的记载。如：木星以 11.92 年为周期。[1]
在此基础上，《后汉书·律历志》则以 11.87 年为周期，与现今
用科学手段观测得出的精密数值（11.86 年）已很接近。土星运
行一周天的周期为二十九年半。火星运行一周天的周期为五百八
十四日。

《律历志》保存的"次度"的记载也极有意义。当代天文学
家认为：《律历志》中保存的"次度"，与《史记·历书》中的
《历术甲子篇》，"堪称为我国古代天文历法的双璧。"它说明中国
天文之与历法密切配合，所以是一部"宝书"。[2]"次度"根据对
二十八宿的长期观察，记载了一年十二个月的节气，注明二十八
宿的距度。古代天文学家分黄道周天为十二段，每段三十度，称
为"十二宫"或"十二次"。按斗柄所指，依次为：星纪，玄枵，
娵訾，降娄，大梁，实沈，鹑首，鹑火，鹑尾，寿星，大火，析
木。每一次等于阴历一个月，每月中有两个节气。如说：

> 星纪，初，斗十二度，大雪。中，牵牛初，冬至。（原
> 注：于夏为十一月，商为十二月，周为正月）终于婺女
> 七度。

这段话的意思是：当北斗星的斗柄指向"星纪"次，斗十二度，
就是大雪的节气；到牵牛初，便是冬至节气。这个月夏历为十一
月，殷历为十二月，周历为正月。"初"指"节"，"中"指"中
气"。汉代二十四节气的定名和顺序为：正月立春、雨水，二月
惊蛰、春分，三月清明、谷雨，四月立夏、小满，五月芒种、夏
至，六月小暑、大暑，七月立秋、处暑，八月白露、秋分，九月
寒露、霜降，十月立冬、小雪，十一月大雪、冬至，十二月小
寒、大寒。由于节气规定得恰当，因此从那时一直沿用到今天。

《律历志》还保存了刘歆的《世经》。

---

[1] 木星在五星中，一年可看到的时间特别长而且较亮，因它大约十二年绕天一
周，古人遂用它来纪岁，故称为"岁星"。创十二次之法，一年在一次。

[2] 张汝舟：《二毋室古代天文历法论丛》，浙江古籍出版社 1987 年版，第 33、
31 页。

《世经》是一部从传说的太昊一直到东汉的刘秀，都按五德终始说的次序排列起来的正统表，准确性不很大，有关远古的年代则出于推测。但这部《世经》在史学上又有重要贡献，是刘歆用《三统历》将经传所记古史大事的年月日一一推算出来的成果。经过班固的补充，成为对古史年代的总结。故范文澜先生认为《世经》"对古史年代的探求是一种贡献"。并称董仲舒今文经学、司马迁著《史记》、邓平等人造《太初历》和刘歆的古文经学及年代学，都是西汉在文化史上的杰出成就，"充分表现出西汉一朝的伟大气象"。①

（三）日食，太阳黑子，哈雷彗星

我国有世界上最早和最完整的日食记录。《春秋》所记三十六次日食，已为近代科学方法所验证。《汉书》继承了这一传统，详细记载了西汉二百一十二年的五十三次日食，这份完整的记录，即见于《五行志》。这是班固对自然科学史的一项贡献。当代学者用近代天文学知识进行推算列出历史上曾经发生过的日食，《汉书》上的记载与之完全符合，足见《汉书》记载之完整。② 此后，二十四史历代相承，其中偶有误记，但基本上是正确可靠的。从先秦至清末，我国古籍上所记历代日食共有一千一百二十四次。

我国关于太阳黑子活动的最早记载也见于《五行志》："成帝河平元年三月乙未，日出黄有黑气，大如钱，居日中央。"这是关于公元前28年太阳黑子活动的记载，比起外国的记载早了一千九百年。世界上关于太阳黑子的记载，只是从公元1749年以后，有了利用天文望远镜观测的方法，记录才比较翔实。我国历代所记录的太阳黑子活动共有二百三十四次。《汉书》有关太阳

---

① 《中国通史简编》第二编，人民出版社1964年版，第128页。

② 参见陈遵妫《中国天文学史》第三册《日食表》，上海人民出版社1984年版。又，书中认为世界上最早的日食记载见于《尚书·胤征》："乃季秋月朔，辰弗集于房，瞽奏鼓，啬夫驰，庶人走。"见该书第五编第二章：《书经》日食。

黑子的记载还有：

文帝时日中有王字。

永光元年（前43）九月，日居黑仄，大如弹丸。①

成帝建始元年（前32），昼昏，日中有黑气。②

天凤二年（15）二月，是时日中见星。③

举世著名的哈雷彗星，从春秋到清末二千余年，凡逢这颗彗星复见，我国史志上都有记载。彗星，在古书上又称为孛星、星孛、蓬星、长星等。古人重视彗孛，认为是灾异出现，但观测勤劳，记录不断，后世赖以质证；西方学者常常以我国典籍来推算彗星的行道和周期，而断定它的复见。哈雷彗星即其中最著名的一颗。

哈雷彗星出现的周期约为七十六年。但因行星对它引力的作用，它出现的周期有变化，最短约为七十三年，最长有时达七十九年。当它出现期，地球上能观测的日子比较长。如1980年代出现的这一次，1982年起即可找到它。自1985年11月18日起，昼夜出现。1986年2月到近日点。1989年，仍可观测到。前后出现共历八年时间。《汉书》上的有关记载正可以质证它运行的这一特点。而《汉书》和其他古籍上保留的世界上最早和次数最多的关于哈雷彗星的记载，又证明了我国古代天象观测和记录的可靠性。《汉书》提供了自《春秋》至西汉末哈雷彗星的记录共有五次：

公元前613年　《五行志》据《春秋经》记载：鲁文公十四年"有星孛入于北斗"。天文学家威廉著《中国彗星考》确称这是世界上关于哈雷彗星的最早记载。④比外国人关于公元66年哈雷彗星的记载早了六百七十余年。

公元前240年　秦始皇七年，彗星先出东方，见北方；五月

---

① 《汉书》卷二十七《五行志》。

② 《汉书》卷七十七《盖诸葛刘郑孙毋将何传》中，郑崇谏曰："孝成皇帝时封亲舅五侯，天为赤黄，昼昏，日中有黑气。"

③ 《汉书》卷九十九《王莽传》中。

④ 本节有关哈雷彗星的内容，参考陈遵妫《中国天文学史》第三册第五编第五章；《中国天文学年鉴》1986年"哈雷彗星"；《中国大百科全书·天文学》。

见西方。《五行志》载："始皇之时，十五年彗星四见。"这四次，即指《史记·秦始皇本纪》所载：七年，彗星先出东方，见北方；五月见西方。……彗星复见西方十六日。九年，彗星见，或竟天。……彗星见西方，又见北方，从斗以南八十日。十三年，正月，彗星见东方。

公元前 162 年　文帝后元二年正月壬寅，天欃夕出西南。①

公元前 87 年　武帝后元二年秋七月，星孛于东方。②

公元前 86 年　昭帝始元中，宦者梁成恢及燕王候星者吴莫如，见蓬星出西方天市东门，行过河鼓，入营室中。③

公元前 12 年　成帝元延元年七月辛未，有星孛于东井，践五诸侯，出河戍北，率行轩辕、太微，后日六度有余，晨出东方。十三日夕见西方，犯次妃、长秋、斗、填，蠚炎再贯紫宫中。大火当后，达天河，除于妃后之域。南逝度犯大角、摄提，至天市而按节徐行，炎入市，中旬而后西去，五十六日与仓龙俱伏。④

（四）《五行志》的文献价值

《五行志》是《汉书》中最受后人责备的篇章。刘知幾著《史通》，其中有《五行志错误》《五行志杂驳》两篇。清代著名思想家龚自珍也说过"《五行志》不作可也"。⑤我们对它的内容却仍要作具体的分析，其中确有许多属于迷信和附会的成分，但

---

① 见《汉书》之《天文志》及《律历志》。陈遵妫引丙该（Pinggre）所述，前163 年意大利加普亚和皮索拉斯两城有太阳夜见，当指这颗彗星。

② 《汉书》卷七《昭帝纪》。

③ 《汉书》卷二十六《天文志》。陈遵妫指出：据卡惠尔和克劳密林的推算，前87 年 8 月 15 日哈雷彗星通过近日点。《汉书·天文志》只载"始元中"，从它的纪事，可知其为哈雷彗星，当在始元二、三年间。武帝后元二年的彗星，可能就是这次出现。

④ 《汉书·五行志》。陈遵妫指出：克劳密林据《汉书》的记载，夸赞中国史志这次记载甚为详细清晰。这年 10 月 8 日哈雷彗星通过近日点，所以运行甚快。欣特（Hind）则比《汉书》的详细记载发现了新法则，推算出哈雷彗星的轨道，知道当时轨道和黄道交角为十度，而现代约为十八度。他遂创立一说，认为："哈雷彗星轨道和黄道斜交的角度是古狭今宽。"

⑤ 《龚自珍全集》第五辑《与陈博士笺》，上海人民出版社 1975 年。

它又是一篇反映汉代学术思潮和社会生活的"志"，从今天眼光看，其中包含有不少关于科技史、自然史和灾荒史的材料。

"五行"指木、火、土、金、水五种物质。古代思想家企图用日常生活习见的这五种物质来说明世界的起源和各种自然现象。战国时代，"五行"说颇为盛行，并出现了"五行相生相胜"的原理。阴阳家邹衍又把它附会到社会历史范围，提出"五德终始说"，借用五行相生相胜、终而复始的循环变化相比附，用来说明国家政权的更迭、朝代的改变。西汉一代，阴阳五行说越来越盛行，从董仲舒到夏侯始昌、眭孟、谷永、京房、刘向、刘歆等人，都大量引用五行说法，比附国家政治生活和社会现象，构成西汉"天人感应"、阴阳灾异之学的极其重要的部分。所以这种阴阳五行说大量充斥着唯心迷信思想，这是必然的。然则又应看到，由于五行说的起源是用物质现象解释世界，所以在这类言论中又保存着不少有价值的资料和例证。

从历史编纂学角度看，《汉书·五行志》的设立，其基本出发点是由于"志"本身应该广泛记载社会生活、学术文化这一特点所决定的。既然阴阳五行说在西汉那样盛行，那么历史家也不能回避，而应该在"志"中反映。所以从典志体的性质、作用看，《五行志》的设立本身并不错。问题在于班固用什么态度对待迷信说法。班固的态度总的说来是：一方面他有天人感应的神秘迷信观点。① 又一方面，《五行志》所载是班固有意地汇集自《春秋》三传至董仲舒等人对于"灾异"的各种说法。这在《五行志》序中作了明确交代："汉兴，承秦灭学之后，景、武之世，董仲舒治《公羊春秋》，始推阴阳，为儒者宗。宣、元之后，刘向治《谷梁春秋》，数其祸福，传以《洪范》，与仲舒错。至向子歆治《左氏传》，其《春秋》意已乖矣；言《五行传》，又颇不同。是以撮仲舒，别向、歆，传载眭孟、夏侯胜、京房、谷永、李寻之徒所陈行事，迄于王莽，举十二世，以傅《春秋》，著于

---

① 《汉书·天文志》序说："政失于此，则变见于彼，犹景（同影）之象形，乡（同响）之应声。是以明君睹之而悟，饬身正事，思其咎谢，则祸除而福至，自然之符也。"

篇。"这就是说，从董仲舒到刘歆，他们论"灾异"的说法互相乖异，而《五行志》则是将各种矛盾说法引录、纂辑起来。故此，凡是纂辑在《五行志》中各家的说法，并非都代表班固本人的思想。更何况，班固对于灾异之说曾有直接的批评。《汉书》专设了一篇合传，记载眭孟、夏侯始昌、夏侯胜、京房、翼奉、李寻等人的言行。最后画龙点睛加以评论，很不客气地批评他们都是为了讨好皇帝："汉兴推阴阳言灾异者，孝武时有董仲舒、夏侯始昌，昭、宣则眭孟、夏侯胜，元、成则京房、翼奉、刘向、谷永，哀、平则李寻、田终术。此其纳说时君著明者也。察其所言，仿佛一端。假经设谊，依托象类，或不免乎'億（同臆）则屡中'"。深刻地指出包括自董仲舒以下，这些善推阴阳言灾异的人共同的特点是牵强附会，任意臆测，即使有一二次说中了，也只是侥幸碰上，确实是打中了灾异家的要害。

（五）刘知幾对《五行志》的批评

刘知幾写了《五行志错误》《五行志杂驳》两文，对阴阳灾异的附会说法提出怀疑和批评，是很可贵的。不过这两文所指摘的错误或问题，同样应作一番认真辨析，不要一古脑儿扣到班固头上。《五行志错误》一文，有的是从技术性角度作评论的，这与班固的历史观、文化观关系不大。属于这方面的，有两类事例：一是批评班固引书失宜，有的将《史记》《左传》的材料混淆交错，有的材料出自《国语》，却未标明。二是批评班固叙述不当，只记载了异常事件发生时人物的评论，不交代事后的征验。这些地方，若从如何做到记载清楚、严谨讲，固然也是问题，但从今天评价班固文化思想角度看，却不是大问题。刘知幾此篇击中要害之处，是他批评班固释灾多滥，附会征应。如《五行志下之上》，解释《春秋》所载"冬，无冰"，即说国君为政弛慢，不行诛赏，失在舒缓，大夫擅权，因此用"无冰"来表示儆戒。但《五行志中之下》又记：武帝元狩六年（前117）冬，亡冰。解释为：先是遣卫青、霍去病二将军穷追单于，斩首十余万级归，而大行庆赏。然后武帝又悔恨连年征伐，烦劳百姓，遣使巡行天下，存恤鳏寡，于是天下咸喜。刘知幾责问说：像汉武帝这样既有赫赫战功，然后又能存问臣民，难道也能当作懦弱不敢施行刑赏来表示谴告吗？班固将春秋时的"无冰"与武帝时的"亡冰"看作同样性质的谴告，是自相矛盾。

刘知幾根据上述《五行志》自相矛盾之处，批评班固解释灾异牵强附会，是中肯的，而且具有进步意义。但是，刘知幾也有指摘失当的。他说："春秋以下至汉代，其间日蚀、地震、石陨、山崩、雨雹、雨鱼、大旱、大水、犬豕为祸、桃李冬花，多直叙其灾，而不言其应。"并且举出《五行志》记载汉代日蚀等，皆不言其应。那么，"直叙其灾，而不言其应"，难道真的是班固错了吗？不对。班固能够这样做，是免去附会、少言迷信的求实态度，而若按刘知幾说的那样去做，凡是日食、地震、石陨、雨雹，件件都要找政治人事上的报应，恰恰将增加大量的附会。

刘知幾这样批评，归根结底是他不了解《五行志》的内容具有既讲阴阳灾异、又提供自然灾害史等项资料的双重性质。另外，《错误》《杂驳》两篇所指责的条目虽多，但直接批评班固的条目却占少数。《错误》批评《五行志》中释灾过滥的共九条，有两条批评班固，有三条批评董仲舒、刘向、眭孟、京房，还有四条是补充刘知幾本人的说法。《杂驳》中刘知幾所辩驳，属于班固附会的，仅鲁文公二年（前625）"不雨"一条，其余有十条批评董仲舒、京房、刘向三人的说法，另外一条系指出文句有误。长期以来人们以为《史通》有关《五行志》的两篇，所指摘的都是班固本人的附会说法，对此必须加以澄清。

（六）班固的灾异观

讲阴阳灾异，认为自然灾害和变异现象无一不是上天意志的表现，对每一件"灾""异"都拿社会政治人事来比附，这套学问的唯心实质是很清楚的。在历史上特定的情况下，有的虽属唯心体系的说法，却有可能带有某种进步性。班固的灾异观点即是属于这一类。在封建专制制度下，皇帝拥有至高无上的威权，他无视一切法律，无视人民的意志。皇帝的话就是法律。甚至身居"一人之下，万人之上"的丞相，一旦违反皇帝的意愿，也可随时被"赐死"。对于专制暴君来说，世界上绝无什么别的力量可以使他有所收敛和惧怕，唯一能使他惧怕的，就是借助"上天的意志"。灾异之说，便是儒家人物用解释灾异的方式，借用灾变警告统治者，限制他荒淫暴虐，残酷剥削，滥用民力，刑罚失措。班固便认为五行的反常现象是向专制皇帝表示谴告的："行步有佩玉之度，登车有和鸾之节，田狩有三驱之制，饮食有享献之礼，出入有名，使民以时，务在劝农桑，谋在安百姓，如此，则木得其性矣。若乃田猎驰骋不反宫室，饮食沉湎不顾法度，妄兴徭役以夺民时，则木失其性矣。"这是很典型的一段话，用木的变性来警告专制皇帝：行为和政策都不能违反一定的限度，不要残酷榨取老百姓，不要烦兴徭役剥夺农民的劳动时间。班固还对"火不炎上"这样解释："信道不笃，或燿虚伪，逆夫昌，邪胜正，则火失其性矣。自上而降，及滥炎妄起，灾宗庙，烧宫馆，虽兴师众，弗能救也，是为火不炎上。"[1] 这是用解释火灾来警告专制皇帝不要任用奸臣，听信谗言，纵容邪气上升。可见班固讲灾异是一种手段，其实质，是阐发儒家要求统治者的行为应受到约束、并承认人民有生活的权利的思想，所以具有一定程度的进步性。

（七）特异现象种种

近些年来，新闻媒介不时地报道国内外的一些"奇闻"。这类报道能使大众增加见闻，而对专业人员来说，则等于提供了有用的科学资料，具有信息价值。我手头的几份剪报就提供有：1989 年初，河南洛宁县发现了一头罕见的牛犊，身上共长出七条腿，其中一条从背上长出，小牛犊自生下后活动情况正常。电视

---

[1]　均见《五行志上》。

台还播放了小牛跑动的镜头。又，1990年初，云南一农村发现有母牛生下三条腿的小牛，已四个月，行走正常。电视台也播放了小牛随母牛上山的镜头。1989年初，非洲肯尼亚正遭干旱的西部地区，数日连降"黑雨"，居民家用的铝锅，煮过雨水后，铝锅内已变得漆黑。盛着雨水的杯内，沉淀一层厚厚的黑色物质。这片地区，几乎没有任何工业设施，处处是田园牧地。黑雨从何而来，颇令有关人士迷惑莫解。此外还报道有毛孩、连体婴儿、老人头上长出肉质"角"、男女性别转化等。

在今天，人们对这类"奇闻"并不感到骇异，相反地觉得它们有研究的价值。可是在古代，由于科学不发达，人们不明白其中的道理，加上交通闭塞，信息传递困难，当一旦闻知有这类事情时，便会当作"灾异"，最后引起特殊的重视才有记载下来的可能。《五行志》中所载的"灾异"即有不少属于这类奇闻，在今天看来，即具有科学史资料的价值。例如：

发现毛孩。"鲁襄公时，宋有生女子赤而毛，弃之堤下。"[1]

连体婴儿。汉平帝元始元年（公元1年）六月，"长安女子有生儿，两头异颈面相乡（同向），四臂共胸俱前乡，尻（音考阴平，臀部）上有目长二寸所。"

男女性别转化。魏襄王十三年（公元前306年），"魏有女子化为丈夫"。又，哀帝建平中，"豫章有男子化为女子，嫁为人妇，生一子。"

老人头上生"角"。景帝二年（公元前155年）九月，"胶东下密人年七十余，生角，角有毛。"（按，人体长"角"现象，现代医学上称之为"皮角"）

牛的变异。秦孝文王年间，"游朐衍，有献五足牛者。"又，景帝中六年（前148），"梁孝王田北山，有献牛，足上出背上。"

马生角。文帝十二年（前168），"有马生角于吴，角在耳前，上乡（同向），右角长三寸，左角长二寸，皆大二寸。"又，成帝绥和二年（前7）二月，"大厩马生角，在左耳前，围长各

---

① 《五行志中之下》。

二寸。"①

天雨血，雨鱼。惠帝二年（前193），"天雨血于宜阳，一顷所。"又，哀帝建平四年（前3）四月，"山阳湖陵雨血，广三尺，长五尺，大者如钱，小者如麻子。"（按，这是台风或龙卷风把海上生物卷上天空，在空中又被风吹走，在别地降而为雨。）又，"成帝鸿嘉四年（前17）秋，雨鱼于信都，长五寸以下。"②（按，其道理与"雨血"相似。以上三处地方，信都在今河北冀县，离海较近。山阳在今河南焦作，宜阳在今河南宜阳县境，也都离海不甚远。）

《五行志》还记载有地震。如汉朝发生的地震，就有惠帝二年（前193）、武帝征和二年（前91）、宣帝本始四年（前70）、元帝永光三年（前41）、成帝绥和二年（前7）等次。

蝗灾。共记载春秋时期蝗灾十二次，西汉七次。

旱灾。春秋仅鲁僖公至鲁定公即有旱灾十四次。西汉惠帝至成帝发生旱灾十三次。

这些是灾害史资料。还有天象和气象学资料，如：春秋鲁庄公七年（前687）和西汉成帝永始二年（前15）的陨石雨。又记载有春秋鲁桓公十五年（前697）、鲁襄公二十八年（前545）、西汉武帝元狩六年（前117）、昭帝始元二年（前85）冬季"无冰"的资料。

《五行志》也记载有荒诞的事，如其中记载：秦孝公二十一年（前341），"马生人"。秦始皇二十六年（前221），"大人长五丈，足履六尺"。③ 这一类即是子虚乌有的事情。

二、开法制史之先河

《汉书》未设"兵志"，有关兵制的内容附在《刑法志》的

① 均见《五行志下之上》。
② 均见《五行志中之下》。
③ 均见《五行志下之上》。

开头。这样处理体现了儒家的下列观点：出兵打仗是最严重的一种刑罚，所以说"大刑用甲兵"。①

（一）"大刑用甲兵"

《刑法志》开头部分对于军事的论述虽然简略，但其内容不可忽视。首先，班固对战争的作用有重要的界定，认为：战争是消灭非正义力量，维护正常秩序的工具。故说："凡兵，所以存亡继绝、救乱除害也。"从这一原则出发，他认为像齐桓公那样南服强楚、北伐山戎、匡天下以定周室，是最值得称赞的，而像秦始皇那样穷兵黩武，最后引起天下民众的反抗，终于自取灭亡，是最应该受谴责的。班固对于战争作用的界定，在今天看来仍有其合理的内核。

其次，班固理出了先秦及两汉兵制演变的主线。按照篇中的论述，周代实行"因井田而制军赋"的制度。一般的居民区，按六十四井为一甸的单位，出戎马四匹，兵车一乘，称"乘马之法"；卿大夫采邑，规定出戎马四百匹，兵车百乘，称"百乘之家"；诸侯之国，规定出戎马四千匹，兵车千乘，称"千乘之国"。周天子则拥有戎马四万匹，兵车万乘，称"万乘之主"。从甸到周王室管辖的王畿都实行兵农合一，农事间隙实行军事训练的制度。到了春秋时代，则有齐桓公编户口为什伍之法，有晋文公规定六官之法，鲁国先后有"作丘甲"和"用田赋"之法。至战国，七雄争战，合从连横，互相攻伐。汉初，沿用秦国的军制，在各郡国设置材官（步兵），而京师则设南北军。武帝时，朝廷设置中垒、屯骑、步兵等七校尉，另设水师楼船。

以上关于兵制沿变的论述虽然简略，却体现出"通古今"的特色。

---

① 《汉书》这样的处理方法一直沿用到《旧唐书》的修撰。

（二）记录刑律的演变和积弊

《刑法志》的成就，是概述先秦以来刑法的演变，赞扬已经取得的进步，又据实批评古代皇朝法律的残酷。

《刑法志》第一次纵向论述了中国刑法的源流，开我国法制史之先河。班固初步理出了古代刑法演变的线索：周代立五刑（墨；劓；膑，即砍脚；宫，阉割生殖器；大辟）；郑子产铸刑书；战国申不害、商鞅实行连坐法，夷三族（一人犯罪，父族、母族、妻族一起诛杀），还增加凿头颅、投入油锅等惨酷刑罚；秦始皇专任狱吏，造成囚徒塞路，监狱遍地。

班固重点论述汉朝的刑法，肯定它有过三次大的进步。从高祖到文景之世，是第一次大进步。鉴于秦始皇滥施刑罚的深刻教训，汉高祖扫除秦朝烦苛的法律，汉朝立国之后，萧何根据简法省刑的指导思想，整理成《九章律》。文帝为政宽厚，任命张释之为廷尉，治罪从轻，因此罪犯大大减少，全国范围内判死罪的才几百人，成为后代的榜样。景帝继续执行这种政策。第二次大进步，是在宣帝时。宣帝早年了解百姓深受刑狱之苦，在廷尉下设置四名公平处理案件的官吏（称"廷平"），清查全国狱案。宣帝本人经常亲自审判案件，所以这一时期也以治狱公平著名。之后元帝也曾下诏减省律令条文。汉朝刑法第三次大的进步是在东汉光武、明帝、章帝时期，朝廷对欺凌庶民的豪强加以打击，吏治比较清明。全国范围断狱的案件比起西汉成帝、哀帝时减少十分之八。

班固又列举大量事实抨击汉朝法律的苛滥，使许多无辜民众遭受残害。班固批评文帝之时"外有轻罪之名，内实杀人"。因为文帝下诏废除黥、劓、砍脚趾三种肉刑时，张苍、冯敬建议：劓刑，用笞（用竹板或荆条打）三百代替；砍去左趾，用笞五百代替。砍右趾等，处以砍头。文帝竟准予这么做。结果改判笞刑的犯人，还未打够三百次或五百次，便已被活活打死了！再者，当汉文帝发现新垣平欺诈时，又恢复了诛三族的酷刑。

当时的大臣陈平、周勃也曾反对废除连坐法。所以班固感慨地说：以文帝的仁爱和陈平、周勃的智慧，还发出这类违背法律原则的谬论，更何况那班庸才掌握权柄，还能指望他们体恤百姓吗！

武帝时号称盛世，而实际情形是法律严酷，"禁网浸密。"班固揭露了确凿的事实：武帝时期社会矛盾激烈，犯罪案件更多。武帝任命张汤、赵禹一类酷吏制定新法令，定出"见知故纵"（明知犯人违法故意包庇）一类罪名，实则将早先已废除的"连坐法"恢复了。当时官吏手段诡诈，刻毒地加重在案者的罪名成为风气，律令多达三百五十九章，仅规定砍头之罪就有四百零九条，一千八百八十二款，规定同样应判死罪的条文还有一万三千四百七十二款。如此繁多的律令条文堆满屋子，连主管的官吏也无法通看一遍。结果是，各地方判案五花八门，有时案情相同，而判罪各异。奸猾的官吏更从中捣鬼，对于欲加包庇的便引用从轻判决的条文，而对欲加陷害的便引用判处死罪的条文，造成无数冤案。正直的人士对此无不感到沉痛。至成帝时，规定处大辟之罪又增加到一千多条！

班固的这些论述，确已相当深刻地暴露出封建刑法残酷、黑暗的实际。

（三）议论风发，直言不讳

在记述刑法演变的基础上，班固再提高一步，他要做"正本清源"的工作，强调刑律不公是关系到封建政治全局的严重问题，并且明确地提出要根据现实情况，删除繁苛的旧刑律，制定简明而能"便民"的新律令。班固的议论恳切、中肯，篇幅长达《刑法志》全文的三分之一，不仅是《汉书》全书所独有，在《史记》以下所有的"正史"中也属罕见。这种突破常规的做法说明了：班固不止是叙述历史，而且是讲一件与天下民众生命攸关的大问题，他出于对人民命运的关切，不能不这样直接发表长段的议论。

班固直言不讳，指出汉朝在立法、执法上积弊严重，已达到非改变不可的地步！他总结说：从西汉立国到东汉初年，历时二百余年，据有案可稽的数字，昭、宣、元、成、哀、平六世之中，每年判处死刑的达到总人口千分之一，判处长期监禁至砍去右脚趾一类重刑的，竟达千分之三以上。直到东汉初，每年被判处死刑的数以万计，全国的监狱多达二千多所，成批成批的人被冤枉致死。国家要达到政治清明，刑狱如此不平早已成为严重的障碍了。

更为难得的是，班固对造成冤狱众多的原因作了淋漓尽致的剖析。他概括为"五疾"，即五大弊端：礼制未立，无法重视教化这一根本问题，做到防范于未然；判处死刑的太多，其他治罪判刑也太滥；百姓穷困没有活路，只有铤而走险，以致犯法；豪强坏人包庇，等于纵容犯罪；罪案得不到及时揭露，以致卷入人数更多。为害最大的问题是：治狱风气极坏，把判重罪、多判罪当作狱吏能干的标准，狱吏上下互相驱使，加害于无辜者，能够公平执法的人，反而遭祸。他引用俗语所说：卖棺材的盼瘟疫流行。并不是卖棺材者对周围的人有仇恨，而是人死得越多他越发财。如今的狱吏也是靠陷害无辜、多判死罪、重罪获得功名，道理正同。这就是冤狱遍地的原因。

读着班固这些使人惊心动魄的言论，我们不禁为他的深刻的观察力和从同情人民出发的强烈的社会责任心而感到肃然起敬。

班固肯定了东汉初期刑狱比西汉后期大有改进，但他仍然无所回避地严肃指出："五疾"并未尽除，刑狱仍然不正。他认为：历来明君贤臣已一再提出要删去烦苛、从轻量罪、使之"便民"的主张，应该付诸实行。所以他肯定了元帝的诏令所说："法令者，所以抑暴扶弱，欲其难犯而易避也。"要求臣下加以削简轻减，以"便安万姓"。成帝诏书中也说：律令烦多，竟达百余万言，还有附加条款，专管的官吏尚且不能全懂，却想要使老百姓懂，能办到吗！他也要求臣下商议减少判处死罪，简化法律。班固特别赞扬宣帝时两位人物的言论，一是廷尉属官路温舒，他上疏痛切陈述导致秦朝灭亡的十项弊政之中，狱吏残害人民这一项至今没有消除！另一位是涿郡太守郑昌，上疏要求删定律令，并予颁布周知，使民有所避。班固认为：将这些诏令和奏议所共同体现的删除烦苛，使之"便民"的要求，付诸实行，便是总结刑法演变历史而得出的必然结论。

三、对经济活动的重视

我国史学有重视经济活动的优良传统，继《史记·平准书》之后，又出现了《汉书·食货志》，即是有力的证据。在内容上以及在认识上，《食货志》比起《平准书》都有重大的发展。就内容言，班固增写了先秦至汉初的史实，续写了武帝晚期至王莽灭亡一百七十多年间的经济措施和经济状况。这是纵向的发展。在横向方面，班固把全志扩充为"食""货"两大部分。他解释得很清楚："食谓农殖嘉谷可食之物，货谓布帛可衣，及金刀龟贝，所以分财布利通有无者也。二者，生民之本"。又说，"食足货通，然后国实民富，而教化成。""食"指农业生产，其中当然涉及土地问题，"货"指布、丝织品和商业货币，包括商业交换活动。他认为这两项是人民生活的根本，也是国家富强和社会发展的基础。这也说明了历史家视野的扩大，并且更加深刻地认识经济活动对历史发展的作用。因此班固这样概括《食货志》的撰述宗旨："厥初生民，食货惟先。割制庐井，定尔土田，什一供贡，下富上尊。商以足用，茂迁有无，货自龟贝，至此五铢。扬攉古今，监世盈虚。"① 指明他要考察的范围，包括民户的编制、土地赋税制度、商业交换的作用、货币制度的演变。"扬攉"，即是考察、论述的意思。他要通过经济生活领域的变化来观察国家的盛衰。

---

① 《汉书》卷一百《叙传》。

（一）农业生产，粮食价格，国家实力

《食货志》对于重要的制度和在历史上影响较大的政策主张，必求记载明晰，不含混了事，所以为研究古代经济史、土地制度史、商业史、货币史提供了极重要的基本史料。关于古代井田制度，班固综合了《孟子·滕文公》《周礼·大司徒·遂人》和《诗经》中《小雅·大田》《豳风·七月》的内容，予以记载，其中虽有后人把井田制理想化的成分，但又确实保存着古代村社土地共有，定期分配份地，村社成员在生产活动上互助的遗留。班固论述了战国时李悝"尽地力之教"。李悝是魏文侯相，他的目的是要鼓励农业生产，而他的手段是"平籴"，即调整粮食的收购价格，解决因粮价过低造成农民不愿从事农业生产的问题。他主张政府掌握好丰收或歉收的具体年成，大丰收时，应大量收购农民剩下的粮食，中、下等丰收时适当少购，防止因粮食多了粮价下跌。等到荒年时政府便有能力籴粮，防止粮价暴涨。用这套办法，"取有余以补不足"，农民的利益得到保护，就有积极性增加生产。

在此之前，则有管仲相齐桓公，行"轻重之法"①，道理跟李悝相同。当丰收年景，粮食有剩余，政府及时收购；年成歉收，粮食缺乏，政府卖出储存的粮食。这样来控制市价。由于实行轻重之法，"桓公遂用区区之齐合诸侯，显伯名"。虽然只是列国之一，却因国力强盛而号令诸侯，成为头一个春秋霸主。班固所载管仲的轻重之法和李悝"尽地力之教"，都体现出市场价格——粮食生产——国家实力三者的一致，因而成为后代一再被提出的"平籴""和买"主张的思想源头。

班固记载的西汉一代农业生产的重要措施和重要论议，则有

① 管仲的办法是："民有余则轻之，故人君敛之以轻；民不足则重之，故人君散之以重。凡轻重敛散之以时，则准平。守准平，使万室之邑必有万钟之藏，藏繦千万；千室之邑必有千钟之藏，藏繦百万。春以奉耕，夏以奉耘，耒耜器械，种饷粮食，必取澹焉。故大贾畜家不得豪夺吾民矣。"（《汉书》卷二十四《食货志下》）

贾谊《贵积贮疏》、晁错《论贵粟疏》、赵过"代田法"，以及董仲舒、师丹、孔光、何武等儒家人物先后提出的"限田"建议。

（二）币制沿革

班固相当系统地记述了自先秦至王莽新朝货币制度沿革的资料。

周代有三种东西作为交换手段，即早期的货币：黄金，以斤为单位；铜钱，以铢为单位①；布帛，以匹为单位（宽二尺二寸，长四丈为一匹）。

秦代币制为二等：黄金，以溢为单位（二十两为一溢）；钱，半两为单位。

汉初，黄金以斤为单位，钱重三铢，称为"荚钱"（形状像榆荚）。文帝时，因为荚钱太轻，改铸四铢钱，面值"半两"，并取消禁止私铸的命令，准许诸侯王国铸钱。

武帝元狩四年（前119）实行币制改革，统一货币，禁止私铸。规定使用三种货币：皮币，用鹿皮一尺见方做成，面值四十万，白金，即银与锡的合金，分圆形（面值三千）、方形（面值五百）、椭圆形（面值三百）；三铢钱。次年，因三铢钱轻，改铸五铢钱，规定由上林三官②专铸。一律禁止郡国私铸，命令各郡国将以前所铸钱作废熔化，把铜料送到上林三官。五铢钱的重量和成色都有保证，私铸者无利可图，币制得到较长时期的稳定。班固还记载了：自武帝初铸五铢钱到平帝元始年间，铸钱总数为二百八十亿万余枚。

王莽时期一再改变币制，造成极大混乱。居摄二年（7），王莽加铸错刀、契刀、大钱等三种钱币，规定错刀面值五千，契刀面值五百，大钱面值五十，与原来的五铢钱共为四品，同时流通。始建国元年（9），王莽废错刀、契刀与五铢钱，保留一枚面

---

① 汉代以二十四铢为一两。
② 即水衡都尉所属钟官、辨铜、均输三官。

值为五十的大钱，又另铸小钱，两种钱币并行。第二年，王莽又改作金、银、龟、贝、钱、布，称做"宝货"。黄金以一斤值一万钱为标准。钱货按白银成色高下分为二品。龟货按大小分为四品。贝货分为五品。布货、钱货都用铜铸。布货称大布、次布、壮布、中布、幺布、小布等，共十品。钱货称大钱、壮钱、幼钱、幺钱、小钱等，共六品。合共"宝货"共五物、六名、二十八品。

（三）从经济角度论国家盛衰

《食货志》更大的成就，在于通过记述不同的制度、措施实行的后果，来论述国家的盛衰兴亡。这样，即是从经济发展的角度，揭示出社会变化内在的深刻原因。细读其内容，对于我们弄清汉朝的历史进程为何是这个样子而不是别种样子，实有莫大的帮助。

在汉朝巩固过程中一件至关重要的史实是：汉初经济凋敝，而经过六七十年的恢复，到武帝初年，财富充溢，国家谷仓里的粮食堆不下，国库里铜钱堆积成山。这种在历史上罕见的财富的积蓄，主要是在文、景时期，而一般解释，是靠实行清静无为的政策和文帝躬行节俭所得。那么，国家真的是无所作为吗？《食货志》告诉我们，汉文帝采取了重要的行政措施，并且获得巨大的成效。事情的引起是贾谊和晁错的建议。贾谊先向文帝上《贵积贮疏》，指出当时天下"背本而趋末"的情况很严重，大批人口不重视农业，而从事手工业和商业这类"末业"，致使汉朝建立快四十年了，可是不论国家或民户的粮食储存都少得可怜。如果收成差一点，老百姓的日子就不好过，遇到荒年，甚至要出卖爵级和子女，换得一点粮食活命。同时社会上奢靡成风，大量浪费财富。他要求朝廷采取措施驱使和吸引民众回到"本业"，努力从事生产，改变积贮缺乏的情况。贾谊的上奏引起文帝的重视，当即在春耕时节到京城的"籍田"上举行亲耕仪式，向天下表示皇帝对农业的重视。

晁错随即也针对农业问题向文帝上《论贵粟疏》，提出："方今之务，莫若使民务农而已矣。欲民务农，在于贵粟；贵粟之道，在于使民以粟为赏罚。"认为应该把吸引民众重视农业作为当今首要任务，达到这一目的的途径是提高粮食的价值，对于能提供粮食者实行奖励。他主张：招募天下民众，凡是能为国家提供粮食的可以赐给爵级，可以赎罪。这样，"主用足""民赋少""劝农桑"三个目的都能达到，国家拥有足够的粮食，又减轻百姓负担，造成重视农业的风气。文帝采纳晁错的建议，号令为国家输送粮食到边境，能运到六百石的赐二等爵，逐一增加，运到四千石的赐第九等爵（五大夫），运到一万二千石的赐十八等爵（大庶长）。晁错又提出建议：边塞粮食充足，可以储备在郡县；郡县储足一年所需要的粮食，即可免收田租。文帝又采纳他的建议，下令减收天下田租之半（原先汉初实行十五税一，自文帝十二年实行三十税一）。这说明国家在短时间内已拥有相当的粮食储备。文帝十三年（前167），又下令免收天下田租。

从贾谊为粮食问题忧心忡忡到国家有把握减收全国一半田租，这一史实突出地证明：具有卓识的建议、正确的政策能够迅速地产生巨大的成效。在封建时代，农业问题的重要性更为突出，粮食状况与国力的关系更加直接。可以想见，文帝的法令一经颁布，即普遍引起民间为了求赏而竞相运粮、购粮，因而有效地刺激了农民增产粮食的积极性。当我们讲到汉朝国力强盛、积累了巨大财富的时候，对于贾、晁的奏议和文帝的措施所起的作用是不能低估的。

（四）严重的财政危机如何得到缓和

武帝时期曾经出现严重的财政危机和社会危机，后来由于采用了一系列的措施而得到缓和，这是：

武帝当政期间财政开支惊人。他先后派大军征伐朝鲜、濊、闽越、南粤，又开通西南夷，以后通西域，特别是自元光二年（前133）以后，连续三十余年进行对匈奴的战争，动员的军队最多达三十多万人，至少也有几万人。征调大军上前线，长途运输解决军队给养，耗费了巨额的钱财，光是赏赐给将领的就不计其数，元朔五年（前124）赐给卫青大军黄金二十余万斤。元狩四年（前119）赏给卫青、霍去病金五十万斤。武帝多次征调民工到边境筑城，或迁徙内地居民充实边境，如：元朔元年（前128），兴十余万筑卫朔方；元狩四年（前119）徙山东贫民七十余万充实朔方郡以南新秦中。又征调六十万卒沿边郡屯田。这类征调、迁徙，都要由政府供给衣食，费用浩巨。武帝时期为了治黄河、塞决口，开凿漕渠和其他水利工程，也需要大量开支，仅在朔方开灌溉渠，二三年间，"费用各以巨万十数"（"巨万"即万万，指数目极大）。武帝经常出巡祀神，到泰山封禅，巡行边境，加上因迷信一再大量赏赐给方士，和经常性对皇亲国戚的赠赐，也都挥霍了无数钱财。武帝时期如此巨额的财政开支说明了两个问题：第一，当时有这么多钱财供他开支，证明汉初以来，尤其是文景时期的确积累了巨量财富，成为武帝时期多所设施的雄厚凭借。第二，武帝财政支出惊人，再多的积蓄也经不起他长期挥霍，所以必然造成严重的财政危机。

如何应付财政危机？这便成为元狩年间之后朝廷的紧急问题。武帝加重了对民众的剥削，如增加口赋钱和大规模无偿征用徭役。然而，财政危机终于得以缓和，是由于任用桑弘羊、孔仅、东郭咸阳这些商人出身的官吏，采取了一系列应急措施。元狩中，武帝打破商人不得任政府职务的禁令，任用大盐商东郭咸阳、大冶铁家孔仅为大农丞领盐铁事（大农属官，主管盐铁官营），任用洛阳商人子弟桑弘羊主持财政事务。这些人依靠中央集权的体制，铸造新的五铢钱，建立盐铁官营和均输、平准制度，扩大财政收入，抑制商人的兼并。

盐铁专营，是分别在产盐区设立盐官，雇工煮盐，又在产铁区设铁官，经营采冶铸造，发卖铁器。盐铁官统属中央的大农，盐铁官吏多用过去盐铁商人充任。均输，是由大农派出属官几十人到各个郡国，对各地应上交给京师的货物，不再像过去那样长途输送，而是根据各地需要沿途出卖，然后买取京师所需的货物运回。平准，则是在京师设平准官，统一掌管由天下运至京师的货物，根据市场行情卖出或买进，以求物价较为平稳。这样，大商贾无法囤积居奇，操纵物价，也限制了大商人的兼并活动。

西汉时因国家空前统一，取消了各地之间的关卡限制，使商人可以在全国范围内买卖、运输货物，商人资本发达。在封建社会中，商人财力过强，必然转变为土地兼并，造成更多的农民失去土地，破产流亡。这对封建国家是事关重大的问题。武帝实行均输、平准和盐铁专营，使"富商大贾亡所牟大利，则反本，而万物不得腾跃"。即是说，这些措施在一定程度上制止了大商人囤积投机，防止物价猛涨，对农民安心生产也有好处，抑制商人资本为牟取暴利而对封建国家经济生活起到破坏作用，朝廷也增加了收入。所以《食货志》上说：于是武帝巡行边境、封禅和沿途赏赐，花费巨大，都由大农供给。

武帝又实行算缗、告缗（缗，音民，原指穿钱的绳，这里指钱财），规定商人向官府申报资产，按每二千钱纳税一算（一百二十钱）。隐匿不报的予以处罚。并鼓励别人告发，规定把没收违法商人钱财的一半给告发人。算缗、告缗带有侵夺商人利益的性质（有的商人受诬告而破产），但政府"得民财以亿计"，从大局看，加强了朝廷的财力。从《食货志》可以看出，班固和司马迁一样，对桑弘羊精于计算的商人性格持批评态度，而他们作为主张"实录"的史学家，又都称赞桑弘羊的这些做法使"民不益赋而天下用饶"，没有再增加赋税，而国库收入充足了。武帝缓和财政危机的目的得到实现。汉武帝利用强大的国家权力，抑制了大商人的兼并和投机活动，且又利用商人为朝廷增加收入服务。他对商人的政策取得了成功。最后桑弘羊由商人子弟任御史大夫，登上"三公"高位，也是这种成功的一项证明。

（五）耿寿昌的经济措施

武帝晚年转而实行罢兵力农的政策，在昭帝时继续得到执行。到宣帝时期，任用了一批比较清廉勤恳的官员，百姓安心生产，连年获得丰收，粮食充足，谷价下跌到每石五钱。大司农中丞耿寿昌善于计算谋划，很得宣帝赏识。他提出，往年从关东每年漕运四百万斛谷运到京师，用漕卒六万人，耗费大量人力、财力。现在连年丰收，邻近京师各郡粮食充足。因此建议改为：三辅及弘农、河东、上党、太原（包括今陕西中部、河南西部及山西中部及南部）购粮已足够京师之用，这样每年的漕卒可省去大半。这项建议却遭到御史大夫萧望之用阴阳感应说法反对。宣帝不采纳望之建议。寿昌的办法获得成功。他又进一步建议在各个边郡筑"常平仓"，当丰收谷贱时由政府提高价格购粮储存，保护农民利益，歉收时政府减低价格卖粮。实行结果确实给百姓带来好处。寿昌也因有功被封为关内侯。

（六）画虎不成反类犬

《食货志》还论述了：王莽的灭亡从根本上来说，是他制造经济混乱，使人民无法生存。王莽实行的五均、六筦，形式上与武帝的均输、平准相类似。五均是在长安以及洛阳、邯郸、临淄、宛、成都等大都市设立五均司市师，管理市场，定期评定本地物价，企图抑制商人对农民的过度剥削和高利贷者的猖獗活动，还规定民众如因丧葬需钱或经营缺乏本钱的，可以免息或低利息向政府借贷。六筦，指由国家掌握盐、铁、酒、铸钱、五均赊贷，除最后一项"是由平准法的新发展以外，其余五项都在汉武帝时实行过"。[①] 王莽用来推行这些政策的，也多是一些大商贾，这也与武帝用商人当盐铁官一样。但是，相类似的措施，在实际施行中会完全走样，导致全然不同的后果。这正是："画虎不成反类犬。"武帝时凭借强大的国家权力，基本上能控制那些任职的商人为皇朝政权服务，王莽时任用的商人却借机大肆牟利，盘剥百姓，如《食货志》所说：他们"乘传求利，交错天下，因与郡县通奸，多张空簿，府藏不实，百姓愈病"。这些任

---

① 翦伯赞主编《中国史纲要》上册，人民出版社1983年版，第170页。

职商人借口为政府办事，乘着公车到处活动，与地方官员相勾结，狼狈为奸，假报冒领，盗窃国家财物，最后百姓受害。王莽又那样屡改币制，骤行骤废，钱币种类五花八门。人民对王莽发行的钱币毫无信任，都私用汉朝的五铢钱，王莽又加严禁，结果造成："农商失业，食货俱废，民人至涕泣市道，坐买卖田宅、奴隶、铸钱"，"自诸侯、卿大夫至于庶民，抵罪者不可胜数"。流通手段混乱，商业交易无法进行，农民也不能从事生产，社会经济生活陷于停滞，老百姓只好坐在街头哭泣，又被陷害为买卖田宅奴婢和私铸银币，被当作罪犯监禁起来。大批罪犯戴着镣铐，用槛车送到长安，十有六七都受折磨致死。王莽把全国人民推向灾难的深渊，人民必然要奋起埋葬他的罪恶统治。

《食货志》系统记载了古代至汉朝的经济生活和制度，又相当深刻地用经济领域的情形和变化来解释社会的进程，所以它不但具有高度的文献价值，而且具有高度的思想价值。

四、地理沿革和水利工程

（一）运用《地理志》打了胜仗

《魏书》上记载有利用《汉书·地理志》的知识打了大胜仗的故事[①]：

那是北魏太武帝拓跋焘时，计划要攻打在河西走廊一带实行割据的北凉主沮渠牧犍。太武帝令公卿计议，弘农王奚斤和尚书李顺等表示反对，理由是河西一带缺乏水草，大军既到，无法长久停留。太武帝的司徒崔浩知识渊博，尤其熟习《汉书》，他反驳说：《汉书·地理志》明明记载着，"凉州（今甘肃省及青海、陕西、宁夏邻近的一部分）之畜，为天下饶"，如果河西一带缺

---

① 见《魏书》卷三十五《崔浩传》。

乏水草，怎么可能有发达的畜牧业呢？太武帝一听，相信《汉书》的记载一定可靠，奚斤、李顺讲的是诡词，便果断地决定出兵，果然当地水草丰美，出师顺利，因此取胜。

这个故事生动地反映出《地理志》具有极高的文献价值。

（二）地理区划和历史遗迹

《地理志》是历代正史中有关地理方面的名著。按其内容可分为三大部分。开头总述全国地理概况。除全录我国最早的两篇地理著作《尚书·禹贡》和《周礼·职方》以外，在《禹贡》之前增加黄帝至大禹时中国的范围，《职方》之后缀述周至秦的疆域。这样构成了历代疆域的概述。

中间正文部分，写西汉政区。以郡为纲，以县为目，具体记载汉成帝元延、绥和年间全国疆域和行政区划。志中的户口数则是汉平帝元始二年（2）数字①。这正是西汉封建国家对全国实行有效管理体制的反映。而《地理志》的创立，即体现出封建国家行政管理的职能，记载的方法，是先述各郡建置沿革、户口统计，然后逐一列举所属各县，载明境内的山川泽薮、仓储、水利设施、著名历史遗迹、要邑关隘，以至物产、工矿、垦地亩数等。总计记载郡国一百零三，辖县一千五百七十八（县一千三百五十六，相当于县的道二十九，侯国一百九十三）。② 这里举出河南郡为例略加说明，以见一般：

西汉河南郡管辖面积并不大，只略比今河南省洛阳、郑州、开封三市辖境稍大一点，但当时已设置有二十四县，人口达一百七十多万，几乎达到西汉全国在籍人口数的三十分之一。说明这一狭小地区由于开发甚早，土壤气候适合农业发展，虽经历史上多次大规模战乱的破坏，到西汉中后期又形成人烟稠密的局面。洛阳一城的户数又几乎占全郡五分之一。由于洛阳是西汉对东方

---

① 参见钱大昕《廿二史考异·侯国考》潜研堂刻本；及周振鹤《西汉政区地理》，人民出版社 1987 年版。

② 此据靳生禾《中国历史地理文献概论》的统计，山西人民出版社 1987 年版。

统治的中心，所以单独将它列出。这一地区境内有冯池、逢池、圃田泽，后二者是古代有名的大泽，而后来因淤为平地不复存在，借《地理志》的记载，有助于考见古代湖泽分布、气候特点。中原又是我国先民活动的中心地区，所以在此境内不仅有周公迁殷民、周武王营王城的故地，还有商汤王的故都、郑国故地和韩国都城，还可以考见古代郏、郦、密、蛮中这些小国的遗迹。由此可见，《地理志》所记各项，做到了把横向叙述西汉当日的地理区划和纵向记载历史遗迹二者结合起来，因而具有丰富的内容。不仅对于解西汉历史，而且对于阅读先秦典籍、了解上古时代的历史和文化遗留同样弥足珍贵。从历史地理学的角度讲，凡所遇到的大量问题，要推本溯源，探求建置来历，无不需要依赖于它。所以"不读《汉志》，简直无法从事沿革地理的研究"。[1]

进一步说，由于西汉是强盛的朝代，疆域辽阔，所以《汉书·地理志》中所囊括的边疆地理资料，又为后代地理志所不及。按志中所载，东北有辽东郡、乐浪郡，北方有云中郡、五原郡、朔方郡，西北有河西四郡，西南有益州郡，东南有合浦郡、交趾郡、九真郡、日南郡等。所以它对于研究边疆历史地理也提供了珍贵的资料。譬如，从班固所载武帝新开河西四郡（武威、张掖、酒泉、敦煌）的资料，我们可了解到西汉时河西走廊有良好的水利条件。志中记载：自武威向西，有谷水、千金渠、羌谷水、弱水、呼蚕水、籍端水等八条河流，发源于祁连山下，灌溉着河西的良田。其中羌谷水流经二郡，注入居延海，长二千一百里。并且在干燥的西北地区，竟有居延海、蒲昌海、冥泽等内陆大湖。由于利用祁连山雪水灌溉，为河西地区畜牧业和农业的发展提供了条件，所以志中又说："地广民稀，水草宜畜牧，故凉州之畜为天下饶"，"风雨时节，谷籴常贱。"西汉朝廷重视在这一地区实行屯田，在张掖番和设农都尉，在敦煌广至设宜禾都尉，都是管理屯垦的机构。而为了保卫西北边境和对西域的交

---

[1] 《中国历史地理文献概论》。

通，河西四郡一共设置了九个都尉，著名的有北部都尉（休屠城）、居延都尉、阳关都尉、玉门都尉等，由于西汉皇朝的苦心经营，才保证丝绸之路的畅通无阻。

（三）综论各地区物产和习俗

《地理志》末尾部分，是综论各地区的物产和习俗，在分析各个地区地理条件对民俗的影响方面很有特色，故被当代地理学者称誉为："可视为现代区划地理的雏形。"①《史记·货殖列传》在记载各地区物产时，已论及各地环境与民俗的关系。至成帝时，刘向对各个区域作过概述，同时，丞相张禹委托属官朱赣归纳各地区风俗。班固依据上述材料加以补充，整理成文。他参照春秋、战国时期各国旧名，分述秦、魏、周、韩、郑、陈、赵、燕、齐、鲁、宋、卫、楚、吴、粤（越）各地区的概况。我们可以举出以下的例子：班固论述天水、陇西、安定、北地、上郡、西河六郡地区，由于地势迫近强悍的少数民族，所以形成"修习战备，高上气力，以射猎为先"的勇武习气。汉朝以来，从六郡子弟中，选出充任皇帝卫队（即羽林、期门兵），他们在作战中立功，不少人上升为名将。班固又论及河西四郡，由于保卫边塞的需要，地方长官把练兵习战作为头等大事，"酒礼之会，上下通焉，吏民相亲"，"有和气之应，贤于内郡"。这是说，由于防守边境的紧迫形势，这里的官吏与百姓时有一起饮酒行礼的机会，严峻的环境反而促使这里官吏与民众有较多的交流，所以风气比内地还要好。班固的这些论述，都与其他篇章相印证并加以深化，因而历经漫长岁月而不失其光彩。

总的来说，《地理志》显示出开阔的视野，提供了丰富翔实可靠的记载。只有在国力强盛的时代，才有可能产生这样出色的

①　见陈正祥《中国文化地理》中《方志的地理学价值》一篇，三联书店1983年版。

著作，因而被誉为"集当时全国性地理著述的大成，加以发扬光大"。① 它记载的特点和方法，被后来的正史地理志视为典范，而后出的地理志，除地名和数目字有所增添外，在体例上绝少超过它。《隋书·经籍志》即这样评论说，《汉书·地理志》的价值可与《禹贡》《职方》相比拟，"是后载笔之士，管窥末学，不能及远，但记州郡之名而已"。② 认为后代的一些记载，从眼界、学识或记载的内容说，都无法跟《地理志》相比。

（四）水利工程——国家利害之所系

与《地理志》密切相联系的，是记载水利工程史的《沟洫志》。班固十分重视水利事业对于国家和社会生活的重大影响，《沟洫志》赞语中引用《左传》所载周大夫刘定公的话："微禹之功，吾其鱼乎!"意思是没有大禹治洪水的大功，中原人民早就被水淹死了! 所以班固称水利是"国之利害"，是国家和人民利益攸关的大事。

《沟洫志》前半篇的内容采用《史记·河渠书》，记述夏禹治水的功勋，以及全国范围内的水利灌溉工程，如在荥阳引黄河水向东方灌溉的鸿沟，蜀郡太守李冰修都江堰等。班固补充了魏襄王时，史起为邺县（今河北磁县南）令，引漳水灌溉，使魏国河内地区富庶起来。因此老百姓用歌谣歌颂他："邺有贤令兮为史公，决漳水兮灌邺旁，终古舄（音戏）卤兮生稻粱。"（舄卤即盐碱地）歌颂邺县有史起这样一位好县官，兴修水利，灌溉漳河岸上的土地，使亘古以来的盐碱地长出茂盛的庄稼。③

---

① 见陈正祥《中国文化地理》中《方志的地理学价值》一篇，三联书店 1983 年版。

② 《隋书》卷三十三《经籍志·地理记》。

③ 《史记》卷二十九《河渠书》原载："西门豹引漳水溉邺，以富魏之河内。"《汉书·沟洫志》认为引漳水灌溉的邺令是魏襄王时的史起，其史料来源系依据《吕氏春秋·乐成篇》。后人论及引漳水灌溉一事时一般将西门豹、史起二人并称，如左思《魏都赋》，张守节《史记正义》引《括地志》所载。参见王先谦《汉书补注》卷二十九。

志中从记载武帝时期修成著名的六辅渠、白渠起，是班固新写的内容。秦朝时，由韩国水工郑国修成的郑国渠，经过一百三十年后，到汉武帝时仍然灌溉关中大片良田。元鼎年间，兒宽奏请再从旁边穿凿六辅渠，于是原先未能受益的高亢田地也得到灌溉。白渠也在关中，是武帝太始二年（前95）赵中大夫白公奏议修筑，引泾水，起自谷口（今陕西淳化南），经池阳（今泾阳）、栎阳（今富平南），至下邽（今华县北）注入渭河，渠田二百里，灌溉四千五百余顷的广阔田地。因此老百姓也用歌谣称颂："田于何所？池阳、谷口。郑国在前，白渠在后。举臿为云，决渠为雨。泾水一石，其泥数斗。且溉且粪，长我禾黍。衣食京师，亿万之口。"关中人民发自内心地歌颂两个著名的水利工程造福无穷，并且生动地写出成千成万民众辛勤修渠的壮观场面，众人高高举起的铁锹，像云彩一样遮住太阳，引来河水灌溉，像雨水一样滋润广阔的田地。泾水浇过，泥浆淤留下来成为沃土，好像给庄稼上了粪，所以年年丰收，就近运去大批粮食解决京城亿万人的吃饭问题。

（五）黄河水害和《治河三策》

《沟洫志》记述的重点，是对黄河的治理。这是班固总结西汉一代的历史经验而来的。黄河自武帝元光中在瓠子决口，至平帝时，先后酿成七次大灾，[①] 为害严重。瓠子决口，一直到元封二年（前109）才堵住，洪水肆虐达二十多年之久！所以武帝东巡时，来到瓠子决口处，命令群臣从官自将军以下都背柴草参加堵口大战。等到堵口成功，武帝作诗歌颂胜利。以后成帝建始五年（前28）和鸿嘉四年（前17），十一年间黄河又决口三次，其中两次受淹县份都在三十个以上。这些事实，使历史学家更深刻

---

① 这一时期黄河七次泛滥是：武帝元光中，河决瓠子。元封二年堵塞决口之后不久，又从北面馆陶附近决口，分为屯氏河。元帝永元五年，河决灵县鸣犊口。成帝建始五年，河决于馆陶及东郡金堤，淹地十五万顷，九万七千多人无家可归。河平二年，河决入平原。鸿嘉四年，勃海、清河、信都黄河泛滥。平帝时，河、汴决坏。

认识到治河对国家社会生活关系重大。

为了给后人积累制服黄河的经验，班固很重视记载治河的成功办法和有价值的建议，其中最重要的是成帝时王延世治河和平帝时贾让提出的《治河三策》。

王延世当时任河堤使者（主管河防的官员），面对黄河从馆陶及东郡金堤冲决的汹涌激流，他命人编成许多长四丈的大竹笼，里面装满石块，每个大竹笼用两只船夹载，投入激流，连续奋战三十六日，终于堵塞决口，受到成帝嘉赏。成帝还特地改元为"河平元年"纪念这一胜利。两年后黄河又在平原决口，王延世与丞相府属官杨焉协力负责，再次堵住决口。

贾让的《治河三策》，如有的历史学家认为，是"上古（按，这里指西汉以前）治河最详细的方案"。[1] 但因古人文句过于简略，有时语意不甚清晰，需要仔细寻绎，才能明白其中主张。贾让建议之所以可贵，是他不同于一般儒生搬用过时的"经义"发发空论，而能建立在实地调查的基础上提出主张。他做到了对于下游防洪的历史和现状都有比较确切的了解，指出：战国时期齐、韩、魏三国为本身私利，不顾防洪大局，随便围堤堵水，以邻为壑。以后，在堤外又陆续形成新的居民点，于是层层向外筑堤，原先河道宽阔，洪水期不致发生险情，如今因为层层堤防围堵，河道狭小，且又迂回曲折，百余里间，三次拐向西，三次拐向东，汛期一到，必然容易决口。再者，濒河附近本来有些低洼地带，可以泄洪，如内黄县境原来有湖，方圆几十里，汛期可以分洪，后人却修起堤围，排去积水，建起房舍，洪水不得分泄，增加黄河汛期险情，居民也处于危险的堤防之下。东郡白马、魏郡黄河边上，情形也都相似。贾让经过调查，深知为求眼前利益壅堵河川的危害，因而总结出一条深刻的道理："治河不能堵塞水路，正如治理国家不能堵住百姓的口一样。"[2] 不与水争地，这

---

① 岑仲勉：《黄河变迁史》，第八章。人民出版社 1957 年版，北京。

② 贾让所说富有哲理，原话是："夫土之有川，犹人之有口也。治土而防其川，犹止儿啼而塞其口，岂不遽止，然其死可立而待也。故曰：'善为川者，决之使道（同导）；善为民者，宣之使言'。"

是贾让治河的基本主张，它被古今水利工程大量正反经验证明是正确的，所以岑仲勉教授称誉说："即使在科学昌明的今日，依然是不磨的真理。"①

为了防止汛期黄河下游决堤的危险，贾让曾提出四个办法：或是在黎阳遮害亭附近主动开决堤防，让黄河大体循故河道在冀州平原上形成一条固定水道；或是在稍下地段，即在淇口，建立水闸，修筑堤上浮渠，将多余的黄河水引入漳河，再利用漳河高出冀州平原的地势，修建多条渠道，引水灌溉冀州大地。不过，这两项办法都未曾施行，对其可行性尚难作出结论。我们应注意的是，贾让建议建水闸修浮渠，其意图是汛期起分洪作用，旱时起灌溉作用。渠水灌溉还可以冲洗土壤中盐碱的成分，变恶地为良田。这两项，正是贾让主张中所包含的正确因素。东汉明帝时王景治黄河，采取采水门泄洪的办法，与贾让的主张有相通之处。② 而20世纪50年代初期豫北成功地修建了引黄济卫工程，也正体现出"汛期分洪，旱时引水灌溉"的道理，并且也同贾让所主张的，起到灌溉与冲洗盐碱一举两得的作用。

由于班固将贾让《治河三策》这一重要的治河文献载入《沟洫志》中，后人不论作正面的引申，或作反面的驳难，都由贾让的主张而引发，从而积累了经验，推进了对治理黄河这一各个时期国家大政的认识。

五、学术史的雏形

《艺文志》的得名，"艺"指儒家经典，当时称"六经"或"六艺"，标举在前，表示儒学地位崇高；"文"则包括诸子、诗赋和所有其他著作。二者合称，即是以儒家为主导的现有全部典籍的总著录。

---

① 《黄河变迁史》，第八章。
② 王景治河的办法，参见《后汉书》卷七十六《循吏传·王景传》。

（一）大一统国家文献的总结

《艺文志》对于古代典籍作了全面的总著录，其中又贯串着很高明的学术眼光：按照不同门类、不同学派对所有典籍作系统的区分，分别论述其学术源流，总结其得失。《艺文志》的撰成，本身即是汉朝空前统一局面下，多次大力地对文献搜求、整理的一次总结。我国古代文献因秦始皇焚书而遭受惨重的浩劫。只有那些散藏在民间的才有可能侥幸留下一部分。汉朝建立后，吸收秦朝教训，曾多次大规模地搜求文献典籍。西汉建国伊始，朝廷对文化事业尚未有力量多加顾及，当时就由张良、韩信负责整理兵书，收集一百八十二家，删定为三十五家。到惠帝四年（前191），正式下令废除秦朝禁止民间藏书的法律。从此以后，"大收篇籍，广开献书之路"。至文帝、景帝时，朝廷已设立有《书》博士（张生、晁错）、《诗》博士（申公、辕固生、韩婴）、《春秋》博士（胡母生、董仲舒）①，开始兴文讲学，反映出征集典籍已经获得初步成绩。武帝登位，他爱好儒学和文学，感到对文献的征集远远不够，因而感叹"书缺简脱，礼坏乐崩"。于是采取有力措施："建藏书之策，置写书之官，下及诸子传说，皆充秘府。"将征集到的典籍编排好，有次序地放在专设的柜架上，安排专人负责缮写，从儒家经典到百家著作，都放在皇家图书馆珍藏起来。②

汉成帝有喜爱读书的雅趣，他在位期间，进行了空前规模的搜求、整理典籍的工作。当时发现典籍又有散失，于是派谒者陈农到全国各地访求民间藏书。又诏令一批学有专长的官员负责整理、校勘工作，由光禄大夫刘向整理儒家典籍、诸子、诗赋，步兵校尉任宏整理兵书，太史令尹咸整理术数（包括天文、五行、

① 参见王国维《观堂集林》卷四《汉魏博士考》。
② 又据《汉书》如淳注所引："刘歆《七略》：'外则有太常、太史、博士之藏，内则有延阁、广内、秘室之府。'"说明征集到的典籍很多，所以分别由六处机构收藏。

历法等书），侍医李柱国整理方技（包括医书、神仙术等）。由刘向总其成，负责把全部典籍分类登录，并为每部著作撰写提要，再为每一类综述学术源流。至哀帝时，刘向卒，哀帝命其子刘歆（当时任侍中奉车都尉）继续完成父亲的事业。最后由刘歆总集群书上奏。这次大规模校书，前后历二十余年时间。班固是在刘向父子所编撰的篇目、提要和综述的基础上，写成这篇《艺文志》的。上述汉初到成帝时三个阶段征集、整理典籍的经过说明：《艺文志》这一总结性著作的产生，唯有在封建国家空前统一，社会长期相对稳定的历史条件下，才是有可能的。

（二）辨章学术，考镜源流

《艺文志》的意义，还在于它做到了辨章学术，考镜源流，既做了大规模的学术分类的工作，又总结了学术的演变和师承传授关系，从而为我国学术史的发展开拓了道路。班固对各家、各派学术的传授有清楚的记载。譬如关于《尚书》学的源流，他载明：首先是孔子编成，以后因秦朝焚书禁止传授，济南伏生在夹壁中把它藏起来。到汉朝建立后搜求典籍时，伏生已找不到《尚书》完整的本子，只有二十九篇，在齐鲁一带教授弟子。至宣帝时，形成欧阳、大小夏侯三个学派，都立为朝廷官学。汉代又有另一本子的《古文尚书》（用战国文字书写，与汉代通行的隶书不同，故称为"古文"），是当武帝时鲁恭王拆毁孔子旧宅所发现的，同时发现的还有《礼记》《论语》《孝经》。这些典籍都归孔子后人孔安国所得，安国用汉代二十九篇的本子对读，多得出十六篇。后来由孔安国家人献给朝廷，却因遭到武帝末年巫蛊之祸，未列为官学。——班固上述简洁的记载，就是后人研究《尚书》今文、古文学派传授关系的根据。对于其他儒家经典，《艺文志》也载明其传授源流。

尤有意义的是，班固还能以比较客观的态度，对于各学派的长处和短处，分别加以指明，启示后人治学的门径。对于儒家抱什么态度即是对班固一大考验，因为儒学在汉代备受统治者的尊崇，拥有绝对权威地位。班固推崇儒学，称它"于道为最高"，是最高明的指导思想，这在当时是必然的。不过班固并不盲从。他指出，汉代占有显要地位的儒家学者中有两种人是要不得的，一种是糊涂人，体会不到儒学的精髓；另一种是不诚实的人，他们只求迎合时尚，投机取巧，违背了儒学的原则，哗众取宠，后生辈跟着这班人学，结果儒家经典被搞得支离破碎，儒学因此衰落，这是心术不正的儒生造成的害处。① 这段话，是班固在"诸子类"中对"儒家"作总评时说的。在"六艺类"总论中，班固先论述了儒家六部经典对于治理国家、维持社会伦理和加强个人修养分别具有重要作用；然后尖锐地抨击俗儒大搞烦琐主义的恶劣倾向："后世经传既已乖离，博学者又不思多闻阙疑之义，而务碎义逃难，便辞巧说，破坏形体；说五字之文，至于二三万言。后进弥以驰逐"。由于儒学成为追求利禄的途径，致使俗儒争相以烦琐的注解来炫耀自己博学，使儒学的内容受到严重破坏。为解释经文中的五个字，竟用了二三万言，于是跟着学习的人也都以支离破碎为能事。我们将这些论述跟《汉书·匡张孔马传》赞语联系起来，便可明白班固著史之时，是自觉地以矫除这种害人的烦琐哲学为己任的。

当董仲舒向汉武帝建议罢黜百家时，是把诸子百家当作有害的邪说加以摒弃的。因此如何评价诸子学说，对班固来说是又一考验。班固的基本态度是，在尊儒的大前提下，对于诸子百家也作适当的肯定，说明他跟董仲舒的严重偏见和文化专制态度明显地不同，更多地具有尊重历史的态度和朴素理性的观点。在"诸子类"的最后他也作了总评，认为：诸子学说是在各国互相攻伐的战国时代产生的。他们各执一端，但彼此是"相反相成"的关系，尽管各自存在弊病，学者们却应该善于发现他们的长处，看到其中有与儒家思想相通的地方。班固的结论是："观此九家②之

---

① 原文为："惑者既失精微，而辟者又随时抑扬，违离道本，苟以哗众取宠。后进循之，是以五经乖析，儒学浸衰，此辟儒之患。"

② "诸子类"包括儒、道、阴阳、法、名、墨、纵横、杂、农、小说共十家，去掉小说家，余下称为"九家"或"九流"。

言，而舍短取长，则可以通万方矣。"明确主张对诸子学说要舍弃其短处，吸收其长处，这样即能大大有利于治理国家和学术的发展。处在儒学成为"国教"的时期，班固却能对诸子学说具体分析，发现其长处，是很难得的。后代好的学术史著作，如黄宗羲《明儒学案》即发扬了这一优良传统。

班固还提出了著名的"诸子出于王官"说。王官，指古代国家的各个部门。班固认为，包括儒学在内，各个学派的源头都应该从古代国家管理社会生活的不同部门去寻找。按他的说法，儒家出于司徒（西周时掌管国家的土地和人民的官职）；道家出于史官；阴阳家出于羲和（掌管观测天象制定历法）；法家出于理官（掌管刑狱）；名家出于礼官（掌管礼仪）；墨家出于清庙之守（主管宗庙祭祀）；纵横家出于行人之官（负责聘问通使）；杂家出于议官（主管向国君谏议）；农家出于农稷（主管农事）；小说家出于稗官（职务低微的官，所以能接触到下层人物的议论）。各家学说出于某官的说法这里且不深论。班固这一观点的意义主要在于：认为学术的源头，是与治理国家人民的公共职务相联系的，与社会生活相联系的。

（三）目录学的典范

《艺文志》又是我国目录学史上的典范之作。《艺文志》依据刘向父子校书的成果，将西汉时期所能收集到的全部典籍整理为五百九十六家、一万三千二百六十九卷。并分成六大类：六艺、诸子、诗赋、兵书、术数、方技，每一大类又区分为若干种，共三十八种。这种学术分类的观点是在继承前人的基础上发展起来的。先秦时期，《庄子·天下篇》《荀子·非十二子篇》《韩非子·显学篇》都曾尝试对学术进行分类，而未能获得比较全面的认识和合理的解决。以后司马谈著《论六家要旨》，在学术分类上有重大进步，将先秦诸子分为阴阳、儒、墨、名、法、道六家。刘向、刘歆父子进一步作分类，他们的原著已经佚失，其学术成果即保留在《汉书·艺文志》中，把诸子分为十家，前面六家与司马谈相同，顺序略作调整。加上纵横、杂、农、小说，是为十家。先秦学术的分类至此才完成。这十家合起来是"诸子类"，又把其余典籍分为五大类。这一次系统的分类对后代影响达一千多年。

《艺文志》是目录学的典范之作，还在于它对每一"类"和每一"种"，都写有总论，概述学术源流、评价其优缺点。这一做法，后来被《隋书·经籍志》所继承，并一直影响到清代学者的目录学著作。

（四）《艺文志》与《七略》的关系

刘向大规模校书达二十年，他每校完一部书，即写有提要，称为"书录"。把这些书录汇在一起，称为《别录》。刘歆又在《别录》的基础上著成《七略》，共分七篇：《辑略》《六艺略》《诸子略》《诗赋略》《兵书略》《术数略》《方技略》。第一篇是总论，其余是对六大类的分述。《七略》体现了刘向、刘歆校阅群书的成果，班固以它为基础加以删改，这就是《艺文志》与《七略》的关系。

班固的删改，有的是对篇目和分类的调整。如在诸子类"儒家"中，"入扬雄一家"；在兵书类"兵权谋家"中，"省伊尹、太公、《管子》、《孙卿子》、《鹖冠子》、《苏子》、蒯通、陆贾、淮南王二百五十九种，出《司马法》入礼也。"有的增入，有的删除，有的调整入别类之中。

班固还对《七略》原文作改写。由于《七略》已经佚失，后人无法通过对照准确弄清班固改写的情况。不过，若拿今天尚能见到的《七略》片断文字与《艺文志》作对比，仍可看出班固在删改上下了极大的功夫①。有的论者称班固"无独断之学，惟依缘他人以门户"，是不符合事实的。

---

① 参阅曾贻芬、崔文印：《两汉时期历史文献学的初步形成》，《史学史研究》1988年第2期。

总起来说，《艺文志》按照合理的分类，著录了汉代以前的全部典籍，载明它们的卷数、作者，并且论述学术源流，评价其得失，这就成为后代学者从事目录、辨伪、考证和研究古代学术史的基本依据。清代学者金榜说："不通汉《艺文志》，不可读天下书，《艺文志》者，学问之眉目，著述之门户也。"王鸣盛也认为："此志以经为要，考得汉人传经源流、说经家法明析，且分别其是非美恶，俾后学识取途径。"① 梁启超则提出《艺文志》是判定先秦古书真伪的根本标准，他说："我们想找三代先秦的书看，除了信《汉志》以外，别无可信。""这个大原则的唯一的例外，便是晋朝在汲郡魏襄王冢所发现的书，……我们除汲冢书以外，无论拿着一部什么古书，只要是在西汉以前的，应该以《汉志》有没有这部书名，做第一个标准。若是没有，便是伪书，或可疑之书。"② 这三位学者以他们治学的切身体会讲出了《艺文志》的宝贵价值，从不同的角度给了我们有益的启示。

---

① 《十七史商榷》卷二十二"汉艺文志考证"条。
② 《古书真伪及其年代》，《饮冰室合集》第二十四册，专集之一百四十，第40页。

第九章　在历史长河中

《汉书》是传统史学确立的标志。在它著成之后，历代学者研读、注解《汉书》成为一种风气，到宋代尤为盛行，大文学家黄庭坚说：久不读《汉书》，人便变得俗气，"对镜，则面目可憎；对人，则语言无味"。

一、史坛丰碑

"凌云健笔意纵横"。班固以宏大气魄和雄健笔力，撰成这部反映西汉一代兴亡、囊括广泛社会生活和各种典章制度的巨著，成为传统史学确立的标志。

中华民族是富有历史感的民族。我国历史记载出现很早，起于甲骨文和钟鼎上的记事。以后，《诗经》中有反映古代先民活动的史诗，《尚书》则保存了商代和西周初年的官方文献。但从史学长河看，这些都只属于史料或历史文献。孔子修成《春秋》，其中不但有史事、史文，还有贯串和统帅全书的史义，因而成为中国史学的起点。司马迁著成不朽的巨著《史记》，成为中国史学的奠基者。此后百多年间一再有学者对《史记》续作，但只属零篇散卷，难以流传，历史学实际上陷入困境。当时《史记》也未能广泛传布，西汉宗室东平王尚且不能得到即为明证。这两个难题，到班固著史时才得到较好的解决。

（一）传统史学确立的标志

班固继承了司马迁的史学成就，又发挥了自己的创造力，创立了"断代为史"的新格局，正好与中国古代皇朝周期性的更迭相适应。这个法门一开，以后历代"正史"的修撰都沿用其例，所以，近二千年间，史家都把《史记》《汉书》视为著史的楷模。《汉书》虽属私人著作，却又是在国家的支持下进行的，在一定意义讲，也是开启了以后官府命定史官修史的端绪。

班固著史规矩法度更加清楚，章法严密。在纵横驰骋上不及司马迁，但体例整齐合理，更易使人效法。刘知幾著《史通》，他对于《史记》《汉书》都是尊崇的，但在具体评论修史体例得失时，他又往往把《汉书》作为体例运用恰当的标准，这从《六家》《论赞》《题目》《人物》等篇中明显反映出来①。由于《汉书》完善了书志体，对以后历代正史典志部分的修撰影响更为深远。从《后汉书》至《明史》二十二部正史中，有志的共十五部，它们篇目设置的总格局都沿袭《汉书》，有的只改换了篇名而内容相同，有的是从《汉书》某一篇志中的一部分独立出来，真正新增加的志为数不多。自唐代《通典》撰成后一批典志体史著的产生，实则也是《汉书》十志的扩大和发展。

《汉书》对于确立我国文化中朴素理性的倾向也有极大贡献。朴素理性主义是中华文化的一个优良传统。孔子对于鬼神持保留态度，主张"敬鬼神而远之"。《春秋经》记载有日食、星陨、地震、冬天无冰等异常现象，却不借此宣扬迷信，所以司马迁评论

---

① 《六家》篇对《汉书》的推崇已见前引。《论赞》篇云："孟坚辞惟温雅，理多惬当。其尤美者，有典诰之风，翩翩奕奕，良可咏也。"《题目》篇称赞《汉书》列传的安排："见此标格，可足为详审。"《人物》篇云："孟坚勒成《汉书》，牢笼一代，至于人伦大事，亦云备矣。"

说：《春秋》"记异而说不书"①。在古代，由于科学很不发达，人们对种种自然界的"特异"现象无法解释，故归结到鬼神的安排，所以古人很难摆脱迷信观念的支配。孔子却重人事而轻鬼神，实有极不平凡的意义。司马迁和班固都尖锐地批评迷信的观念和行为，认为宣扬阴阳灾异的方士儒生们，只是侥幸猜中而已。特别是《汉书》，著成于两汉之际迷信盛行的背景下，从人文主义观点出发观察和记载历史，更大大加强了史学中朴素理性主义传统的地位，成为能够抵御妖妄观念侵蚀民族灵魂的有效抗体，这对于民族文化以后走什么道路关系重大。总之，由孔子创始、司马迁奠基的传统史学，至《汉书》撰著成功而确立了它的地位，因而在文化史上具有十分重大的意义。

（二）鸿文伟论，嘉惠后人

在中国历史上，汉武帝独尊儒术是一个影响至大的事件。武帝采取这一决策，是因为董仲舒在三次对策中反复讲述儒学的重要和天人感应的道理，博得武帝赞赏，而遂即采纳他的建议。这三篇对历史进程很有影响的言论，不见于《史记·儒林传》，也不见于董仲舒所著《春秋繁露》一书，乃是班固采入《汉书·董仲舒传》而流传下来。我们不妨设想，假若班固不这样做，"天人三策"后人再见不到，对于研究历史和思想史将造成多大的缺陷！这一类时代的大论议，《汉书》中采入甚多。如贾谊《治安策》、上疏请封建子弟、上疏谏王淮南诸子、谏除盗铸钱令使民放铸、《贵积贮疏》（前三篇见《贾谊传》，后二篇见《食货志》）。贾山《至言》（见《贾山传》）。晁错《教太子疏》《言兵事疏》《贤良策》《募民徙塞下疏》《论贵粟疏》（前四篇见《晁错传》，后一篇见《食货志》）。其他重要论议还有公孙弘《贤良策》（《公孙弘传》）、谷永《谏废淫祀》（《郊祀志》）、师丹《限田议》（《食货志》）等。这些言论，本身已构成历史事件的一部

----

① 《史记》卷二十七《天官书》。

分，而且从中又反映出这一时代政治、思想的特点，成为特定社会阶段的镜子。因得班固采撷入史，这些文章使后人受益很大，如鲁迅即称誉《汉书》中载入的贾谊和晁错的文章言论，"皆为西汉鸿文，沾溉后人，其泽甚远"①。

西汉晚年的学术，今文经学派已过了它的极盛时期，原来长期不受重视的古文经学派起而争取自己的地位，刘歆是其代表人物。当时王莽策划代汉而立，他也企图引起思想观念上的剧变，制造有利于他上台的社会心理和气氛，因此他支持古文学派。这场学术论争有其政治背景，我们对此要充分估计到。然而，从学术思想的发展讲，刘歆发起的这场"古文运动"，确实具有打破今文学派热衷于宣扬阴阳灾异，把儒学彻底地阴阳五行化、迷信化的进步意义；刘歆跟随其父刘向长期从事大规模校阅皇家藏书，他有深厚的学术根柢，而当时的今文学派博士害怕失去学术垄断地位，采取以势压人、拒不讨论的态度，实则表明本身的虚弱，所以最终无法阻挡古文学派的崛起。保存在《汉书·楚元王传》附《刘歆传》中刘歆写的《移让太常博士书》，便是这场今古文斗争复杂背景的宝贵材料②。《汉书》收入的这类文章和言论，多能洞悉机宜，廓清谬误，分析利害，说理充分。内容除学术之外，还涉及西汉朝廷与藩国关系、军事、边防、屯田、治河等。著名的有邹阳《上吴王书》，枚乘《奏书谏吴王濞》《重谏举兵》（均见《贾邹枚路传》）；韩安国与王恢论辩对匈奴策略（见《韩安国传》）；魏相谏出兵击匈奴、谏务农备灾（见《魏相传》）；赵充国议屯田（见《赵充国传》）；侯应论长城边塞防卫、严尤谏伐匈奴（均见《匈奴传》）；贾让《治河三策》（见《沟洫志》）。

《汉书》还选录了正直人物忠心忧国、指摘政治弊病、为民请命的言论，如：东方朔《非有先生论》（《东方朔传》）；路温

---

① 《鲁迅全集》第九卷《汉文学史纲要》人民文学出版社1981年版，第391页。

② 关于刘歆发起古文学派运动的学术评价，可参见劳榦《秦汉史》第十二章《两汉学术》，中国文化书院出版部印行1980年版，第97—102页。

舒《尚德缓刑疏》（《路温舒传》）；梅福谏广开言路（《梅福传》）；鲍宣《陈政事积弊》（《鲍宣传》）等。值得特别提到的是，东方朔以诙谐多智著名，后来有人即误认为他只是一个善于调侃取笑的滑稽人物，而这篇《非有先生论》假设非有先生与吴王对话，陈述明主要听逆于耳而利于身的言论，要举贤才、去侈靡、薄赋敛、省刑罚，这是治乱存亡的关键，都是针对武帝奢侈多欲的弊病而作，由此可以了解到东方朔是个很有思想深度的人物。

最后，还有一类文章，是历史人物因遭遇坎坷、忧愤郁结，适逢机会向朋友倾吐，发而为至情之文，最著名的有司马迁《报任安书》和李陵《与苏武书》。这两篇文章感情沉郁，腾挪跌宕，读之使人回肠荡气，产生强烈的共鸣，千百年来传诵不衰，一直被视为写作文章的典范。

（三）传神之笔

《汉书》中有"朱买臣拜官"的故事，生动传神地描绘出官吏趋炎附势、欺下怕上的丑态。

朱买臣是武帝时会稽郡吴县人（今江苏苏州），曾因通《春秋》被授为中大夫，后被免职，等待另求职位，因生活无着，只好跟着会稽郡守邸者（邸舍看守，邸舍类似于后来的会馆或驻京办事处）寄食。当时东越王起兵反叛，买臣平时了解到有关东越王驻守所在的地理形势，向武帝献计从海上进攻，被武帝采纳，并任命为会稽太守。这天，买臣领了太守印绶，故意不声张，将印绶揣在怀里，穿着原来的衣服，照旧步行回到邸舍。这时候，从会稽郡来长安向丞相府上报钱粮数字和地方情况的官吏们正聚集一起喝酒，买臣进来，他们装没看见，不加理睬。买臣进到室内，照常与邸舍看守一起吃饭。快吃完饭时，看守人瞥见买臣怀中绶带露出头来，感到奇怪，上前拉拉绶带，才发现他怀里揣着个大官印，原来是"会稽太守"印章。看守人大惊，赶快去告诉那伙喝酒的官吏，他们却醉醺醺地吵嚷说："那是瞎胡闹！骗人!"看守人忙说:"不信你们赶快去看看!"有个平常最瞧不起买臣的人进屋去看,立即转回来,大叫:"是真的太守官印!"这班人一下子吓得醉意全跑了,个个战战兢兢,互相推推挤挤,在院子里排好队,等着挨次拜谒新太守。不一会儿,官府派来一辆四匹马拉的大车,把太守接走了。

班固巧妙地着意描写官吏们当场由极其傲慢到大惊失色的明显变化,刻画他们惯于对下欺压、对上巴结奉逢的卑琐心理,借此反映整个官场的庸俗、虚伪习气,不用外加一句评论,而讽刺意味却更加深刻①。

我国古代史家有讲究运用文学手法把历史写得生动的传统。古人还总结出"言之无文,行之不远"②的理论,深刻地说明写作如果不重视技巧,不能吸引人,人们就不爱读,达不到传播久远的目的。《左传》《史记》在这方面都很有成就。《汉书》将这一传统发扬光大,班固采用了多种手法,如:用对话刻画人物性格;借细节描写反映人物的心理;对比手法;描写场面、情景等等,因此他笔下的许多人物和场景写得栩栩如生。

《汉书》中的传神之处,可以随手拈来。譬如,班固善于借助似乎平常的小事,写出不同时期朝政的特殊气氛。《霍光传》在长篇记载霍光的复杂经历之后,忙里偷闲,补写了一笔:

> 宣帝始立,谒见高庙,大将军光从骖乘,上内严惮之,若有芒刺在背。后车骑将军张安世代光骖乘,天子从容肆体,甚安近焉。

昌邑王被废和宣帝登位都是由霍光一手安排的,所以宣帝即位初年,霍光仍然重权在握,宣帝内心里对他十分畏惮。这里通过宣帝拜宗庙前后坐车的不同感受,巧妙地写出霍光的擅权骄恣,他死后霍氏族灭,也正是他骄纵无度种下的祸患。这段话表面上似乎是聊作点缀,实则以小见大,深刻地写出宣帝登位初年朝廷气氛的特点,给读者脑际留下形象鲜明的图画。

---

① 见《汉书》卷六十四《朱买臣传》。
② 见《左传》襄公五年,又见《史通》卷六《言语》。

至汉成帝时，大将军王凤擅权，颐指气使。班固在《元后传》中写了这样一件事：由于刘歆是汉朝宗室后代（楚元王刘交后裔），学识通达，聪明过人。成帝喜欢他，想封他为"中常侍"，让他常常陪伴读书。成帝让人取来衣冠，正要刘歆换穿戴时，成帝的左右一齐阻止，说："此事还未报告大将军。"成帝说："这点小事，还报告大将军干什么？"左右都跪下表示坚决阻止。成帝只好停下，正式告知王凤。王凤果然不同意，事情便被否决。班固借这件小事生动地说明：此时的刘姓皇帝已完全成为傀儡，王氏代汉的结局是早就注定了！由于班固善于运用文学性手法写历史，所以许多篇章写得情趣盎然，使人读之不忘。

《汉书》常常采撷歌谣谚语入史，也大大增强了史书的真实性、形象性①。他还善于以恰当的剪裁，细密的组织，将复杂的事件、丰富的材料加以梳理，熔炼成篇，使之紧凑、生动。《王莽传》即是这样的成功篇章。它的特点，是把刻画一个阴谋家如何窃取大权的种种恶劣做法和伪善面孔，与总括王莽新朝一朝的政治、经济、军事大事二者紧密起来。从纪传体史书的要求说，新朝也应该有"本纪"记载大的事件，可是在东汉初，王莽被认为是"篡窃"，不可能立本纪。所以这篇《王莽传》，实则起到人物传记和记载大事的本纪这双层作用。班固成功地把二者糅合起来②，做到记载头绪清楚，而且囊括丰富，波澜起伏，刻画了一个擅长玩弄阴谋的野心家的典型，写出周围众多人物的不同态度

---

① 《翟方进传》写：翟方进因善于窥探皇帝微旨，逢迎讨好，对同僚则尽力排挤，结果官运亨通，由丞相司直、御史大夫升至丞相。他为了省去堤防用费，奏请破坏汝南（郡治在今河南上蔡）鸿隙大陂，致使后来这一地区广阔的田地干旱失去灌溉条件。这件事情引起当地民众的公愤，因此有童谣流传："坏陂谁？翟子威（翟方进字）。饭我豆食羹芋魁。反乎覆，陂当复。谁云者？两黄鹄。"谴责翟方进是破坏鸿隙陂的主使者，致使田地无水灌溉，不长粮食，老百姓无饭食，只能吃豆饭和芋梗做的菜羹。民众盼望陂池恢复，有两只黄鹄已经报告这个消息。班固引用童谣，说明官员行事的好坏，逃不过民众的眼睛，翟方进只会留下恶名。这首童谣一直流传到东汉，《后汉书》记南阳修复鸿隙陂时，还说童谣早已作了预言。见《后汉书》卷八十二《方术列传》。

② 前人有的因不理解《王莽传》这一特点而有误评，如张衡认为："王莽本传但应载篡事而已，至于编年月，纪灾祥，宜为元后本纪。"见《后汉书》卷五十九《张衡传》。

和命运，又揭示出王莽的种种倒行逆施必然走向灭亡的深刻哲理。清代学者方苞对《王莽传》的写作技巧有极高的评价，说此篇"钩抉幽隐，雕绘众形，信可肩随子长"。① 认为在揭示王莽内心世界和表现众多人物性格的手法上，同司马迁的名篇同样成功。

二、"汉书学"大兴

在《汉书》开始流传之时，就有了很高的声誉，学者们研读《汉书》已成风气，所以《后汉书·班固传》说："当世甚重其书，学者莫不讽诵焉。"马融是一位以博通经籍出名的学者，在东观负责典校秘籍，他还要向班昭执弟子之礼，专门学习《汉书》，可见《汉书》在官方当局和学者社会中享有很高的地位。经过三国魏晋到隋唐，推崇《汉书》并为它作注的人，历代都有名家，成为一门发达的学问。

"汉书学"这个名词就是在晋唐时期形成的。《新唐书·儒林传》概述说："是时《汉书》学大兴。"这样说毫不夸大，我们可以举出一些有趣的事例，从中看出其"大兴"的盛况。

（一）必读之书

三国时代，孙权是江东霸主，他一心要让后继者保住江东的帝业，立孙登为太子，亲自过问对他教育的课程，安排他学习《汉书》，使之"习知近代之事"。当时研习《汉书》，极重师承传授，在江东，熟习《汉书》的权威学者，是孙权的首席谋士、大臣张昭。但张昭事务繁忙，不可能亲自给太子授课，于是让太子的师傅张休每次先到张昭处听讲，然后回到太子府中给孙登讲课。这样做尽管颇费周折，但由于孙权对读《汉书》格外重视，

---

① 《望溪先生文集》卷二《书王莽传后》，上海集成图书公司刊本。

所以从太子孙登和大臣张昭以下，也都乐意这样做①。

东晋以后，中原地区陷于分裂战乱，但是在混乱之中，有些国君以至一般士大夫，仍然把研习《汉书》作为很紧要的事情。十六国时期，羯族部落首领石勒建立了后赵国。石勒性格凶悍，但他在苦难曲折的经历中，也养成了非凡的军事才能。他不识文字，却常叫人为他读《汉书》，他能听懂书中大意并能提出自己的见解。听到郦食其劝汉高祖封六国旧贵族后代时，石勒大为吃惊，说："这个办法已经不合时宜，高祖为何却能得天下呢？"读到张良进谏，石勒又说："幸得张良提出了正确的建议，高祖才能取胜！"② 这说明，在当时进入中原地区少数民族逐渐汉化的过程中，《汉书》是一部受到重视的历史教材。

南北朝时，陈朝与北周对峙。陈宣帝时，派遣在史馆任职的姚察以兼通直散骑常侍的身份，出使北周。姚察精研《汉书》，有著作多种，不仅在南朝受到敬佩，北周士大夫中也有人仰慕他的学问。北周也有一位研究《汉书》的专家，他是沛国士大夫刘臻，当时是"露门学士"，酷爱《汉书》，《隋书·文学传》把他列为第一人，说他"精于《两汉书》，时人称为'汉圣'"。当时的两国是对立的政权，官员之间的私人接触很受避忌。但刘臻认为这次姚察出使北来，正是切磋学问千载难逢的良机，便趁人不注意，偷偷地来到公馆中找姚察请教，一口气提出了十余条疑问。姚察见此情景也很是感动，对刘臻的问题一一详尽地作了解答，刘臻听得连连点头称是，心悦诚服。这个故事见于《陈书·姚察传》。刘臻为研读《汉书》而甘冒风险，去找一般人心目中的"敌国"来使求教，正好说明《汉书》当时对士大夫具有巨大的吸引力，而且成为南北朝时南北之间文化交流的佳话。

由此可见，三国、十六国和南北朝时期，从国君到一般士大夫，确实将《汉书》当作必读的历史教材。

① 见《三国志》卷五十二《张昭传》。
② 见《晋书》卷一百零五《石勒载记》。

（二）精通《汉书》的名家

在这种风气推动下，从东汉末年到唐初，历代都有一大批学者专门对《汉书》传授注解，在不同时期都出现有名家。①

"《汉书》学"本身也曾经历一个发展过程。开始时，偏于音释者居多，有应劭著《汉书集解音义》二十四卷，（按，此书据颜师古《汉书叙例》，应为臣瓒所著）服虔著《汉书音训》一卷，韦昭著《汉书音义》七卷，刘显和夏侯咏各著有《汉书音》，各二卷，萧该著《汉书音义》十二卷，包恺等著《汉书音》十二卷，孟康也有注音的著作。后来，进一步发展到重视注释典故和地理，如晋灼著《汉书集注》十三卷，陆澄著有《汉书注》一百零二卷（至唐初只存一卷，其余已佚），韦棱著《汉书续训》三卷，姚察著《汉书训纂》三十卷，《汉书集解》一卷。

隋朝初年，有个亡国贵族，却由于深通《汉书》和其他典籍，在隋朝受到上层社会的看重，并且授了爵位，此人便是萧该。他原是梁朝鄱阳王萧恢之孙，曾封为攸侯。梁亡之后，他与大学者何妥到隋朝都城长安。因为萧该熟习《汉书》，很受官家及士人看重，并且赐爵山阴县公，拜国子博士。他和国子监的一位教师包恺，并为当时研究《汉书》的名家。二人被奉为宗匠，聚徒教授，在弟子名册登上名字的达数千人②。据此我们可以想象到《汉书》学空前的盛况。

至唐代，《汉书》学继续发展，处于"大兴"之势，并出现

---

① 《汉书》在东汉末年，已有服虔、应劭等家注解。此后，历代专门研究的学者辈出。唐初在魏徵等人主持下，对唐初以前典籍作了一次大规模整理，据此撰成《隋书·经籍志》。它著录自汉至唐，注释《史记》的著作，只有裴骃、徐野民、邹诞生三种。注《汉书》则多达十七种，作者有应劭、服虔、韦昭、刘显、夏侯咏、萧该、包恺、晋灼、陆澄、韦棱、姚察、项岱等。姚察的成就更大，独力撰成《汉书训纂》《汉书集解》《定汉书疑》三种。因此《隋书·经籍志》概述说："《史记》《汉书》，师法相传，并有解释。梁时，明《汉书》有刘显、韦棱，陈时有姚察，隋代有包恺、萧该，并为名家。《史记》传者甚微。"

② 据《隋书》卷七十五《儒林传》。

了研习《汉书》总结性的著作。先有颜游秦著《汉书决疑》十二卷，内容精当，"为学者所称，后师古注《汉书》，并多取其义耳"。① 就在包括颜游秦在内历代学者注释《汉书》成就的基础上，颜师古撰成《汉书注》，完成了一件集大成的工作。他广搜博采，甄别辨明，举凡在注音、字义、制度、史实、纠缪各方面都很有成就，成为历代学者研读《汉书》不可缺少的参考著作。颜师古特意撰成《汉书叙例》一文，集中论述了下列三个问题：一是总结东汉以来主要的注释成果，评论其得失；二是论述自己注释的要求和意图；三是总列为《汉书》作注有贡献的学者，写明他们的字号、爵里和简要生平，以作表彰。

颜师古的工作做得十分出色，太子承乾郑重其事将这部注呈送给唐太宗，太宗很是赞赏，赐给师古丝物二百段，良马二匹，以示奖励。当时学者则把杜预注《左传》和颜师古注《汉书》并提，称二人是这两部原著的功臣。宋人郑樵称赞说："颜师古解《汉书》，所以得忠臣之名者，以其尽之矣。……《汉书》未经颜氏之前，凡几家，一经颜氏之后，后人不能易其说。纵有措辞易说之者，如朝月晓星，不能有其明也。"②

朝廷的重视和颜师古注释的成功，对于《汉书》学无疑是进一步的推动。据《新唐书·儒林传》载：在当时众多研习《汉书》的学者中，最著名的有刘伯庄、秦景通兄弟、刘讷言，都被称为"名家"。秦景通和他的弟弟景曜因为一同精通《汉书》，被称为"大秦君"和"小秦君"。这样算起来，从南北朝以来，精《汉书》已有四代名家，即：第一代，姚察；第二代，萧该、包恺；第三代，颜师古；第四代，刘伯庄、秦氏兄弟、刘讷言。

刘知幾在《史通》中称赞《汉书》已被遵为修史法式。他还概述学者尊奉《汉书》的情况："始自汉末，迄乎陈世，为其注解者凡二十五家，至于专门受业，遂与《五经》相亚。"按他统计注家有二十五人，比《汉书叙例》还多二人，并且推崇《汉

---

① 《旧唐书》卷七十三《颜师古传附颜游秦传》。
② 凌稚隆《汉书评林》引。

书》的地位仅次于儒家《五经》。在当时，连《史记》的研究专家也慨叹《汉书》普遍受到宗仰。《史记索隐》的作者、唐代学者司马贞对比说："《史记》汉晋名贤未知见重"；"《汉书》后迁而述，所以条流更明，是兼采众贤，群理皆备，故其旨富，其词文，是以近代诸贤共行钻仰。"① 可见晋唐时期，《汉书》的受推崇远远超过《史记》。②

（三）"不读《汉书》则俗"

明代学者徐中行曾这样总结《史记》《汉书》在历代文人心目中的地位变化："历代之宗《汉书》，至宋尤为盛，其宗《史记》者，乃始盛于今日之百家。然二氏皆良史之才，而其得失靡定。"③ 他讲出了两点重要的事实：第一，承晋唐学者对《汉书》"共行钻仰"的余绪，至宋代推崇《汉书》尤盛。第二，自明代起，《史记》的地位明显提高，但评论者的看法，则大多认为《史》《汉》并列，或互有得失。

宋代学者推崇《汉书》之盛，可以苏轼、黄庭坚和洪迈为代表。苏轼才气纵横，在诗、词、散文以至书法、绘画上都有卓越的成就。由于人们叹服他学问渊博，因此他现身说法讲述得益于《汉书》的话，在宋明学者中传为美谈，称为"读书之良法"。另一位著名文学家黄庭坚则强调《汉书》是精神力量的源泉。他作了这样精彩的评论："每相聚辄读《前汉书》数页，甚佳。人胸中久不用古人浇灌之，则尘俗生其间。照镜则面目可憎；对人则语言无味。"④ 黄庭坚和他的朋友们是以经常聚集在一起诵习的方式来研究《汉书》的，大家竞相从中吮吸文化营养，足见宋代学者褒扬《汉书》风气之盛！洪迈是宋代博学家，他也以优美的语

---

① 分别见《史记索隐序》及《后序》。
② 再如梁朝萧统编《文选》，其中"史论"和"史述赞"所选的代表作，有《汉书》之《公孙弘传赞》《高祖纪赞》《成帝纪赞》《韩彭英卢吴传赞》，共四篇，《史记》却一篇未选。
③ 见《史记评林》卷首《刻史记评林序》。
④ 凌稚隆《汉书评林》引。以下有关评论未注明出处者同此。

言，盛赞《汉书》是著述的典范："班固著《汉书》制作之工，如英茎咸韶，音节超诣。后之为史者，莫能及其仿佛。""英茎咸韶"是概括全书内容的佳胜，"音节超诣"是赞扬其形式完美、格调高雅，统观起来，即认为是无法企及的杰作。

平心而论，《史记》在晋唐之际未被重视的情况，到宋代以后即有显著的变化。此后，许多学者持马班并举，或认为《史》《汉》互有千秋，不应该持扬此抑彼的态度。较早的有宋代的范祖禹、罗璧、杨万里，以后人数更多，有方孝孺、王祎（音衣）等人①。范祖禹是司马光修《资治通鉴》的得力助手，他称扬说："司马迁、班固以良史之才，博学善叙事，不虚美隐恶，故传之简牍千余年而不磨灭。"罗璧则说："《西汉书》典雅详整，无愧马迁。后世有作，莫能及矣，固其良史之才乎！"他们都认为马班都是杰出的良史之才，两部巨著流传千古不可磨灭。王祎与宋濂同修《元史》，因而结合其修史的切身体会来评价，认为《史》《汉》二家在体例上和史法上，纲领昭昭，条理凿凿，可谓特起拔出，俊伟超卓。

还有的学者认为，《史》《汉》在体例及文章风格上的不同特色正好互相补充。杨万里独具特识，把马班二人譬作史坛上的李白、杜甫，同他看法相近的是明代的凌约言，他用风格迥异的名将来比喻马班的不同特色："班马两家，古今绝笔。譬之名将，子长之才豪而不羁，李广之骑射也；孟坚才赡而有体，程不识之部伍也。"他对马班二人都表示钦羡，认为前者是才气豪迈、不可约束的代表，后者是学识渊富、整齐严密的典型。杨、凌二人一以名诗人作譬，一以勇将作喻，实有异曲同工之妙。

虞舜治和章学诚则认为：在首创精神和历史眼光上，司马迁的成就更为卓越，但是班固在历史见识、著述内容、修史体例和文章风采等项，也都有自己的出色贡献，所以可以扬马而不可抑班。值得注意的是，尽管章学诚推崇《史记》的通史体裁，但他又赞扬《汉书》体例严密，又具有别识心裁，所以称之为后代修

① 其他还有杨士奇、李梦阳、何良俊、凌约、虞舜治、钱谦益等。

史的"不祧之宗"，① 这一评语可谓确当！

三、走出低谷

进入近代以后，仍有许多学者持"马班并举"或"各有特色"的看法，可举出张之洞、章炳麟为代表。张之洞认为：历代典籍过于浩繁，其中以"四史"为最重要。四者之中，尤以《史记》《汉书》尤其重要。因为，它们同经籍的关系最为密切，其中多古代典故及古音古字，又是历代修史体裁义例的依据；再从写文章的技巧说，"古来词章，无论骈散，凡雅词丽藻，大半皆出其中，文章之美，无待于言。"② 章炳麟则认为：马班都具有治史的通识，而《史》《汉》各有优劣，而且，二者的优劣，未可轻易下断语。譬如："史公重视游侠，其所描写，皆虎虎有生气；班氏反之，谓之乱世之奸雄，其言实亦有理。"③ 他们的看法都很有见地。

历史上马班并举的局面，到近几十年来情形骤变，司马迁受到极力表彰，班固却长久被冷落了。据中国社会科学院历史研究所资料室编《中国史学论文索引》和辽宁大学历史系编《中国史学史论文索引》统计，自 1950 年至 1981 年，发表研究司马迁的论文共二百一十二篇；同期发表研究班固的论文仅三十一篇。两者相比，前者蔚为大观，后者则甚为寥落。《汉书》研究长期处于低谷的现象十分值得反思。对于整理文化遗产严重忽视固然是普遍的原因，此外，思想上存在的某种"框框"也是深入研究的障碍。马班的著作同是纪传体史书的代表作，都是汉代人，记载的内容又有一部分相重叠，所以研究者总喜欢加以比较，这是很

---

① 见《文史通义·内篇一·书教下》。古代宗法立庙祭祖，因世数过远而迁庙称"祧"，只有始祖庙永远不迁，叫做不祧。不祧之宗，即用来形容永久不可废除的事物。
② 《张文襄公全集》卷二百零四《輶轩语·语学第二》，北平文华斋刊本。
③ 《制言》第53期《略论读史之法》。

自然的。但有的人习惯于按一种模式思考，要肯定司马迁的进步思想和贡献，就需要找到一个反衬，不幸班固便长期被当作这样的反衬。而且每每是拿司马迁的优点来对比班固的缺点，反之，若遇到班固对司马迁加以发展、提高的例证，即使很明显，也未能得到研究者的重视。不妨举出两例。晁错是西汉前期重要的政治家，司马迁对他的评价有偏颇之处，说他"欲报私仇"，指责他"变古乱常"，班固对此作了纠正，肯定他"为国远虑"，"世哀其忠"。这里，显然班固见识更高。再如，班固在《货殖传》中删去一些司马迁原有的很有思想光采的文字，表明了保守观点，应予指出；但司马迁用星占家的说法，按阴阳五行观点解释农业收成的丰歉，班固予以删去，表明其进步观点，这点却几乎无人提到。表彰司马迁是对的，但不能用贬低班固来陪衬，扬马不可抑班。对于这两位为中国文化史做出卓越贡献的人物，如同对李杜、韩柳、苏辛一样，都不能为了扬此而抑彼。更为严重的是，20 世纪 60 年代冉昭德教授曾著文，论述《汉书》"是一部伟大的历史著作"，"实不失为断代史的典范"，并提出班固著史有创造性，历史观点也有其进步方面。[1] 竟被人严厉斥责为美化了班固这个"封建皇帝的忠实奴才"。班固这样一位对中国学术文化有巨大贡献的人物，竟被加上如此的恶谥。这是对待民族文化遗产上极其深刻的教训！

如今，《汉书》研究终于走出低谷，进入了新的时期。早在1979 年，白寿彝教授在北京六所高等院校历史系联合举办的学术讲座上，即高度评价了《汉书》十志为许多学科的研究提供了开创性的资料，指出班固在这方面的贡献超过了司马迁。此后，他又在其他场合不止一次讲到应该提高班固的历史地位。汉史研究专家安作璋先生也著文指出：班固和司马迁是齐名的两位史学家，他们对我国古代史学体系的创立都做出了卓越的贡献。过去旧史家扬马抑班，或扬班抑马，都不足为训，应该说各有所长[2]。

---

① 参见冉昭德《班固与汉书》；《班固的首创精神和进步思想》。分别载于《历史教学》1962 年第 4 期和《西北大学 20 届校庆学术论文集》。

② 见安作璋撰《谈班固在史学上的重要贡献》，《光明日报》1983 年 3 月 23 日。

全面地评价《汉书》在文化史上的贡献，实有深刻的历史必然性。时代已经为我们创造了前所未有的良好氛围，并使我们有了清醒的头脑和开阔的视野：为了更好地把握未来，现代的人们必须了解前人的文化成就，从中吸取有益的经验和智慧。本书即以全面推进《汉书》的研究、恢复班固应有的历史地位为宗旨，抛开旧的框框，贯彻实事求是的原则，选取新视角，作缜密的研究。在纵向上，把《汉书》与司马迁的优良传统联系起来，即可发现：班固继承了《史记》的创新精神，克服了司马迁以后百余年间学者们一直局限于修修补补的旧习，突破著史的难题，创立了断代为史的新格局，再次显示出中国史学的雄伟气魄和创造活力。在横向上，认真地把《汉书》的撰著放在两汉之际社会思潮之中来考察，并与当时的另一名著《论衡》作比较，即可发现班固和王充同样发扬了先秦儒学朴素的理性精神，各以史著和政论的形式，体现出"宣汉"的时代主题。这样，就为确定《汉书》的时代方位分别找到了纵横坐标，将总体评价《汉书》放到一个崭新的、有充分根据的高度。由此再进行多层面的开掘，深入探求《汉书》在记载时代盛衰和人物活动上，在弘扬实录精神和关注民生疾苦等项进步史识上，在囊括广阔的社会生活、典章制度，开多种专史之先河上诸方面的巨大成就。至此，即可合乎逻辑地得出结论：班固确是对中国文化史做了杰出贡献的人物。我的感受可以简单地作这样的归纳：

充分吸收前人的成果而又勇于摆脱陈规旧见，是研究的出发点。

实事求是，无征不信，把问题严格地提到一定的范围之内，是我们的基本态度。

十分重视学术研究的"视角转换"，作纵深的开掘，是不断取得新创获的关键。

社会和学术都在向前发展，随着研究的更加深入，我们对《汉书》这部优秀典籍一定能不断获得新的认识，并继续从中总结出启迪人们的哲理。

增订篇目

历史编纂学的新视域：
以《汉书·刑法志》为个案的分析

　　《汉书》的典志部分历来得到学者的高度评价，范文澜先生
说："《汉书》的精华在十志"，"十志规模宏大，……后世正史
多有志书，大体有所增减。"① 白寿彝先生说："班固将书志体完
善起来"，"班固为史学上的有关学科的研究开辟了道路，是很有
地位的。有的为政治制度史、法律史、经济史、水利工程史、学
术史、历史地理各科的学术源流，都提供了开创性的著作。"② 研
究中国法律史的学者更一致称赞此志开创了中国法制史之先河，
为后代正史《刑法志》所效法。记载刑法，在《史记》八书中原
本无有，此乃班固所新创。且在十篇志的排序中，《刑法志》列
于《律历》《礼乐》二篇之后，而居于《食货》《郊祀》等七篇
之前，可见史家本人重视的程度。无论是从班氏的新创，排列之
显著地位，还是在法制史学科发展上的影响说，《刑法志》所具
有的特殊价值显而易见。但已有的研究成果中，学者们多限于简
略评论其在学科史上的地位和列举其史料价值方面，而未作深入

---

① 范文澜：《中国通史简编》（修订本）第二编，人民出版社1964年版，第245
页。

② 白寿彝：《司马迁和班固》，《史学史资料》1979年第2期。

的个案剖析。尤其是，对于班固的论述如何贯穿了进步的史识，本篇为何能做到真实、深刻地再现历史，史家在史料的组织、剪裁上，表现出怎样的匠心，班氏的历史编纂方法中包含有哪些深刻的哲理等项，均未曾予以论及。本文即拟对上述诸项进行分析，借此以说明运用历史编纂学视角，将展现出开阔的学术视域，对于推进学术研究，意义甚大。

一、如何做到真实、深刻地再现历史

记载汉代刑法的进步，是班固为自己确定的一项重要任务，对此班固完成得十分出色，他做到了真实、深刻地再现历史，达到史学著作很高的境界。首先，班氏并非静态地记载西汉一代有关刑律的规定，而是放在刑法制度演进长河中来进行再现和考察。汉代的刑法制度上接周、秦。西周刑法的特点是建三典，行五刑。建三典，"一曰，行新邦用轻典；二曰，行平邦用中典；三曰，行乱邦用重典"。此三项，为后代政治家和主管刑法的人物屡屡引用。行五刑，即"墨罪五百，劓罪五百，宫罪五百，刖罪五百，杀罪五百"，是属于"行平邦用中典"的正常情况下规定的刑法。周道既衰，刑罚加重，周穆王时，所行刑罚是"墨罚之属千，劓罚之属千，膑罚之属五百，宫罚之属三百，大辟之罚其属二百"。原来五种刑罚各规定有一百种犯罪情节，至周穆王时，竟增加到二百种、三百种、五百种，甚至千种。春秋时，郑子产铸刑书，叔向对此表示反对，说："民知争端矣，将弃礼而征于书。"子产则予以坚持，回答说："吾以救世也。"至战国，韩国任用申不害，秦国任用商鞅，实行酷刑："连相坐之法，造参夷之诛；增加肉刑、大辟，有凿颠、抽胁、镬亨之刑。"至秦始皇，实行严刑峻法，"灭礼谊之官，专任刑罚，躬操文墨，昼断狱，夜理书"，结果造成"奸邪并生，赭衣塞路，囹圄成市，天下愁怨，溃而叛之"。

秦朝以严酷的刑罚对待广大民众，导致众叛亲离而灭亡，这一深刻的历史教训使汉初政治人物认识到，必须改弦更张、减轻刑罚，才能得到民众拥护。班固突出地记载汉朝刑法制度有三次大的进步。一是汉初约法省刑，法律简明。"汉兴，高祖初入关，约法三章曰：'杀人者死，伤人及盗抵罪。'蠲削烦苛，兆民大说。"其后，萧何制定九章律。当孝惠、高后时，"萧、曹为相，填以无为，从民之欲，而不扰乱，是以衣食滋殖，刑罚用稀。"二是汉文帝时，为政宽厚，刑罚大省。文帝"惩恶亡秦之政"，"化行天下，告讦之俗易。……风流笃厚，禁罔疏阔。选张释之为廷尉，罪疑者予民，是以刑罚大省，至于断狱四百，有刑错之风"。文帝又因缇萦之请，除肉刑。缇萦之父齐太仓令淳于公有罪当刑，诏狱逮系长安，缇萦上书向文帝求告："妾伤夫死者不可复生，刑者不可复属，虽后欲改过自新，其道亡繇也。妾愿没入为官婢，以赎父刑罪，使得自新。"文帝大受感动，遂下诏称："今法有肉刑三（颜注引孟康曰：黥、劓二，刖左右趾合一，凡三也），而奸不止，其咎安在？……夫刑至断支体，刻肌肤，终身不息，何其刑之痛而不德也！……其除肉刑，有以易之；及令罪人各以轻重，不亡逃，有年而免。"要求臣下议奏。丞相张苍、御史大夫冯敬奏请废除肉刑，实行改易，如"当黥者，髡钳为城旦舂；当劓者，笞三百；当斩左止者，笞五百；当斩右止，及杀人先自告，及吏坐受赇枉法，守县官财物而即盗之，已论命复有笞罪者，皆弃市。"景帝时，又两次减少笞刑受笞之数，并规定笞具的大小尺寸，使受笞刑者不至毙命。三是汉宣帝出身贫贱，深知百姓受刑狱之苦，又深感廷史路温舒奏疏所言"秦有十失，其一尚存，治狱之吏是也"，乃下诏改变"决狱不当，使有罪兴邪，不辜蒙戮"的状况，决定"置廷平，秩六百石，员四人。其务平之"。"于是选于定国为廷尉，求明察宽恕黄霸等以为廷平，季秋后请谳。时上常幸宣室，斋居而决事，狱刑号为平矣。"元帝、成帝也曾下诏要求臣下议奏减轻刑律。《刑法志》上述记载，足以说明比起战国时申、商之流增加肉刑、大辟，施行凿颠、抽胁、镬亨等酷刑，及秦始皇时之施行苛暴法律来，汉代刑法的确有了很大的进步。

其次，班固真实而深刻地再现历史的本领更表现在，他揭示出汉初大省刑罚与封建社会历史进程中刑法制度严酷、狱吏专杀形成互相悖反的演变趋势，揭示出一再从皇帝诏令、大臣奏议中反映出来的减轻酷刑、删定律令的客观要求，与一些人主张过刑之谬论和竭力维持严酷旧制之间的直接矛盾。

班固记载，汉初针对当时仍施行的判大辟者夷三族，先施行黥、劓、斩左右止、笞杀等酷刑，及"诽谤詈诅者，又先断舌"的规定，于高后元年，乃除三族罪、祅言令。至文帝时，又欲改变对判罪者，将其无罪之父母妻子同产处以连坐及收没为奴之旧法，令丞相、太尉、御史议奏。左右丞相周勃、陈平却以旧法所由来已久，判处连坐及没收为官奴婢，可以令民畏惧，"所以累其心，使重犯法也"为借口，奏请不改。文帝再次下令申明，对无罪之人处以连坐，是"以不正之法罪之，是法反害于民，为暴者也"，因此才宣布尽除收律、相坐法。但其后，又因新垣平谋为逆，复行三族之诛。班固深深慨叹历史的进步要求是减轻刑罚，而实际施行的结果却是严酷治罪，竟然形成了两种互相悖反的趋势，议论说："由是言之，风俗移易，人性相近而习相远，信矣。夫以孝文之仁，平、勃之知，犹有过刑谬论如此甚也，而况庸才溺于末流者乎？"

《刑法志》还记载，自高帝至成帝，曾先后六次下诏要求减重刑、公正审案。如高祖七年，诏令御史草除案件久疑不决，有罪者久而不论，无罪者久系不决之积弊，命"自今以来，县道官狱疑者，各谳所属二千石官，二千石官以其罪名当报"。高祖诏书中提出如此明确的要求，然而各级典狱者却不能照办。景帝后元三年（前141），下诏对老弱系狱者不加桎梏，称："年八十以上，八岁以下，及孕者未乳，师、朱儒当鞠系者，颂系之。（颜注：颂读曰容。容，宽容之，不桎梏。）"至宣帝元康四年（前62），又规定对年满八十岁者不应受牵连入狱判罪，诏令称："朕念夫耆老之人，发齿堕落，血气既衰，亦无逆乱之心，今或罗于文法，执于图圄，不得终其天命，朕甚怜之。自今以来，诸年八十非诬告杀伤人，它皆勿坐。"至成帝鸿嘉元年（前20），诏令规定"年未满七岁,贼斗杀人及犯殊死者",予以减罪。

　　班固集中地记载自高帝至成帝六次下诏规定减重刑、公正审案,体现出"法令稍定,近古而便民"的进步趋势。这里所言"近古",是指符合《周礼》上"三宥"(一曰弗识,二曰过失,三曰遗忘)、"三赦"(一曰幼弱,二曰老眊,三曰蠢愚)的规定,革除久系案犯不决之积弊,对耆老和幼弱者从宽定罪,都有利于减轻民众的痛苦。班固又指出,儒家的理想政治是实行德政,"胜残去杀"。然而判案定罪的实际情况却大相径庭:"考自昭、宣、元、成、哀、平六世之间,断狱殊死,率岁千余口而一人","今郡国被刑而死者岁以万数,天下狱二千余所,其冤死者多少相覆"。班固以真实的记载告诉人们,不仅要看到自高帝以后多次下诏减轻刑罚的规定,更要深入一层认识到各级典刑狱者在执法过程中重判专杀,致使监狱遍布国中、受冤而死者不计其数的悲惨现实!

　　复次,班固记载刑法制度演变的深刻性还在于,他认识到刑法的施行是一个社会问题,与社会的政治状况和司狱者的利益驱动直接相关。汉武帝时代号称西汉鼎盛时期,但恰恰由于武帝连年大规模征伐,致使财政空虚,加重对民众的剥削,社会矛盾激化,犯罪案件大增,判刑严酷,法令繁苛,狱吏上下其手,造成无数冤案。对此班固详加记载:"及至孝武即位,外事四夷之功,内盛耳目之好,征发烦数,百姓贫耗,穷民犯法,酷吏击断,奸轨不胜。于是招进张汤、赵禹之属,条定法令,作见知故纵、监临部主之法,缓深故之罪,急纵出之诛。其后奸猾巧法,转相比况,禁罔寖密。律令凡三百五十九章,大辟四百九条,千八百八十二事,死罪决事比万三千四百七十二事。文书盈于几阁,典者不能遍睹。是以郡国承用者驳,或罪同而论异。奸吏因缘为市,所欲活则傅生议,所欲陷则予死比,议者咸冤伤之。"他揭示出因社会矛盾激化、秩序混乱,官吏制造各种理由,互相比照,判重罪,多判罪,刑律越来越苛滥、严酷,奸吏弄法受财,拿法律作交易,制造大量冤狱,这是法律史上极其严重的教训!故据实直书,揭露狱吏的种种恶劣作为,痛加批驳。

二、匠心的运用和巨大的震撼力

《刑法志》的编纂与只会罗列史料者迥然不同，它随处体现出班固这位杰出史家组织、剪裁史料的匠心和出色的史才。尤为突出者，可以举出三项：

（一）将丰富的史料精心地组织为两个大的层次加以论述。前一大层次，重点记载自高祖至成帝刑法制度的演变。文帝下诏废除肉刑，当判处劓刑、斩左趾者分别改为用笞三百、笞五百代替，其结果，是"外有轻刑之名，内实杀人。斩右止者又当死。斩左止者笞五百，当劓者笞三百，率多死。"宣帝下诏严责狱吏用法，巧文寖深，并亲自斋居而审理狱案，当时涿郡太守郑昌已上疏请求"删定律令"，以"正其本"，防止"政衰听怠"。至成帝时，更在诏书中痛陈律令繁苛、民众惨遭罗织罪名的危害："今大辟之刑千有余条，律令烦多，百有余万言，奇请它比，日以益滋，自明习者不知所由，欲以晓喻众庶，不亦难乎！于以罗元元之民，夭绝亡辜，岂不哀哉！"因此要求朝廷"议减死刑及可蠲除约省者，令较然易知"。

通过上述记载，已经深刻地说明删定律令、革除狱吏枉法判罪制造无数冤狱的积弊，乃是社会前进的客观需要。但实际情形，却是朝臣中存在着"法难数变"的错误观念，根深蒂固。因而形成严重的阻力，掌管刑狱的官吏敷衍应付，"不能因时广宣主恩，建立明制，为一代之法，而徒钩摭微细，毛举数事，以塞诏而已。是以大议不立，遂以至今"。究竟是应该删定律令、革除积弊，还是循沿旧规，维护制度烦苛、继续为害民众呢？这就必须进一步拿出确凿的事实，予以廓清。由此转入后一大层次，集中记载高后元年、文帝二年两次改变律令，又自高帝至成帝六次下诏，要求减轻重刑，公正审案。通过以历史编纂学视角进行探讨，我们得以了解：班固这样精心组织、剪裁史料，不仅真实地揭示出封建时代制定法律所显示出的进步与实际执行中治罪严酷、狱吏贪赃枉法、制造无数冤案二者之间的尖锐对立，而且深刻地表达出史家本人强烈要求删定律令、公正审案、解救民众痛苦，达到"便民""便令"的出色的刑法思想，而这恰恰是只能作一般史料排比者所无法企及的。

（二）成功地运用议论，赋予历史记载具有巨大的震撼力。班固修史，极其重视在据实直书的基础上发表议论，见识深远，感情强烈，大大增强了其史著的价值。上文论及的已有数处，如文帝是明君，武帝时是盛世，但也直接批评其恶政，对于借口"法难数变"、严重阻碍删定律令的错误观念，更直斥之为"庸人不达，疑塞治道"，篇中这类议论都揭示出所载史实的实质意义，增强了史著厚重的历史感和深刻性。

更为精彩的是篇末的长段议论。在记载"今郡国被刑而死者岁以万数"的悲惨事实之后，班固无法抑制批判的锋芒和感情的抒发。他要深究其原因，并且剖析对民众造成的危害："原狱刑所以蕃若此者，礼教不立，刑法不明，民多贫穷，豪桀务私，奸不辄得，狱犴不平之所致也。《书》云'伯夷降典，哲民惟刑'，言制礼以止刑，犹隄之防溢水也。今隄防凌迟，礼制未立；死刑过制，生刑易犯；饥寒并至，穷斯滥溢；豪桀擅私，为之囊橐，奸有所隐，则狃而寖广：此刑之所以蕃也。……今之狱吏，上下相驱，以刻为明，深者获功名，平者多后患。谚曰：'鬻棺者欲岁之疫。'非憎人欲杀之，利在于人死也。今治狱吏欲陷害人，亦犹此矣。凡此五疾，狱刑所以尤多者也。"班固这段议论集中地分析了狱吏以判重罪、多杀人为获利的手段，上下相驱，以此论功受赏，利益的驱动使他们丧失了良心和判案的起码公正原则，"五疾"早已成为社会的严重祸害！他洞悉造成刑狱不公的实质性问题，批判犀利有力，感情沉痛，表现出对人民深刻的同情心，使我们在今天读来仍然感到巨大的震撼！

（三）贯彻叙述刑法制度古今沿革的编纂原则。《刑法志》所载上溯周代，下限则一直记载到班氏生活的时代，指出东汉初刑法取得显著的进步，狱案大大减少，但疾未尽除，刑狱不平未彻底解决："自建武、永平，民亦新免兵革之祸，人有乐生之虑，与高、惠之间同，而政在抑强扶弱，朝无威福之臣，邑无豪桀之侠。以口率计，断狱少于成、哀之间什八，可谓清矣。然而未能称意比隆于古者，以其疾未尽除，而刑本不正。"他对东汉初刑法的进步给予高度的评价，但他不一味颂扬，而是以一个历史学家公正审视的尺度，公开批评"其疾未尽除，而刑本不正"。并在篇末呼吁："岂宜惟思所以清原正本之论，删定律令"，"诋欺文致微细之法，悉蠲除。如此，则刑可畏而禁易避，吏不专杀，法无二门，轻重当罪，民命得全，合刑罚之中"。说明他记述刑法制度沿革的宗旨，是冀求当今正本清源，删定律令，废除烦苛，以达到减轻民众痛苦、保证刑法公正的目的，再次表达出他对人民深切的同情心和高尚的史德。

三、比较马班不同风格，为《汉书》
作准确的历史定位

评价《汉书》的成就和价值，自然要联系到另一部史学名著《史记》。在历史上，历代学者长期将《史》《汉》并称。《汉书》从著成起便受到普遍的推崇，《后汉书·班固传》称："当世甚重其学，学者莫不讽诵焉。"晋唐六百年间，研治《汉书》风气甚盛，成为一门"汉书学"，名家辈出。《新唐书·儒林传》概述说："是时汉书学大兴。"刘知幾在《史通·古今正史》中这样总括学者尊奉《汉书》的情况："始自汉末，迄乎陈世，为其注解者凡二十五家，至于专门受业，遂与《五经》相亚。"其时研究《史记》的学者并不多，唐初著《史记索隐》的司马贞说《史记》"汉晋名贤未知见重"[1]。《汉书》"后迁而述，所以条流更明，是兼采众贤，群理毕备，故其旨富，其词文，是以近代诸儒共行钻仰"[2]。自明代起，《史记》的地位明显提高，但评论者的

---

① 司马贞：《史记索隐序》。
② 司马贞：《史记索隐后序》。

看法，则大致认为《史》《汉》并列，或互有得失，如明代学者徐中行所言："历代之宗《汉书》，至宋尤为盛，其宗《史记》者，乃始盛于今日之百家。然二氏皆良史之才，而其得失靡定。"①自近代以来，《史记》一直受到学者高度重视。而《汉书》则明显不及。这种情况与下述两项原因有关。一是近代学者更重视学术的开拓精神和自由奔放的风格，《史记》的雄奇创造力和叙事生动、感情热烈的特点更加受到赞赏。二是20世纪50至60年代曾经流行"对立面斗争"的思维模式，为了称扬《史记》是"异端史学"，就须要拿《汉书》作为对立面来作陪衬，这样《汉书》自然受到贬抑。然而评价《史记》和《汉书》决不能采取形而上学的片面的观点，而应当采取辩证的具体分析的态度。

从历史编纂学视角考察，我们能大大推进对班固的首创精神，进步史识，高尚史德，以及组织史料和灵活运用体例的高超能力等项的认识，纠正以往的偏颇看法，从而为《汉书》找到准确的历史定位。首先从著史的总格局说，班固既善于继承，又善于创造。他继承了《史记》的纪传体裁，但认识到"大汉当可独立一史"②，"究西都之首末，穷刘氏之废兴"③，断代为史，则是其影响深远的创造；而首创《刑法志》，并且高度重视刑法制度在国家治理和社会生活变迁中的作用，中国法制史之有人研究，自班固始。更可贵的是，班固以进步史识统帅全篇。他系统地记载了西汉刑法的巨大进步，予以充分的肯定，同时对各个时期存在的律令烦苛、判案严酷、狱吏贪赃枉法等恶政，一一予以揭露，绝不粉饰。他不但记载刑法演变的历史，同时要写出自己的刑法思想，这就是贯穿全篇的正本清源，删定律令，"便民""便今"，达到解救民众灾难的强烈主张。因此，文帝虽为明君，陈

---

① 见凌稚隆辑校、李光缙增补《史记评林》卷首《刻史记评林序》，天津古籍出版社1998年版。

② 《太平御览》卷六〇三《史传》上引《后汉书》载班固所言。（按，这部《后汉书》作者未详。）

③ 刘知幾：《史通》卷一《六家》。

平、周勃虽居高位，但因其有"过刑"谬论而受到责备。武帝时号称盛世，但因律令苛滥，治罪严酷，故也予以"议者咸冤伤之"的重责。而对宣帝时廷尉属官路温舒上疏痛陈判罪过重、狱吏专杀仍是亡秦恶政的继续，以及涿郡太守郑昌奏请"今明主躬垂明听，虽不置廷平，狱将自正；若开后嗣，不若删定律令。律令一定，愚民知所避，奸吏无所弄矣"，删定律令、公布于众、使民知所畏避才是根本，比起任命廷平四人审案和皇帝本人斋居而决狱，要重要得多，对这些切中时弊的言论，都予以表彰；对于元帝下诏称："夫法令者，所以抑暴扶弱，欲其难犯而易避也。今律令烦多而不约，自典文者不能分明，而欲罗元元之不逮，斯岂刑中之意哉！其议律令可蠲除轻减者，条奏，唯在便安万姓而已。"以及成帝诏令"议减死刑及可蠲除约省者，令较然易知，条奏"，也明确表示赞扬。这样以高超的手法组织、安排史料，体现出班固进步的刑法思想，这也就是全篇的撰述宗旨。班固在篇末所加的议论不但恳切中肯、感情沉痛，而且其篇幅长达三千余字，约占《刑法志》全篇七分之一，此不惟《汉书》全书所独有，在《史记》以下所有"正史"中也属罕见。班氏为何要突破常规，作这样处理？其原因，就是他要在记载史实的基础上，做正本清原的工作，强调刑律不公是关系到封建政治全局的严重问题，明确地提出要根据现实情况，删除烦苛的旧刑律，制定简明而"便民"的新律令，让民众从酷刑之祸、"五疾"之灾中解救出来。通过从历史编纂学视角的分析，我们才能更充分地认识班固的进步史识和高尚的史德，更充分地认识《刑法志》不仅有极高的史料价值，更有极高的思想价值。

其次是辩证地处理"断代为史"与"通古今"二者的关系。对"断代为史"的体裁体例要求，若刻板地理解，那就只限于记述汉代历史，上起高祖，终于王莽。但历史是不能割断的，而且史家记载历史，目的是为了取鉴过去而预见将来。所以高明的史家不但要做到符合"断代为史"的体例要求，而且在必要时应当打破自己手定的"例"而作灵活变通。班固正是这样做了，他突出了以记述汉代刑法制度演变为重点，同时，为明其渊源所自，并且对照汉代比起前代的进步，所以要记述自周代以来刑法的制定和演变。由于班氏怀有强烈的史家责任心和使命感，所以他还要关注当代，写出东汉初刑法制度的实际情况，呼吁人们正视虽然刑罚大大减轻，但远未达到"刑法公正"的目标。既符合"断代为史"的体例，又"通古今"，以载明制度的渊源沿革，这样以高明的史识为指导，辩证地来处理二者的关系，灵活变通，确乎是杰出的史家方能做到。《刑法志》主体部分体现了"通古今"的观点，在其前面记载兵制部分，也是起自西周兵制"因井田而制军赋"，再历春秋、战国、秦的沿革，迄于汉代兵制，做到了"通古今"，明其源流沿革。

再次是内容丰富而又组织严密，章法分明，逻辑谨严。《刑法志》前面记载兵制与后面主体部分记载刑法之间，以及记载刑法沿革前后两大层次之间，都有恰当的过渡的文字将前后紧密联系起来，因而起承转合自然，全篇构成结构严整的有机整体。他又重视发表议论，或在一段叙述之后，或在一个大的层次之末，分析其利害，评价其价值，紧扣记载的史实而加以提升，给人以深刻的启示。在文字表述方面，班氏的特点是准确、凝练、生动，锤炼文字坚而难移，为后世树立了典范，即使这篇记载典章制度沿革的"志"同样如此。这里仅举一例。在论述因"五疾"而造成狱案繁多一段，开头言："原狱刑所以蕃若此者，礼教不立，刑法不明，民多贫穷，豪桀务私，奸不辄得，狱犴不平之所致也。"这是全段的总提，也是本段的总论点。继之，即用五小层意思，逐一解释"礼教不立""刑法不明"等"五疾"，有力地分析其危害所在，层层深入，加强表达效果。而"狱犴不平"尤其直接造成民众严重的祸害，故又作重点论述，先引用孔子有关"省刑""减杀"的言论来作对照，然后揭示狱吏上下相驱、以判重罪邀功受赏、死人越多获利越多的残酷现实，全段论述连贯深刻，前后呼应，重点突出，逻辑分明，感情深沉，因而具有惊心动魄的力量。若非文章巨匠，孰能为之？

总之，从历史编纂学角度探讨和分析，我们即能获得这样的深刻认识：班固在著史格局上继承了司马迁创造的纪传体史书体裁，在其基础上又实现了"断代为史"的创新；《汉书》记述的内容是以《史记》为基础，而又加以发展；在总结历史盛衰经验，从经济生活和民心向背观察历史进程，实录精神，褒善瘅恶，以及讲求体例完善、叙事生动等方面，班固都无愧为司马迁所开创的优良传统的继承者，而又大力加以发扬。若就著史的风格而论，则马班各具特色。从创造力的雄奇，笔法的灵活变化，文章的腾挪跌宕等项言，司马迁更加出色；而从史实丰富、体例严整、组织合理妥帖等项言，班固也明显地具有优长。历代《史》《汉》并举是有极其深刻的道理的，马班各在史坛上享有崇高的地位，同时各有独特的风格，未可轻易扬此抑彼。深谙历史编纂学奥蕴的章学诚对此曾有过精彩的论述，对我们极有启发。他把自古以来所有的史书分为两大类，用《易经》上"圆而神"和"方以智"的说法，分别概括它们的特点："记注藏往似智，而撰述知来拟神也。藏往欲其赅备无遗，故体有一定，而其德为方；知来欲其抉择去取，故例不拘常，而其德为圆。"所谓"藏往似智"，是指记注这一大类史书，作用在于记载历史知识，这就要求作者应当具有相当的知识水平。为了达到内容丰富，包容量大，必须讲究一定的体例，做到有规矩可循，整齐合理，所以说"藏往欲其赅备无遗，故体有一定，而其德为方"。所谓"知来拟神"，是指撰述这一大类史书，目的在于展示未来的趋势，这就要求作者有高明的见识，按照自己的见解有所轻重取舍，在体例上则注意灵活运用，做到融会贯通，互相配合。所以说"知来欲其抉择去取，故例不拘常，而其德为圆"。章学诚认为："史氏继《春秋》而有作，莫如马、班；马则近于圆而神，班则近于方以智也。""迁《史》不可为定法，固《书》因迁之体，而为一成之义例，遂为后世不祧之宗焉。……然而固《书》本撰述而非记注，则于近方近智之中，仍有圆且神者，以为之裁制，是以能成家而可以传世行远也。"①他的意思是：《春秋》之后最优秀的史书要算《史记》《汉书》。《史记》较多地具有"圆而神"的

---

① 均见章学诚《文史通义》内篇一《书教下》。

特色，《汉书》则较多地具有"方以智"的特色。不过像司马迁那样灵活洒脱，后人不容易学到，因此，班固在继承司马迁的体裁上，形成一种有规矩可循，整齐合理的体例，后代修史者便一概以他为榜样，谁也不能改变。他特别强调了：尽管讲究体例整齐是班固的一大特点，但是又必须清楚，《汉书》也是一部撰述而非记注的书，所以它在讲究体例的同时，仍然是卓有见识，对体例作灵活运用，剪裁处理得当。这正是《汉书》自成一家而具有久远生命力的根本原因。"于近方近智之中，仍有圆且神者，以为之裁制"，堪称是对《汉书》历史编纂特色的精当概括。

评价《汉书》是一部继承了《史记》的优良传统并大大加以发展、具有突出的创造精神和独特的编纂风格的史学名著，当然并非说它完美无缺。《刑法志》中记载春秋郑子产铸刑书，晋叔向非之，称公布了刑法条文，"民知有辟，则不忌于上，并有争心"。班固同样对子产持批评态度，曰"媮薄之政，自是滋矣"，此表明其保守的立场。再者，班氏在总体上认为刑法制度的历史总趋势是进步的，并反复论述律令条文应因时而变，但他有的地方又认为上古之世刑罚公正，几乎无人犯法，言"三代之盛，至于刑错兵寝者，其本末有序，帝王之极功也"，又称删定律令是要达到"近古"和"比隆于古"，不能摆脱俗儒视三代为黄金时代的窠臼，这也明显地表现出其历史局限性，对于这类地方也应予指出。

（原刊《天津社会科学》2008 年第 4 期）

《汉书·五行志》平议

东汉初班固所撰《汉书》，是传统史学中继《史记》而起的巨著。其中的十篇志，从总体说，历来备受学者们所推重。清代以前，对十志进行考订注释之作前后辈出。近代以来不同学科的研究者，进而注重用近代眼光加以诠释，阐发其中的价值。故当代著名史学家对这十篇志给以极高的评价，称："《汉书》的精华在十志"，"十志规模宏大，……后世正史多有志书，大体有所增减。"[①] 十志"将书志体完善起来"[②]。唯独其中《五行志》一篇，却是颇受讥议。唐代刘知幾著《史通》，专门写了《五行志错误》《五行志杂驳》两篇。清代著名思想家龚自珍也批评说："班氏《五行志》不作可也。"[③] 今人论著中有的也视《五行志》是宣扬灾异迷信之作。那么，《五行志》设置的性质是什么？它在哪些方面具有值得重视的史料价值？对于刘知幾的批评又如何认识？这些问题都值得深入探讨。

---

① 范文澜：《中国通史简编》（修订本）第二编，人民出版社1964年版，第245页。

② 白寿彝：《司马迁与班固》，见《司马迁研究新论》一书"代序"。

③ 龚自珍：《定庵文集补编·与陈博士笺》。

一、《五行志》的性质

《五行志》是不是一篇集中地宣扬迷信思想之作？这个问题需从三个层次来分析。

首先，应从历史编纂学的角度，分析"志"的作用。

纪传体史书中的"典志"，创始于《史记》，完善于《汉书》。这种纪传体史书，何以在设立"本纪""列传"（有的还有"表""世家"）之外，还要设置"典志"一体呢？这是因为，它们各有功用，互相配合。"本纪"是记载一朝政治、军事、经济、民族关系等大事的纲目（当然"本纪"也表示帝王地位至尊）；"列传"记载有代表性人物的活动，并对"本纪"所记大事作具体说明。除了"本纪""列传"中已有的年代、事件、人物之外，各个时代还有典章制度、社会生活、学术文化等也需要记载，这些内容就包括在"典志"之中，与"本纪""列传"互相配合，构成一个时代的全史。在西汉，阴阳五行思想流行，经董仲舒提倡"天人感应"说，将儒学与阴阳五行说结合起来之后，自宣、元起，至成、哀年间，皇帝的诏令、大臣的更换、不同政治集团之间互相攻击，都要引用阴阳灾异，许多儒家人物，还写了大量有关阴阳五行的著作。既然阴阳五行说成为一种社会思潮和学术文化的特殊现象，那么，作为广泛反映社会生活的"志"就理当记载。故从典志体的性质、作用说，《五行志》的设立是符合情理的，设立它的本身不等于表明班固有意识提倡迷信思想。

其次，《五行志》又有汇编纂辑的性质，这是班固在这篇志中明言的。

班固有如下交代："汉兴，承秦灭学之后，景、武之世，董仲舒治《公羊春秋》，始推阴阳，为儒者宗。宣、元之后，刘向治《谷梁春秋》，数其祸福，传以《洪范》，与仲舒错。至向子歆治《左氏传》，其《春秋》意亦乖矣；言《五行传》，又颇不同。是以揽仲舒，别向、歆、传载睢孟、夏侯胜、京房、谷永、李寻之徒，所陈行事，迄于王莽，举十二世，以傅《春秋》，著于篇。"这段话，概括了西汉主要的阴阳灾异家有哪些人物，并指出他们言灾异的特点：各自比附推演，各有一套说法，互相乖错分歧。"揽"同"揽"，是摄取、采撷之意，"别"是区别、分列之意；"传载"即记载之意。班固连用这几个提法，强调《五行志》是将董仲舒、刘向、刘歆等各不相同的说法，汇编纂辑在一起。既然如此，志中所引录的附会灾异的话，就不能认为都代表了班固本人的思想。

复次，还应当联系《汉书》中的其他篇章，分析班固对阴阳五行说的态度。

前面已说到，设立《五行志》本身并不算错，问题是班固用什么态度对待迷信说法。班固的态度是，一方面他有天人感应的神秘观点，在《汉书·天文志》序中说："政失于此，则变见于彼，犹景（同影）之象形，乡（同响）之应声。是以明君睹之而寤，饬身正事，思其咎谢，则祸除而福至，自然之符也。"另一方面，他又明确批评阴阳灾异家的随意比附。《汉书》中有一篇阴阳灾异的合传——《眭两夏侯京翼李传》，在全篇末尾赞语中，他画龙点睛，很不客气地批评他们都是讨好皇帝："汉兴推阴阳言灾异者，孝武有董仲舒、夏侯始昌，昭、宣则眭孟、夏侯胜，元、成则京房、翼奉、刘向、谷永，哀、平则李寻、田终术。此其纳说时君著明者也。察其所言，仿佛一端。假经设谊，依托象类，或不免乎'亿（通臆）则屡中'。"深刻地指出自董仲舒以下，这些阴阳灾异家的共同特点是牵强附会，任意臆测，即使有一二次说中了，也只是侥幸碰上，确实是打中了善推阴阳灾异者的要害。

二、《五行志》的文献价值

西汉中、晚期，阴阳五行说大为流行，灾异家用以比附国家政治生活和社会现象，这些说法必然充斥着唯心迷信思想。但又应看到，由于五行说的起源是用物质现象解释世界，所以在《五行志》中又包含有不少有价值的资料和例证，故为近代天文学史、自然史、灾害史等学科的研究所重视。这就是《五行志》的文献价值所在。

（一） 关于古代日食的史料

我国有世界上最早和最完整的日食记事。《春秋》所记三十六次日食，已为近代科学方法所验证。《汉书》继承了这一传统，详细记载了西汉二百一十二年的五十三次日食，这份完整的记录，即见于《五行志》。这是班固对自然科学史的一项贡献。当代学者用近代天文知识进行推算，列出历史上曾经发生过的日食，《汉书》上的记载与之完全符合，足见《汉书》记载之完整[1]。此后，后代正史记载相承，其中偶有误记，但基本上是正确可靠的。从先秦到清末，我国古籍上所记历代日食共一千一百二十四次。

（二） 关于太阳黑子和哈雷彗星的记载

我国关于太阳黑子活动的最早记载见于《五行志》：

成帝河平元年（前28）三月乙未，日出黄有黑气，大如钱，居日中央。

这是关于公元前28年太阳黑子活动的记载，比起外国的记载早了一千多年。世界上有关太阳黑子的记载，只是从1749年以后，有了利用天文望远镜的观测方法，记录才比较详实。我国历代所记录的太阳黑子活动共有二百三十四次。《汉书》有关太阳黑子的记载还有：

文帝时日中有王字。

---

[1]　参见陈遵妫《中国天文学史》第三册《日食表》。上海人民出版社1984年版。

永光元年（前43）九月，日居黑厌，大如弹丸。①

成帝建始元年（前32），昼昏，日中有黑气。②

天凤二年（前14）二月，是时日中见星。③

举世闻名的哈雷彗星，从春秋到清末两千余年，凡逢这颗彗星复见，我国史志上都有记载。彗星，在古书上又称为孛星、星孛、蓬星、长星等。古人重视慧孛，认为是灾异出现，故观测频繁，记录不断，后世赖以质证。西方学者常常以我国典籍来推算彗星的行道和周期，而断定它的复见。哈雷彗星即其中最著名的一颗。

哈雷彗星出现的周期约七十六年。但因行星对它引力的作用，它出现的周期有变化，最短约为七十三年，最长有时达七十九年。当它出现时，地球上能观测的日子比较长。如20世纪80年代出现的这一次，1982年起即可找到它。自1985年11月18日起昼夜出现。1986年2月到近日点。1989年，仍可观测到。前后出现共历八年时间。《汉书》上有关记载正可以质证它运行的这一特点。而《汉书》和其他古籍上保留的世界上最早和次数最多的关于哈雷彗星的记载，又证明了我国古代天象观测和记录的可靠性。《汉书》提供了自春秋至西汉末哈雷彗星的记录共有五次，《五行志》所载有三次：

公元前613年　《五行志》据《春秋经》记载，鲁文公十四年"有星孛入于北斗"。天文学家威廉著《中国彗星考》确称这是关于哈雷彗星的最早记载。④ 比外国人关于公元66年哈雷彗星的记载早了六百七十余年。

公元前240年　秦始皇七年，彗星先出东方，见北方；五月见西方。《五行志》载："始皇之时，十五年彗星四见。"这四次，即指《史记·秦始皇本纪》所载：七年，彗星先出东方，见北

---

① 《汉书·五行志》。

② 见《汉书·盖诸葛刘郑孙毋将何传》中，郑崇谏曰，"孝成皇帝时亲封舅五侯，天为赤黄，昼昏，日中有黑气。"

③ 《汉书·王莽传》。

④ 本书有关哈雷彗星的内容，参考陈遵妫《中国天文学史》第三册第五编第五章，《中国天文学年鉴·1986年》"哈雷彗星"；《中国大百科全书·天文学》。

方，五月见西方。……彗星复见西方十六日。九年，彗星见，或竟天。……彗星见西方，又见北方，从斗以南八十日。

十三年，正月，彗星见东方。

公元前12年 成帝元延元年七月辛未，有星孛于东井，践五诸侯，出河戍北，率行轩辕、太微，后日六度有余，晨出东方。十三日夕见西方，犯次妃、长秋、斗、填，蜂炎再贯紫宫中。大火当后，达天河，除于妃后之域。南逝度犯大角、摄提，至天市而按节徐行，炎入市，中旬而后西去，五十六日与仓龙俱伏①。

（三）特异现象种种

近些年来，新闻媒介不时地报道国内外的一些"奇闻"。这类报道能使大众增加见闻，而对专业人员来说，则等于提供了有用的科学资料，具有信息价值。我手头的几份剪报就提供有：1989年初，河南洛宁县发现了一头罕见的牛犊，身上共长出七条腿，其中一条从背上长出，小牛犊自生下后活动正常。电视台还播放了小牛跑动的镜头。又，1990年初，云南一农村发现有母牛生下三条腿的小牛，已四个月，行走正常。电视台出播放了小牛随母牛上山的镜头。② 1989年初，非洲肯尼亚正遭干旱的西部地区，数日连降"黑雨"，居民家用的铝锅，煮了雨水后，铝锅内已变得漆黑。盛着雨水的杯内，沉淀一层厚厚的黑色物质。这片地区，几乎没有任何工业设施，处处是田园牧地。黑雨从何而来，颇令有关人士迷惑莫解。此外还报道有毛孩、连体婴儿、老

---

① 陈遵妫指出：克劳密林据《汉书》的记载夸赞中国史志这次记载甚为详细清晰。这年10月8日哈雷彗星通过近日点，所以运行甚快。欣特（Hind）则据此《汉书》的详细记载发现了新法则，推算出哈雷彗星的轨道，知道当时轨道和黄道交角为十度，而现代约为十八度。他遂创立一说，认为："哈雷彗星轨道和黄道斜夹的角度是古狭今宽。"

② 又据《北京青年报》1999年2月23日第10版刊登了一幅新闻照片，报道一只罕见的六脚牛将于台中动物奇观博览会上展出，这头六只脚的母牛两个多月前在金门金沙镇出世。照片清楚地显示，小牛犊前背部的两侧朝上多长了两只脚。

人头上长出的肉质"角"、男女性别转化等。

在今天，人们对这类"奇闻"并不感到骇异，相反地觉得它们有研究的价值。可是在古代，由于科学不发达，人们不明白其中的道理，加上交通闭塞，信息传递困难，当一旦闻知有这类事情时，便会当作"灾异"，最后引起特殊的重视才有可能记载下来。《五行志》中所载的"灾异"即有不少属于这类"奇闻"，即具有科学史的资料价值。例如：

发现毛孩。"鲁襄公时，宋有生女子赤而毛，弃之堤下。"①

连体婴儿。汉平帝元始元年（公元1年）六月，"长安女子有生儿，两头异颈面相乡（同向），四臂共胸俱前乡，尻（音考阴平，臀部）有目长二寸所。"

男女性别转化。魏襄王十三年（前306），"魏有女子化为丈夫"。又，西汉哀帝建平中，"豫章有男子化为女子，嫁为人妇，生一子。"

老人头上生"角"。景帝二年（前155）九月，"胶东下密人年七十余，生角，角有毛。"（按，人体长"角"现象，现代医学上称之为"皮骨"。）

牛的变异。秦孝文王五年。"游朐衍，有献五足牛者。"又，景帝中六年（前148），"梁孝王田北山，有献牛，足上出背上。"

马生角。文帝十二年（前168），"有马生角于吴，角在耳前，上乡（同向），右角长三寸，左角长二寸，皆大二寸。"又，成帝绥和二年（前7）二月，"大厩马生角，在左耳前，围长各二寸。"②

天雨血、雨鱼。惠帝二年（前193），"天雨血于宜阳，一顷所。"又，哀帝建平四年（前3）四月，"山阳湖陵雨血，广三尺，长五尺，大者如钱，小者如麻子。"（按，这是台风或龙卷风把海上生物卷上天空，在空中又被风吹走，在别的地方降而为雨。）又，"成帝鸿嘉四年（前17）秋，雨鱼于信都，长五寸以

---

① 《汉书·五行志》中之下。
② 均见《五行志》下之上。

下。"① (按，其道理与"雨血"相似。以上三处地方，信都在今河北冀县，离海较近。山阳在今河南焦作，宜阳在今河南宜阳县境，也都离海不甚远。)

（四）灾害史和气象学资料

《五行志》还记载有：地震。如汉朝发生的地震，就有惠帝二年（前 193）、武帝征和二年（前 91）、宣帝本始四年（前 70）、元帝永光三年（前 41）、成帝缓和二年（前 7）等多次。

蝗灾。共记载春秋时期煌灾十二次。西汉七次。

旱灾。春秋仅鲁僖公至鲁定公即有旱灾十四次。西汉惠帝至成帝发生旱灾十三次。

这些是灾害史资料。还有天象和气象学资料，如：春秋庄公七年（前 687）和西汉成帝永始二年（前 15）的陨石雨。又记载有春秋桓公十五年（前 697）、襄公二十八年（前 545）、西汉武帝元狩六年（前 117）、昭帝始元二年（前 85）冬季"无冰"的资料。

《五行志》也记载有荒诞的事，如其中记载：秦孝公二十一年（前 341），"马生人"。秦始皇二十六年（前 221），"大人长五丈，足履六尺。"② 这一类即是子虚乌有的事情。

三、关于刘知幾对《五行志》的批评

刘知幾写了《五行志错误》《五行志杂驳》两文，对阴阳灾异的附会说法提出怀疑和批评，是很可贵的。不过这两文所指摘的错误或问题，应作一番认真辨析，不能不辨究竟，统统扣到班固头上。《五行志错误》一文，有的是从编排技术性和知识性角

---

① 均见《五行志》中之下。
② 均见《五行志》下之上。

度作评论的，这与班固的历史观、文化观关系不大。属于这方面的，有两类事例：一是批评班固引书失宜，有的将《史记》《左传》的材料混淆交错，有的材料出自《国语》，却未标明。二是批评班固叙述不当，只记载了异常事件发生时某人所作的评论，不交代事后的征验。这些地方，若从如何做到记载清楚、严谨讲，固然也是问题，但从今天评价班固史学思想角度看，却不是大问题。刘知幾此篇击中要害之处，是他批评班固释灾多滥，附会征应。如《五行志》下之上，解释《春秋》所载"冬，亡冰"，即说国君为政弛慢，不行诛赏，失在舒缓，大夫擅权，因此用"无冰"来表示儆戒。但《五行志》又记：武帝元狩六年冬，亡冰。解释为：先是遣卫青、霍去病二将军穷追单于，斩首十余万级归，而大行庆赏。然后武帝又悔恨连年征伐，烦劳百姓，遣使巡行天下，存恤鳏寡，于是天下咸喜。刘知幾责问说：像汉武帝这样既有赫赫战功，然后又能存问臣民，难道也能当作懦弱不敢施行刑赏来表示谴告吗？班固将春秋时的"无冰"与武帝时的"亡冰"看作同样性质的谴告，是自相矛盾。

刘知幾根据上述《五行志》自相矛盾之处，批评班固有解释灾异牵强附会之错误，是具有进步意义的。但是，刘知幾也有指摘失当的。他说："春秋以下至五代，其间日蚀、地震、石陨、山崩、雨雹、雨鱼、大旱、大水、犬豕为祸、桃李冬花，多直叙其灾，而不言其应"。难道真的是班固错了吗？不对。班固能够这样做，是免去附会、少言迷信的求实态度，是进步的，应该肯定。而若按刘知幾所说的去做，凡是日食、地震、石陨、雨雹件件都要找政治、人事上的报应，恰恰将增加大量的附会。

刘知幾这样批评，归根结底是他不了解《五行志》的内容具有既讲阴阳灾异、又提供天象和自然灾害史等项资料的双重性质。此外，《错误》《杂驳》两篇所指责的条目虽多，但属于直接批评班固的条目却仅占少数。《错误》批评《五行志》中释灾过滥的共九条，有两个条目批评班固，有三个条目分别批评董仲舒、刘向、眭孟、京房，还有四条是补充刘知幾本人的说法。《杂驳》中刘知幾所辩驳的班固附会者，仅鲁文公二年"不雨"

一条，其余有十条批评董仲舒、京房、刘向三人的说法，另外一条系指出文句有误。长期以来人们以为《史通》有关《五行志》的两篇，所指摘的都是班固本人附会灾异之说，这是由于未加仔细核实而造成的误解，对此应予澄清。

附论：外国学者对《汉书·五行志》的重视①

《汉书·五行志》还受到外国学者的重视。英国著名学者李约瑟博士的巨著《中国科学技术史》第四卷"天学"，系专门论述中国古代天文学的成就，详细地介绍了中国古代的宇宙观点，中国天文学的天极和赤道特征，恒星的命名、偏差和制图，天文仪器的发展，历法天文学和行星天文学，天象记录等，作了高度评价。他在该卷"引言"中写道："有很长一段时间（约公元前5世纪至公元10世纪），几乎只有中国的记事可供利用，现代天文学家在许多场合（例如对彗星，特别是哈雷彗星重复出现的记载），都曾求助于中国的天象记事，并得到良好的结果。……在其他方面，例如对于太阳黑子（日斑），中国人早已非常正规地观测了许多世纪，欧洲人则不仅不知道，而且由于他们在宇宙论上的成见，也不能承认有这种现象存在。这一切在人类认识天象的历史上都是不小的贡献"。

李约瑟对中国先秦、汉代的天文观测水平推崇备至，尤其是以司马迁《史记·天官书》、班固《汉书·五行志》以及张衡、王充的天文学知识给了高度赞扬。他认为，司马迁《史记·天官书》的写法"很有系统（他本人曾担任国家天文占星方面的最高官职），首先是检阅中、东、南、西、北五宫的恒星和星座，然后对五星的运行（包括逆行）进行评细讨论，接着按占星术关于天上各星宿同地上各分野的关系的说法，来解释日月的异常及彗星、流星、云、气（包括北极光）、地震和丰歉预兆等异常现象

---

① "附论"所述的内容承沈颂金同志提示材料。

……然后，他提到了各个时期见于记载的交食次数，不寻常的流星雨，以及它们所预兆或随之发生的大事件。对于中国古代天文学来说，《天官书》是一种最重要的资料"。

对《汉书·五行志》，李约瑟认为它"将西汉的历史性数据已经和东汉较进步的天文学知识结合起来了；对于这批材料，包括计算合朔周期交食方面的详细叙述在内，人们已经解释得很清楚"。他还特别提到，《汉书·五行志》在记载哈雷彗星和太阳黑子等天象的准确记录。如"公元前467年的彗星观测，大概是中国第一次观测哈雷彗星，……公元前240年（秦始皇七年）的彗星，则是哈雷彗星无疑。……公元前87年和前11年的两次都十分明确"。从悠久的历史来看，中国的黑子记录是我们所拥有的最完整的资料。记录从公元前28年即刘向时代开始，比西方最早的文献几乎早一千年。……在中国的记录中，太阳黑子被称为"黑气""黑子"或"乌"，其大小被描写为"大如钱"，"大如卵"，"如桃、如李等"。而在欧洲，太阳黑子的发现是伽利略①使用望远镜完成的天文学进展之一，直到1613年才公开发表。此外，李约瑟在另一篇讲演《中国古代和中世纪的天文学》中再次强调"太阳黑子记录始于公元前28年，如果伽利略和沙伊纳（Christophor SheIner 1575—1645）那时知道的话，一定会惊讶不已"。至于对彗星的记载，"早在公元前467年，中国人第一次记录哈雷彗星，有关它多次回归的记录帮助了现代天文学家计算其近似轨道"②。《汉书·五行志》是最早准确记载哈雷彗星和太阳黑子的，其价值自不待言。

（原刊《人文杂志》1993年第1期）

---

① 以上引文均据李约瑟：《中国科学技术史》第四卷，科学出版社，1979年版。
② 见《李约瑟文集》，辽宁大学出版社，1988年版。

20 世纪《汉书》研究的
回顾与展望

一、《汉书》研究的初步展开

20 世纪《汉书》研究的历程，大致可分为三个阶段。前五十年，为研究工作初步展开阶段；50 年代至 60 年代前段，为深入探索并经受严酷考验阶段；1979 年以后，为取得重要进展阶段。

《汉书》自成书后即享有盛名，它记载了西汉一代历史，内容丰富，体例严整，文字具有典雅深奥的特点。故迄清季以前，历代学者或对其著史风格、体例得失进行评论，或对马班异同抒发己见，还有大量属于为《汉书》作补订，或对其史实、文字进行考证注解之作，这些成果都为后人的研究工作提供了丰富的文献基础，提出了需要进一步探讨的问题。进入 20 世纪以后，整个学术工作进入近代化时期，不论在历史观上、研究视野和方法上，都较前明显进步，《汉书》研究也开始有了变化。这就是，与以往学者每每只作简略的评价不同，20 世纪前期的研究者，已开始重视对《汉书》在著史体裁上的创造性、班固在历史观上的基本倾向等问题上，作了一些带有理论色彩的分析。如，梁启超

在其所著《中国历史研究法补编》（1926年）中，评价《汉书》
具有创造性，班固是断代纪传体史书的开山祖："司马迁以后，
带了创作性的史家是班固。他做的《汉书》，内容比较《史记》
还好，体裁半是创作。就在断代成书这点，后来郑樵骂他毁灭司
马迁的成法，到底历史应否断代还有辩论的余地，但断代体创自
班固则不可诬。从此以后，断代的纪传体，历代不绝，竟留下了
二十余部。称中国历史，必曰'二十四史'，'二十四史'除
《史记》外，都是断代的纪传体，谈起这体的开山祖，必曰班固。
所以班固须占史学史的一段。"① 范文澜在《正史考略》（1931
年）中，对前人有过的班固"尽窃父书"之诬，作了有力的辩
驳，既举出诸多确凿的事实，又有本人逻辑严密的推理、论断②。
范文澜又论述班固创立断代史体裁何以为后世史家所遵行的原
因，云："《汉书》为断代之史，自班固创此新体，后世正史，莫
不奉为程式。……案中国自汉以下，政尚专制，忌讳滋多，本朝
之人必不敢指斥本朝，以速罪戾，班氏史体，最合著述家之心
理，盖记前朝之事，危疑较少，讥弹政事，臧否人物，均视在当
代为自由，《汉书》家独盛于后世，即此故也。"③ 至金毓黻著
《中国史学史》（1944年），则论述班固著《汉书》，与《史记》
一同标志着私家修史之高度成熟，对后代产生了极其深远的影
响："私家修史之风，导源于孔子、左丘明，而大成于司马迁、
班固，而魏晋六朝所修诸史，皆其支与流裔也。……自马、班二
氏，发凡起例，创为纪传一体，后贤承之，多有名作，遂于魏、
晋、南北朝之世，大结璀璨光华之果。"金毓黻又论《汉书·叙
例》所言"该万方，纬六经，函雅故，通古今"，即为班固自定
之史法。④

文献整理考订之学在我国有悠久的传统，乾嘉时期风气更

① 梁启超：《中国历史研究法补编》，《饮冰室合集》专集之九十九，中华书局
1989年版，第157—158页。
② 《正史考略》，《范文澜全集》第2卷，河北教育出版社，2002年版，第27—
28页。
③ 《正史考略》，《范文澜全集》第2卷，第28页。
④ 金毓黻：《中国史学史》，商务印书馆1999年版，第63—64、66页。

盛，这种治史方法对 20 世纪前期的《汉书》研究也产生了显著的影响，学者每有补志、补表、史实考订、整理、笺注、集解，或读史札记之作。如：丁谦撰《汉书匈奴传地理考证》（1915年），周正权撰《汉书律历志补注订误》（1920年），孟森撰《汉书古今人表通检》，张骥辑《汉书艺文志方技补注》（1936年），张偾生《汉书著述目录考》（1931年），郑鹤声著《班固年谱》（1931年）等。尤须提及的是杨树达所撰《汉书释例》[①] 和《汉书所据史料考》[②] 两文。前者总结《汉书》记史的例法有十项，所列有较量例、附记例、互文相足例等。后者，称"班氏采撷前修，成为杰著"，并将班固所依据的史料来源，分列为七项，有本之父业，本之刘向、歆等。此两文均显示文献考证之功力，为学者提供了有益的参考。他又在《汉书窥管》之卷四至卷九若干条目之下，指出班固有恰当地设立"合传"记载历史人物的长处。

综上 20 世纪前期有关《汉书》的论著，不难得出如下看法：对于这部名著的研究，亟须加强理论的指导，作更深入的分析，尤应着重于对班固史学思想、编撰成就以及《汉书》的历史地位等项，提出更有见地的见解并作出更加充分的论证。杨翼骧所撰《班固的史才》[③] 一文，已在某些方面预示出这样的研究趋势。此文虽以班固的史才为论题，但作者论证的落脚点实则在于《汉书》的历史地位，文章的核心观点是：班固虽然有不及司马迁的地方，但从总体而论，马班应当并提，《汉书》足以比美《史记》。班固对司马迁既有因袭，又能变通改革，表现出深厚的动力和高超的创造才能。

二、深入探索并经历严酷考验阶段

1949 年至 1966 年，是《汉书》研究进入深入探索而又经受

---

① 民国十七年《燕京学报》第二期。
② 收入《积微居小学金石论丛》。
③ 载 1947 年 12 月 17 日北平《经世日报·读书周刊》第 70 期。

了严酷考验的阶段。

1949 年以后，马克思主义理论在中国大陆学术界确立了指导地位，《汉书》研究也在这种时代氛围中进入更加重视对其史学思想的发掘、重视理论分析的阶段。首先从著作来说，可以举出以下两部：一为刘节先生所著《中国史学史稿》，此书是以其在50 年代中期于中山大学讲课讲义为基础而撰成的，列有"司马迁与班固"专章，论述《史记》《汉书》创立纪传体史书这一辉煌成绩在史学史上的巨大意义，肯定《史》《汉》都是有思想体系、有严密组织的巨著，论述班固虽然变《史记》之通史为断代史，但《汉书》中仍然贯穿了会通之义，指出光从通史和断代史上区分马班之高下优劣实为不当。其论云："中国史学界出现了司马迁与班固，真是要大书特书的事。……在这样早的年代，我们中国就有这样有思想体系、有具体计划和严密组织的著作，而且用光华灿烂的文字写出来，是一件很值得纪念的事。……纪传体的创立是司马迁父子之功，断代为史的创例，是班固之功。……事实上，即使是断代为史，会通之义照样可以贯串在里面的，不一定上下古今，才能算是会通。所以郑樵之推崇司马迁是不错的，一定说断代为史就没有会通之义，就不正确了。照我们现在看来，为便于收集史料，断代修史，确乎有许多好处。不过司马氏与班氏的著作内容很丰富，若光从通史与断代上分优劣，还很不够的。"又说："班固《汉书》体制模仿《史记》，而改通史为断代，于二百三十年间史事之记述则甚整齐划一。所以刘知幾《史通·六家篇》说他：'言皆精炼，事甚该密，故学者寻讨，易为其功！'至于《汉书》十志，远远超过司马迁。"[1] 当代史学史专家曾评价说，《中国史学史稿》在 20 世纪的史学史著作中，标志着重视对历史思想作分析、评价之新风格开始出现，因而是传世之作，从上面举出的刘节对《史》《汉》的评论，即可见一斑。二为由侯外庐撰著的《中国思想通史》第二卷中，曾设立专节，论述《汉书》史学思想的基本倾向，认为："两汉的班氏，自始

---

[1] 《中国史学史稿》，中州书画社 1982 年版，第 55—56、62 页。

即赋有边疆豪强的传统及正宗的家学渊源",从班彪著《王命论》,到班固"继采前史遗书",撰成《汉书》,以至班昭的续作,"则是正宗史学的家传"。①

这一阶段发表的几篇论文,对于《汉书》的史学思想和学术价值作了更为深入的分析。最具代表性者可举出三篇。一为白寿彝先生撰《司马迁与班固》,对二人的史学成就和思想倾向作比较研究,其基调是马班并提,又认为马班异趣。尤其高度评价了《汉书》的十志是最足表示其博洽的。"这里包含了自然的和社会的学问,也包含了可信的和神秘的学问;包含了理论,也包含了技术"。而《汉书》对于国内外民族历史的记载,也显示其博洽的特色。《汉书》比起《史记》,有意多载诏疏和论议,对于西汉一代学术,以及各种文体的名家名作,所载尤为详备②。冉昭德《班固与汉书》一文以简洁的文字、清晰的条理和充分的史料,对《汉书》编纂特色和历史观点作了较为全面的分析,如论述班固的思想倾向为既尊崇儒家,但并不反对诸子学说,评论历史人物有褒有贬,并不绝对化,注重从"时""势"来总结历史人物的成败,征引了大量很有说服力的史料,并加以分析,对读者很有启发。作者对《汉书》的总体评价是:"《汉书》是一部伟大的历史著作,是我国人民的一份珍贵遗产,我们应当认真地学习它。"③冉昭德又撰有《班固的首创精神与进步思想》一文,关于班固的首创精神,作者着重从如何评价《五行志》与《沟洫志》进行分析,认为:"其目的在于用五行灾异来警告专制帝王的胡作乱为"。作者又提出,班固并非五行迷信的说教者,而是持反对态度。《汉书·眭两夏侯京翼李传》中指出:"眭弘、京房等推阴阳,言灾异是'假经设谊,依托象类,或不免乎亿则屡中。仲舒下吏,夏侯因执眭孟诛戮、李寻流放,此学者之大戒也'。又说他们是些'学微术昧,或见仿佛,疑殆匪阙,违众违

---

① 侯外庐等著:《中国思想通史》第2卷,人民出版社1957年版,第218—222页。
② 白寿彝:《司马迁与班固》,《北京师范大学学报》1963年第4期。
③ 冉昭德:《班固与汉书》,《历史教学》1962年第4期。

世，浅为尤悔，深作敦害'的人物"。作者又说，《汉书·五行志》"虽然充满着汉儒对灾异迷信的说教，但还保存着与农业生产相结合的原始形式。它的特点，在于班固分别记录有关农业生产的自然灾害和地震、日食等，保存着珍贵的科学史料。"文中对班固进步的史学思想的论析，则包括：班固对人民在历史上的作用，具有一定的认识；《食货志》表现出浓厚的富民色彩；对农业生产和农田水利极为重视；在学术观点上能客观地分析武帝定儒学于一尊的政策之失误，主张学者的著作要"有补于世"等①。上面举出的三篇论文证明：无论是对《汉书》的学术思想渊源、著作体裁、编撰特色、史学思想等项言，这一时期的研究比起以前来，论述深刻得多，这一明显进展，与建国后学者学习和运用唯物史观作指导，是有直接关系的。

至20世纪60年代前期，《汉书》研究经受了严酷的考验。这一时期，由于政治上"左"的路线越来越加剧，造成学术研究中公式化、教条化的做法泛滥。有不少研究者，片面强调"阶级分析"的方法，而放弃了"要把问题严格地提到一定的历史条件之下进行分析"的原则，对于历史上统治阶级人物的作为一概骂倒，对于历史上许多思想家、史学家、文学家的著作采取"断章取义"的态度，无限上纲，攻其一点，不计其余，夸大其思想中的封建性、落后性的一面，而对他们的贡献一笔抹杀。班固及其《汉书》即遭到这样的粗暴对待，有人写文章对班固全面地加以否定，认为班固"不择手段制造迎合统治者的理论"，他的"《五行志》为东汉统治者所提倡的谶纬迷信思想制造了理论依据"。称班固把《项羽本纪》和《陈涉世家》改为《陈胜项籍列传》，又不同意司马迁所歌颂的"布衣之侠"，"班固这些和司马迁不同的地方"，证明他"只能是一个封建皇帝的忠实奴才"。在当时，这种错误的看法是打着"革命"的旗号，迎合当时的社会风气和不少人的思想定势，大有咄咄逼人之势。面对学术研究中的错误

---

① 《班固的首创精神和进步思想》，《中国史学史参考资料》第8号（1964年6月）。

看法，正直的学者坚持以唯物史观的原则作指导，实事求是地分析问题，面对其势汹汹的批判声浪，不惧怕被扣上政治大帽子的巨大压力，勇敢地挺身而出，捍卫历史科学的客观真理性和尊严，据理进行反驳。冉昭德即为一个代表，他于 1966 年初发表《怎样对待班固与〈汉书〉》一文，明确指出：我们应当承认班固是我国公元一世纪伟大的史学家、文学家。他的《汉书》不仅在《史记》的基础上总结汉武帝到东汉初年的历史著作，创立纪传体断代史，成为史学名著和优秀的文学传记。更重要的是班固表现了首创精神，较之他的先驱者司马迁做出许多新贡献，扩大了历史研究领域，丰富了历史知识，从而把中国历史编纂学推向一个新的阶段。"对于有的文章中加给班固"是一个封建皇帝的忠实奴才"等诬枉不实之词，作者以坚实的史料和恰当的分析予以辩驳和澄清，他说："班固既没有不择手段制造谶纬迷信，而且持以反对的态度。……例如，《货殖传》删去《史记·货殖列传》中的'故岁在金穰、水毁、木饥、火旱'，'太阴在卯，穰，明岁衰恶，至午旱'的两段话。又着重指出推阴阳、言灾异的眭弘、京房等都是'学微术昧''违众迕世'的人物。又如王莽大力提倡谶纬迷信，利用符命证明自己得天命，应该做皇帝。班固批判王莽说：'昔秦燔诗书以立私义，莽诵六艺以文奸言，同归殊途，俱用灭亡。'这里所谓'奸言'主要是指谶纬迷信。"① 此文发表时间为 1966 年初，离"横扫一切"的"文化大革命"爆发仅有数月时间，作者所面对的压力之大可想而知，明乎此，作者坚持实事求是，一分为二评价文化遗产的勇气和态度，就更令人肃然起敬。

三、《汉书》研究重要发展阶段

1979 年以后，随着我国政治生活领域的巨大变革，迎来了科学的春天，《汉书》研究领域也真正实现了拨乱反正、更新观念

---

① 《怎样对待班固与〈汉书〉》，《文史哲》1966 年第 1 期。

的深刻变化。这一阶段可从 1979 年算起，一直划到 20 世纪末，首先具有标志性意义的是白寿彝、安作璋发表的两篇文章。白寿彝于 1979 年初在北京六所高校历史系联合学术讲座上作了题为《司马迁与班固》的学术讲演，他讲道："《史记》开创的书志体虽有光辉篇章，却很不完整，后来又有遗失。相对来说，完整的还要算《汉书》。""班固将书志体完善起来，他死前没来得及把十志写完，是他妹妹班昭和马续接着完成的。班固为史学上的有关学科的研究开辟了道路，是很有地位的。有的为政治制度史、法律史、经济史、水利工程史、艺术史、历史地理各科的学术源流，都提供了开创性的著作。十志的范围不限于汉代。自古以来的典章制度，包括传说，都写进十志了。好多分支科学都是从十志开始有了记载。研究两汉及汉以前的典章制度，必须要看《史记》的八书和《汉书》的十志。特别是把十志搞清楚，才能搞清后世的典章制度。""班固在十志方面的贡献，超过司马迁。班固时候所见的典籍、材料，比司马迁时，内容要丰富。班固的十志，在体例上，吸收了司马迁的成果而比司马迁作得更好些。但从思想性看，如《平准书》，司马迁要高于班固。"① 这些论述，明显地指出应当提高对《汉书》成就的评价。安作璋在 1983 年 3 月 23 日在《光明日报》发表《谈谈班固在史学上的主要贡献》一文，提出班固和司马迁是我国历史上齐名的两位史学家，作者的明显用意，同样是要改变贬抑班固史学的不正确看法，实事求是地评价其成就。文中从以下四个方面肯定班固的贡献：1. 创立了断代为史的史学体例；2. 开拓了许多新的史学领域；3. 求实致用的史学思想；4.《汉书》是继《史记》之后又一部历史与文学相结合的典范②。

进入新时期以后《汉书》研究的崭新阶段所具有的特点是：创新意识强，探讨问题有新的视角，新的思路；视野较前大大开阔，开拓了诸多新的研究领域；成功地运用唯物史观作指导，摒弃

---

① 白寿彝：《司马迁与班固》，《史学史资料》1979 年第 2 期。
② 安作璋：《谈谈班固在史学上的主要贡献》，《光明日报》1983 年 3 月 23 日。

了教条主义的影响，尊重客观的历史实际，对问题作具体的辩证分析：由此而取得了大量有创新价值的成果。以下举出若干例证。

（一）"断汉为史"的著史新格局与"宣汉"的旨趣

白寿彝主编《中国史学史教本》一书中指出，班固断汉为史，是发扬司马迁在构建史学体系上的创造精神，解决了历史编撰上的困难课题，开创了著史的新格局。因为，从褚少孙到班彪，"他们所做的都只限于'续作'。即是说，他们自觉或不自觉地把所做的工作置于司马迁巨大成就笼罩之下，只限于修修补补。他们并非意识到要构建新的史书体系。而这个问题若不能解决，则'保存历史记载连续不断'的目的就不能达到。试看：众多续作者中，除褚少孙所补若干段因附于《史记》，班彪所续一些内容因包含于《汉书》，因而得到保存外，其他作者所续之篇，都早已湮灭无闻，便是明证。道理很明显，若无一个构建起来的体系，再好的内容也无从依附，无法流布，更不能传世。班固却有气魄创立了著史的新格局。他'断代为史'，在内容上提供了时代所需要的历史教材，在构史体系上则取得了重大突破，使史学从司马迁的巨大身影笼罩下走出来，向前跨进了一大步。《汉书》的体裁，是对《史记》的继承，又是一个影响深远的创造，以后历代修史者对此沿用不改。这意味着班固创立的断代史体裁，恰恰符合中国封建社会演进久远行程中皇朝更迭的周期性特点，所以才被相继沿用垂二千年。"书中运用著作年代相近的《论衡》和《汉书》作比较研究，对班固著史"宣汉"的旨趣作出新的分析，认为放在东汉初的时代背景来考察，"班固不满意'以汉代继百王之末'，固然表现出其正宗思想，但主张'大汉当可独立一史'客观上又具有破除当时浓厚的复古倒退思想的积极意义"，"满足了社会思想前进的要求"①，这是应当予以肯定的。

---

① 白寿彝主编：《中国史学史教本》，北京师范大学出版社 2000 年版，第 74—75 页。

（二）"实录"精神和卓越史识

以往冉昭德对此有所论述，新时期又有多篇论著着重对此作了发掘、评析。陈其泰在《再见丰碑——班固和〈汉书〉》中立有"弘扬实录精神"的专节，对此主要概括为"据事直书社会矛盾""揭露弊政"两项，论述：班固一再揭露西汉土地问题的严重性，《食货志》载有董仲舒上言，讲汉朝仍然继续秦朝当年土地兼并的严重局面，"富者田连阡陌，贫者无立锥之地"，因此建议"限民名田"，却不得实行。至哀帝即位，师丹辅政，他指出："今累世承平，豪富吏民资数巨万，而贫弱愈困。"因此又建议限田。《哀帝纪》中也载哀帝的诏令承认兼并的严重，要求大地主占田不得超过三十顷，但也徒具空文。土地兼并恶性发展，最后必然导致大规模农民起义爆发。"《汉书》还揭露诸侯王及外戚集团奢侈纵欲，无法无天。""武帝和宣帝时期是西汉的'盛世'。班固揭露武帝刑罚之滥。张汤、杜周在武帝时先后任廷尉，都以治狱严酷出名，专门揣度武帝的用心，武帝要重处的，便设法陷害；揣测武帝要从轻发落的，便设法把犯人关着，然后找借口陈述此人受冤。《汉书》还揭露武帝重赋于民，竟规定小儿三岁起便应交一份口赋（人头税），致使民众无法负担。"《夏侯胜传》和《食货志》揭露武帝连年征伐造成国库空虚、人口大量死亡。《汉书》对宣帝时吏治修明是大量记载的，同时对于当时豪强作恶多端也如实记载。总之，《汉书》"以'不虚美、不隐恶'的原则为指导，既赞扬西汉的功业，又如实揭露弊政，这才使《汉书》成为一部可信的西汉史，赢得后人作出'其文赡，其事赅'的高度评价"①。许殿才《〈汉书〉的实录精神和正宗思想》一文，论述班固"继承了古代史家不畏强御，书法不隐的优良传统，如实记录了封建统治者淫逸腐败，残害人民的罪行。武帝

① 陈其泰：《再建丰碑——班固和〈汉书〉》，生活·读书·新知三联书店1994年版，第184—187页。

'多杀士众，竭民财力，奢泰亡度，天下虚耗，百姓流离，物故者半。蝗虫大起，赤地数千里，或人民相食'（《眭两夏侯京翼李传》）的恶政，成帝宠信赵氏姐妹，毒杀亲子的罪行，书中都做了详细记述。文帝是汉代恭俭爱民的典型，是班固心目中理想的政治家，可他仍逃不脱班固的笔伐。"①

　　关于班固的卓识，新时期以来学者的探讨无论从广度和深度都较前有重大进展，包括《汉书》中对时势的看法，对谶纬迷信的批评，对禄利之儒的批评和对正直人士的肯定，对人民的同情心，对历史人物的评价和人才观，对民族关系的看法等项，都有充分的肯定和深入的分析。仅其中关于班固论述历史时势的进步看法一项，学者们就作了诸多方面的探讨。如对郡县制的肯定，施丁在《班固与〈汉书〉的史学思想》一文中认为："他记述并指出，汉初郡国并行，诸侯'骄蹇，数不奉法'，'率多骄淫失道'，是皇朝的离心势力，对统一构成严重的威胁，于是才有贾谊、晁错之议，削藩之举。他评论贾谊之议'通达国体'，'吴楚合从（纵），赖谊之虑'；评论晁错削藩之举，'锐于为国远虑'，比司马迁的观点显然正确。"② 陈其泰在《〈汉书〉历史地位再评价》一文，论述班固以时势即历史进程的客观性观点来解释秦汉之际重大变局的进步史识，认为："刘邦为什么能'无土而王'，迅速建立起汉朝，这是西汉历史的一个重要问题。班固在《汉书·异姓诸侯王表》序中对此作了分析。""班固认为，这是因为秦始皇的倒行逆施加速了自己的灭亡，为刘邦的迅速兴起准备了条件。……这样，刘邦'无土而王'这一亘古未有的历史新格局，就完全可以用能够确切指明的时代条件来解释。班固用'势'的命题对此加以概括，云：'古世相革，皆承圣王之业，今汉独收孤秦之弊。镶金石者难为功，摧枯朽者易为力，其势然也。'"以此与司马迁相比较，《史记·秦汉之际月表》序中，"确已论及秦的暴政为汉的兴起准备了条件，表现出其卓识，他

　　① 许殿才：《〈汉书〉的实录精神和正宗思想》，见《中国社会科学院研究生院学报》1992 年第 1 期。

　　② 施丁：《班固与〈汉书〉的史学思想》，《历史研究》1992 年第 4 期。

感慨'岂非天哉'，其中也确有历史时势的意味。但是不能否定，司马迁讲的'天'又含有命定论的意味，所以他称刘邦为'受命而帝'的'大圣'。换言之，司马迁的议论中重视历史时势与命定论二者兼而有之。相比之下，班固的认识明显地提高了，他完全以历史时势来解释，摆脱了命定论的影响。这是观点上的一大进步。"① 许殿才认为，班固已认识到民心关乎国家盛衰，把重民看作了国家长治久安的根本大计，说："这是班固通过历史研究总结出来的带有规律性的结论，显示了《汉书》中蕴藏的智慧。"② 关于《汉书》的民族思想，施丁提出：《匈奴传》中"强调夷夏之别，鄙视匈奴族的思想需要批判；但其反对攻伐，强调守御，主张礼待友好者，值得肯定。他对汉文帝遗南越赵佗书所强调两族间'通使'而不相争的态度，非常赞赏，感叹'岂所谓'招携以礼，怀远以德'者哉！'"③ 其他关于班固对谶纬迷信思想的批评等项，学者们也都有深刻的论述。

（三）历史编撰成就

安作璋认为，班固在推进纪传体史学编撰体例的整齐划一上有突出的贡献。"《史记》的专传或合传与类传的次序间杂，或以时代相同，或因事迹相关，体例很不统一。……《汉书》则一律以时代的先后顺序为主，先专传、合传，次类传，再次为边疆各族传，而以'贼臣'《王莽传》居末。又如《史记》列传的篇目，或以姓标，或以名标，或以字标，或以官标，或以爵标，体例也很不统一。《汉书》则大体上都是以姓或姓名为标题，这样就统一了纪传体史书的体例。后来各朝代的正史，基本上都沿袭《汉书》的编纂形式。"班固又继承了司马迁重视记载国内各民族历史的传统并加以发展，"运用新的史料，把《史记·大宛传》扩充为《西域传》，叙述了西域几十个地区和邻国的历史、汉朝

---

① 陈其泰：《〈汉书〉历史地位再评价》，《史学史研究》1988 年第 1 期。
② 许殿才：《〈汉书〉中的天人关系》，《历史研究》1992 年第 4 期。
③ 施丁：《班固与〈汉书〉的史学思想》，《历史研究》1992 年第 4 期。

与匈奴在西域进行争夺战争的历史以及汉朝与西域各地经济文化交流的历史。《汉书》又将《史记》的匈奴等列传加以补充，增补武帝以后大量的史实，使之更加详备。这些记载，不但是研究古代中国各民族历史最珍贵的资料，也是研究亚洲有关各国历史最珍贵的资料。"① 陈其泰对《汉书》的历史编撰成就总结为以下五项，即：调整总体布局；移置内容；多设合传，以醒眉目；成功在贯穿了"断代为史"与"通古今"的辩证思想；《百官公卿表》兼具"志""表"的妙用②。

（四）十志的成就

《汉书》的十篇志，在传统史学中历来被视为精华之作，突出地反映出班固治史的"博洽"，新时期以来，学者们对这一领域的研究甚为关注，取得不少创新成果。白寿彝指出，《汉书》的十志的最大贡献，是在继承《史记》八书的基础上，将典志体完善起来。他说："要理解中国的封建社会，以及封建国家的作用，班固在十志中提供了很好的材料。"③ 史念海则强调《地理志》是班固撰成的东汉一代一部"自古迄今"的沿革地理书。"《地理志》虽说是西汉一代的典籍，实际上却是起到了沿革地理的作用，它应是由夏商肇始，历经春秋、战国、秦、汉，而至于王莽新朝的沿革地理。班固所说的：'采获旧闻，考迹《诗》《书》，推表山川，以缀《禹贡》《周官》《春秋》，下及战国、秦、汉焉'，是完全与实际相符，一点也不夸张，不过下面还应该添上'新朝'的字样。"④ 张孟伦同样对《地理志》在历史上的具有的重要价值予以高度评价："班固的修《地理志》，不但引起了后代统治者更加了解撰修地理书的重要性；且给后代修地理

---

① 安作璋：《班固》，《中国史学家评传》（上），中州古籍出版社 1985 年版，第 80、82 页。

② 陈其泰：《载建丰碑——班固和〈汉书〉》，第 169—177 页。

③ 白寿彝：《司马迁与班固》，《北京师范大学学报》1963 年第 4 期。

④ 史念海：《班固对于历史地理学的创建性贡献》，《中国历史地理论丛》1989 年第 3 期。

志的得着了一种最有价值的参考材料（《宋书州郡志》《北魏书地形志》都说明了这一点），促进了中国地理典籍纂修事业的发展。所以清代治《汉书》极有成绩的王先谦说：'班志地理，存前古之轨迹，立来史之准绳；兼详水道源流，使后人水地相资，以求往迹，可谓功存千古者也'（《汉书补注序例》）!"① 还有的学者从总体上对《汉书》十志的史学价值作了探讨，认为："《汉书》十志完善了史书中的典志体，使历史学家描绘人类社会生活的能力增强了；班固又有意识地克服了断代史体例的局限，以典志体贯穿古今。从现代观点看，这两项都是史家在历史视角方面作出的有益探索，在今天也仍有启示的作用。"②

（五）历史与文学相结合的典范

《汉书》历来以文笔优美著称，宋代黄庭坚即称誉说："每相聚辄读《前汉书》数页，甚佳。人胸中，久不用古人浇灌之，则尘俗生其间。照镜，则面目可憎；对人，亦语言无味。"③ 新时期以来，学者们对此多有探讨，高度评价《汉书》是历史与文学相结合的典范。安作璋称班固是继司马迁之后一个传记文学的杰出作家，说："他写西汉一代不同社会阶层各种类型人物，虽然没有《史记》那样生动活泼，但结构严密，言辞精炼，显示了它的特色。例如晁错、朱买臣、李陵、苏武、霍光、杨恽、赵广汉、盖宽饶、张禹、龚遂、严延年、陈万年等传，班固都能利用他所掌握的丰富材料，经过选择和鉴别，抓住主题，运用艺术手法，加以深刻细致的描写。使一些历史人物的个性、感情和动态非常形象地再现出来，确是一部优秀的文学传记。"④ 郭预衡认为，班固的文章和著作，尽管具有正统思想的桎梏，但有时又能"突破

---

① 张孟伦：《〈汉书·地理志〉在中国史学史上的价值》，《兰州大学学报》1983 年第 2 期。

② 陈其泰：《对〈汉书〉十志的总体考察》（上），《汉中师院学报》1993 年第 4 期。

③ 凌雅隆：《汉书评林》引。

④ 安作璋：《班固〈汉书〉评述》，《破与立》1978 年第 1 期。

这种思想的束缚，表现出一定高度的史识和正义感"。如《汉书·李陵传》"对于李陵的英勇和战功都是写得非常充分的，笔端也是饱含着情感的"。《苏武传》也写得"慷慨悲凉"，"极有精彩"。又说："《汉书》文章还有一个突出的特点，是有些篇章比《史记》更多学术气息"。如《景十三王传》中河间献王传的特点，即为"略去一般生平事迹而专讲学术活动，并且着重叙其搜集图书、保存文献之功"①。陈梓权认为，《汉书》的人物传记部分具有"题材丰富，剪裁适当"和"善用对比和衬托，突出重要人物和中心思想"等特点。如："《苏武传》表现苏武的爱国思想和民族气节，爱憎分明和刚强不屈的性格，也从苏武八十多岁的一生中，重点截取、描述出使、羁留匈奴十九年的艰苦斗争生活；在羁留匈奴十九年漫长岁月中，又仅选择诱降迫降、幽禁断食、流放牧羊、李陵苦劝等几件带关键性和特征性的事件，做了细致的描写，充分表现苏武经得起生死攸关、饥寒交迫、家破人亡的种种考验；还精巧地突出了苏武牧羊时'杖汉节'，'卧起操持，节旄尽落'，'及还，须发尽白'等含义深刻、形象鲜明的细节，使人物栩栩如生。其艺术感染力千百年来不曾泯灭，首先有赖于题材的典型性和精心地剪裁。"②

四、《汉书》研究的展望

《汉书》作为标志着中国传统史学确立的名著，拿已有的研究成果与其历史地位相比，又是很不够的。展望 21 世纪，《汉书》研究仍然空间广阔，任重道远。我们必须将提高认识能力、开阔研究视野，与认真绎绎原著结合起来，开掘出更多的有价值的研究课题，将《汉书》研究推向新的高度。在此，仅提出以下四点不成熟的思考。

---

① 郭预衡：《班固的思想和文风》，《社会科学战线》1983 年第 1 期。
② 陈梓权：《〈汉书〉的文学价值》，《中山大学学报》1982 年第 3 期。

（一）对《汉书》史学成就和历史地位的考察，不但应从班固对司马迁创立的史学传统之继承、发展关系来分析，还应从传统史学演进的长过程中来评价。传统史学肇基于孔子、左丘明，至司马迁出现了著史高峰，然而标志着传统史学的确立则是班固。《汉书》在魏晋南北朝至唐代六百年间为"诸儒共行钻仰"，视为五经之亚，尊为修史法式。故刘知幾赞扬其"自尔迄今，无改斯道"①。宋代学者对《汉书》同样推崇备至，视为必须经常研习之书。《汉书》在学术文化史上的又一重大意义是，由于它和《史记》从国家盛衰、人事成败的理性主义视角记载中华民族的历史，有力地抵制了两汉之际盛行的阴阳灾异迷信思潮，使中国文化走上一条与神学体系迥然不同的道路。这些都需要结合班固的著史事业来作进一步的阐释。

（二）深入进行《史》《汉》比较的研究，但应注意彻底摆脱扬此抑彼思维方式的影响，正确的指导思想是马班并提，各有优长。章学诚在《文史通义·书教下》中的论述，对我们很有启发。他说："记注藏往似智，撰述知来拟神。""史氏继《春秋》而有作，莫如马班；马则近于圆而神，班则近于方以智。""迁史不可为定法，固书因迁之体而为一成之义例，遂为后世不桃之宗焉。……然则固书本撰述而非记注，则于近方近智之中，仍有圆且神者以为之裁制，是以能成家而传世行远也。"章氏指出了马班二人的不同风格，同时又恰当指出班固史学的特点，这就是在体例谨严、储备大量知识、组织缜密合理之中，又有卓越的史识贯穿其中。如果跳不出扬马抑班的思维定势，就会只看到《汉书》的局限，而对其长处视而不见。譬如，《汉书·高帝纪》的大量史实是承袭《史记·高祖本纪》而来的，但班固所载，自高祖二年至十二年，共增补了十一项内容。这些诏令政策，乃是事关汉朝开国恢复生产，奖励、慰劳征战多年返回原籍的军功士卒，释放奴婢，稳定社会秩序的各项重要措施，近年来汉史研究者根据新出土的汉简与班固增加的重要史实相比照，充分肯定了

---

① 《史通·六家》。

这些内容对于西汉初年恢复国力、安定社会局面的意义；也恰恰证明正如章氏所言，《汉书》"于近方近智之中，仍有圆且神者以为之裁制"。这就启发我们，应通过比较研究，联系西汉当年社会情状，去进一步认识班固史学的特点，更恰当地评价《汉书》的贡献。《史》《汉》比较无疑是史学史研究的重要课题，但至今中国学者尚未拿出系统而深刻的著作，这更是我们所热切期待的。

（三）从历史编纂学的视角，对《汉书》中一些重要篇章作分析、阐发，实为推进《汉书》研究的重要突破口。例如，《汉书·五行志》以往长期被视为宣扬迷信之作，刘知幾《史通》中写有《五行志错误》《五行志杂驳》两篇，专以驳斥《五行志》错误命名，加上以刘氏权威史学评论家的地位，更使这种看法几乎成为定论。但有的学者从历史编纂学的角度作专门探讨，提出：典志的任务是对典章制度、社会生活和学术文化作记载，西汉中叶以后，阴阳五行之说盛行，成为一种社会思潮和学术文化的特殊现象，故从典志体的性质说，设立此志是合理的，设立它的本身不等于班固提倡迷信思想。而班固又有明确交代，"是以揽仲舒，别向、歆，传载眭孟、夏侯胜、京房、谷永、李寻之徒所陈行事"，分明是采撷、区别、汇编纂辑之作。而联系班固在《郊祀志》和《眭两夏侯京翼李传》赞的言论，他固然一方面有天人感应的神秘观点，另一方面又尖锐批评这些阴阳五行家善于附会，"億（臆）则屡中"。而《五行志》中，记载了大量有关日食、彗星、太阳黑子、地震、自然灾害，和毛孩、连体婴儿、牛的变异等有关自然史和生态史、特异现象等珍贵资料，故为中外自然科学家和历史学家所高度重视并且大量引用。再一一分析刘知幾在《错误》《杂驳》两篇中的论述，确系批评班固迷信思想和附会的仅占三条，其余都与班固本人无关①。这样就澄清了长期以来对《五行志》的错误指摘，恢复了其作为一篇记载了大量珍贵文献的"志"的价值。在十志中，如《食货志》《刑法

---

① 参阅陈其泰《〈汉书·五行志〉平议》，《人文杂志》1993 年第 1 期；彭曦《我谈〈汉书·五行志〉》，《光明日报》2007 年 8 月 16 日。

志》《地理志》《艺文志》等篇，其思想价值、撰述宗旨、内容特点、体例布局、以至议论的运用等项，也都有待于进一步发掘、总结。

《汉书》中有关人物记载的大量篇章，也是班固精心构撰之作。如《王莽传》是纪传的最后一篇，其篇幅分别超过《高帝纪》一倍、《武帝纪》两倍，《汉书》向以文字简要为史家所称道，独此篇如此纵横驰骋，可见其别具匠心。有的学者已着手从其记载内容和思想价值分析，认为此篇为"了解古代帝王禅让之谜的钥匙""刺坏谶纬符命假象的投枪""儒家复古思想大悲剧的实录"①，颇有启发意义。然则，若从历史编纂学角度来分析，此篇仍大有文章可做。因为，《王莽传》的编撰特点，是把刻画一个阴谋家如何窃取大权的种种恶劣做法和伪善面孔，与总括王莽新朝一朝的政治、经济、军事大事二者紧密起来。从纪传体史书的要求说，新朝也应该有"本纪"记载大的事件，可是在东汉初，王莽被认为是"篡窃"，不可能立本纪。所以这篇《王莽传》，实则起到人物传记和记载新朝大事的本纪这双层作用。班固成功地把二者糅合起来，做到记载头绪清楚，而且囊括丰富，波澜起伏，刻画了一个擅长玩弄阴谋的野心家的典型，写出周围众多人物的不同态度和命运，又揭示出王莽的种种倒行逆施必然走向灭亡的深刻哲理。清代学者方苞对《王莽传》的写作技巧有极高的评价，说此篇"钩抉幽隐，雕绘众形，信可肩随子长"。认为在揭示王莽内心世界和表现众多人物性格的手法上，同司马迁的名篇同样成功。前人恰恰有的因不理解《王莽传》上述特点而有误评，如张衡认为："王莽本传但应载篡事而已，至于编年月，纪灾祥，宜为元后本纪。"②东汉人即有误评，此更说明重新评价此篇在历史编撰上的特点和价值，实在大有必要。《汉书》纪传中有大量出色之作，如《高帝纪》《文帝纪》《武帝纪》《李陵传》《苏武传》《张骞传》《霍光传》《赵充国传》《元后传》

---

① 沈重、李孔怀：《论〈汉书·王莽传〉》，《中国史研究》1986年第3期。
② 《后汉书》卷五十九《张衡传》。

等，都是值得进一步认真探析的。

重点篇章的探析是进一步深入研究的突破口，在对这些局部问题作深层次分析的基础上，对《汉书》这部名著的整体认识就能更丰满、更准确，使之更增添光彩和更具说服力。

（四）还应开展《汉书》与西方史学名著的比较研究。在这方面，前已有研究者开了头，撰写了博士论文《论塔西佗、班固的史学思想》，很值得做进一步的探讨。此外，如班固《汉书》与古罗马史家普鲁塔克（约公元46—120年）《传记集》（又称《希腊、罗马名人合传》）的比较研究，也应是很有价值的研究题目。因为，二人时代相近；《汉书》是以人物纪传为中心；《传记集》中的设置有合传也有专传，它既载史事、又重视宣扬伦理道德，不重视史料的真实而加有许多主观想象的成分，重视人物的刻画的文学手法[1]，这些著史态度和手法显然与《汉书》有的相似，又有的迥异。故二者很有可比性，值得探讨。开展这类比较研究，既能推进对《汉书》的认识，对于中西史学比较的大课题也能有所裨益。

《汉书》是一部出色的名著，内容丰富，包含着大量有价值的研究课题。只要我们创新观念，创新研究方法，认真开掘，刻苦钻研，就一定能不断取得引人注目的新成果，迎来《汉书》研究更加美好的前景。

（选自陈其泰、张爱芳主编《汉书研究》，中国大百科全书出版社2009年版）

---

[1] 参阅郭圣铭《西方史学史概要》，上海人民出版社1983年版，第57页。

《汉书研究》后记

　　《史记》和《汉书》因其卓越的成就，在文化史上长期享有崇高的地位，《史》《汉》并称，历代史家一同视为著史之楷模。回顾《汉书》的研究史，有许多发人深思的地方。《汉书》从著成起便受到普遍的推崇，《后汉书·班固传》称："当世甚重其书，学者莫不讽诵焉。"晋唐六百余年间，研治《汉书》风气甚盛，成为一门"汉书学"，名家辈出。《新唐书·儒林传》概述说："是时汉书学大兴"。刘知幾在《史通·古今正史》中这样总括学者尊奉《汉书》的情况："始自汉末，迄乎陈世，为其注解者凡二十五家。至于专门受业，遂与《五经》相亚。"其时研究《史记》的学者并不多，唐初著《史记索隐》的司马贞在《索隐》的序和后序中说："《史记》汉晋名贤未见推重。""《汉书》后迁而述，所以条流更明，是兼采众贤，群理毕至，故其旨富，其辞文，是以近代诸儒共行钻仰。"自明代起，《史记》的地位明显提高，但评论者的看法，则大致认为《史》《汉》并列，或互有得失，如明代学者徐中行所言："历代之宗《汉书》，至宋尤为盛，其宗《史记》者，乃始盛于今日之百家。然二氏皆良史之材，而其得失靡定。"（《史记评林·序》）近百年来，用近代观点对《汉书》作研究、评价，虽然从总体上讲成果可观，但是与

《史记》相比，则所受关注的程度明显不及。特别是，20世纪50年代末至60年代，《汉书》曾大受贬抑，对此应通过认真的反思，总结经验教训。《汉书》在历史上长达千年间为学者所宗仰，是有极深刻的内涵；刘知幾、章学诚这两位史学评论名家，称誉其"言皆精炼，事甚赅密，学者寻讨，易为其功"，确为"俊识通才"，为后代修史"不祧之宗"，是有其坚实的根据的。

通过编选这本文萃，我们充分地认识到，对《汉书》这部名著的探讨、评价，确实应当有新的视角，不断开拓出新的研究领域和课题，创造更加丰硕的成果，只有这样，才能与其崇高的历史地位相匹配。我们深信，新时期以来，为数可观的一批富有价值的论著的涌现，正预示着《汉书》研究必将出现繁花竞放的大好局面。

编者　写于2007年11月

（选自陈其泰、张爱芳主编《汉书研究》，中国大百科全书出版社2009年版）

《大中华文库·汉书选》前言

东汉初大史学家班固撰成的《汉书》，是与司马迁《史记》相并称的史学巨著，因其杰出的成就，两千年来被人们世代传诵不衰。

一

班固（建武八年—永元四年，32—92）字孟坚，扶风安陵（今陕西咸阳东南）人。班固生活的时代，东汉王朝国力处于上升时期，生产发展，社会安定，为学术的发展提供了良好的条件。班固著史又有深刻的家学渊源。父亲班彪曾任东汉朝廷司徒府的属官。他官职虽低，但"才高而好著述"，认为《史记》成就很高，而其续作者所写的一些片断文字质量低下，与《史记》太不相称。他搜集整理史料，撰写了《史记》后传数十篇。班彪对《史记》的续作，就成为班固著史的先声。

班固于十六岁入洛阳太学，用功苦读，"无不穷究"。父亲卒后，他随母亲回原籍安陵居住，遂决心继承父志，撰修《汉书》。永平五年（63），因被人告发"私修国史"，被逮入狱。其弟班超驰赴洛阳，上书汉明帝，陈述父兄著书心志，扶风郡也将书稿送至。明帝见而奇其书，任他为兰台令史，参与修撰《东观汉纪》。升为郎官，典校皇家藏书，明帝勉励他最终完成《汉书》的著述。汉章帝也很欣赏班固的文学才能，"朝廷有大议，使难问公卿，辩论于前"。公元89年，他以中护军随大将军窦宪出兵匈奴。公元92年，窦宪因罪自杀，班固为仇家借机罗织罪名被捕，死于洛阳狱中。班固撰修《汉书》，约自公元1世纪50年代至80年代，历时二十余年。

二

《汉书》的内容，上起刘邦起义、建立汉朝，下迄王莽篡汉失败，完整地记述西汉一朝二百三十年的盛衰兴亡。全书共一百篇，八十余万字，由"纪""表""志""传"四部分构成。十二篇"纪"，记述了高帝、惠帝、吕后、文帝、景帝、武帝、昭帝、宣帝、元帝、成帝、哀帝、平帝十二世的大事，作为全书的纲领。其中，《高帝纪》等四篇跟《史记·高祖本纪》等篇相关，而《汉书》补充了许多重要内容，更能显示出西汉前期上升、兴盛的历史局面。八篇"表"，其中有六篇王侯表是在《史记》有关各表基础上作分合增减，《百官公卿表》《古今人表》是班固新创。十篇"志"，为《律历志》《礼乐志》《刑法志》《食货志》《郊祀志》《天文志》《五行志》《地理志》《沟洫志》《艺文志》，是在《史记》"八书"的基础上大大发展了。七十篇"传"，详细记载了西汉一代各方面代表人物的活动，围绕十二篇"纪"展开，具体诠释了历史盛衰的内涵。其中包括了陈胜、项籍、张耳、陈馀等秦汉之际的起义人物，有韩信、张良、萧何、晁错、张骞、苏武、霍光、赵充国等汉家将相名卿，有荆燕吴楚等同姓王侯，有文学家、思想家、经师、说士、循吏、酷吏、货殖、游侠等人物，以及记载国内外少数民族活动等。

班固在《汉书·司马迁传》中高度评价司马迁的史学成就，

赞誉他："有良史之才"，"善序事理"，"不虚美，不隐恶，故谓之实录"。表明班固本人同样以"不虚美，不隐恶"，写出"实录"式的史书作为自己治史的准则。西汉前期的历史，班固大量地以《史记》的记载为依据，这是事理的自然。而同时，他又精心地搜集新的史料，作了许多有价值的补充。《惠帝纪》及王陵、吴芮、蒯通、伍被、贾山、东方朔、李陵、苏武诸传，都是新增的篇目。特别是张骞事迹，《史记》是在《大宛列传》中叙述的，并非人物传记。《汉书》特为张骞立专传，给了他应有的历史地位。有关班固对西汉前期重要史实的增补，如高帝、文帝、景帝三篇纪中，补充了大量有关社会经济和重要事件、政令的材料。又在《萧何传》中增记项羽负约，封沛公于巴蜀为汉王，汉王怒，欲攻羽，萧何力言不可，乃至汉中就国，然后积蓄实力，伺机再起。《韩信传》中的史实也有重要补充。班固还申明，对确凿有据的史实才作增补，否则阙疑，表明他确实发扬了司马迁的实录精神。

实录精神和历史见识，使班固能够较深入地考察历史进程，对于一些问题提出了经得起时间检验的精辟见解。藩国问题是西汉史一大课题。《汉书·诸侯王表》序中肯地论述了藩国势力作斗争所经历的主要阶段，至武帝以后，"诸侯唯得衣租食税，不与政事"，标志着严重的藩国问题得到解决。班固的论述提纲挈领，成为后人论述西汉藩国问题最权威的依据。

武帝时期何以能出现鼎盛局面？班固对此也有精辟的论述。《公孙弘儿宽卜式传》赞中说，武帝时期的鼎盛局面集中体现在两项，一是开拓边境，奠定版图，二是建立一套礼仪、政治、法律制度。"上方欲用文武，求之如不及，群士慕向，异人并出。……汉之得人，于兹为盛。"时代需要大量非凡人才，人才便成批涌现出来。班固一连举出当时大批杰出人才，如董仲舒、公孙弘、儿宽、韩安国、司马迁、司马相如、桑弘羊、张骞、卫青、霍去病等。依靠这些人物，使武帝时代达到极盛，"是以兴造功业，制度遗文，后世莫及。"而在《西域传》中又记载：由于武帝连年对边境大规模用兵，耗费了大量人力、物力，至其晚年，国库空虚,社会动荡。面对如此严重局面,武帝终于醒悟过来,吸收秦朝灭亡的教训,实行政策转变,罢兵息民,挽救了危机。于征和四年(前89),特地下诏书,"陈既往之悔"。此后昭帝、宣帝即继续沿着这一罢兵力农的路线走下去,因而出现了"中兴"局面。

《汉书》对西汉时代的历史功绩如实地予以大量记载,同时对于西汉社会的阴暗面也直书无隐。《汉书》中对于西汉时期贵族、豪强大量兼并土地、造成平民"贫无立锥之地",对于朝廷和地方官吏刑罚的严酷,对于诸侯王悖逆不法,穷奢极欲,以骇人听闻的手段,残害无辜百姓的犯罪行为,对于匡衡、张禹等一批以儒学大师担任显赫职位的人物,其实质却是庸碌自私、虚伪贪婪、专事谄媚、贻误国政之徒,都以确凿的史实无情地予以揭露。这些,都足以为班固的"实录"精神和高尚史德提供有力的证明。

三

以上《汉书》对西汉一代盛衰的忠实记载和深刻总结,是与其在历史编纂和历史叙事的出色成就互为表里、完美地相统一的,因而成为历代"正史"编纂的典范之作。

"历史编纂"是指历史学家为再现客观历史而为其史著构建恰当的总体格局、框架结构,并将其史学思想贯穿于全书之中的综合能力。它为史书的丰富内容提供合适的载体,史家的史识、史学、史才在此得到集中的体现,历史知识的传播也由此得以实现。重视历史编纂的技巧,是中国史学重要的民族特色,从《左传》《史记》开始就形成了优良传统,班固将之发扬光大。《汉书》历史编纂的成就,主要有三项。

一是断代为史,开创了著史的新格局。《史记》上起黄帝,下迄司马迁所生活的武帝时期,是通史体裁。由于《史记》取得了巨大的成功,后人仰慕不已,纷纷续作,写出片断篇章附于其后，据《史通》等书记载，续作者有褚少孙、刘向、扬雄、刘歆、班彪等十七人之多。这样做，只限于修修补补，其结果，除了褚少孙和班彪所记片断文字留下来外，其余统统湮灭无闻。这就成为司马迁以后一百多年间历史编纂的一大难题，若不解决，则"保持历史记载连续不断"的目的就不能达到。班固则有气魄、有能力将西汉一代独立撰成一史，上起高祖，下迄王莽，构建了著史的新格局，把历史编纂大大向前推进。班固所创立的断代史体裁，是对《史记》的继承，又是影响极为深远的创造。因此，刘知幾在《史通·六家》篇中评价说："如《汉书》者，究西都之始末，穷刘氏之废兴，包举一代，撰成一书。言皆精练，事甚该密，故学者寻讨，易为其功。自尔迄今，无改斯道。"以后二十二部"正史"的体裁都效法《汉书》，沿用不改。班固虽然"断汉为史"，但他又有贯通古今的"通史"精神，许多篇章都体现出历史发展前后相互联系，不能割断。还有一点值得注意的，据《论衡》记载，东汉初年俗儒头脑中充满尊古卑今的意识，不重视汉代功业。班固及时撰成《汉书》，以"宣扬汉德"为宗旨，就有破除当时复古倒退思想的积极意义。

二是大大拓宽了历史记载的范围，囊括了社会生活的丰富内容。这在十篇"志"中表现得最为突出。十志在《史记》八书的基础上加以发展，将书志体完善起来。如白寿彝教授在《司马迁与班固》一文中说，十志包含了自然的社会的学问，自古以来的典章制度都囊括了，从而为法律史、经济史、历史地理学、学术史等分支学科提供了开创性著作。如《食货志》，它比《史记·平准书》在内容上和认识上都有重大的发展。全志扩充为"食""货"两个部分，"食"指农业生产，包括土地问题；"货"指布、丝织品和商业货币，包括商业交换活动。认为这两项是国家富强和社会发展的基础。在内容上，班固增写了先秦至汉初的史实，续写了武帝晚年至王莽灭亡一百七八十年间的经济措施和经济状况。篇中对于重要的制度和在历史上影响较大的政策主张，必求记载明晰。篇末更以确凿的史实载明，王莽政权灭亡的根本原因，正是由于其种种倒行逆施的政策，造成了经济的混乱，

"农商失业，食货俱废，民涕泣于市道"。其统治也注定必然覆亡。《刑法志》则系统记述秦汉刑法制度的沿革变迁，肯定汉朝刑法比起周、秦取得很大进步，同时又据实批评封建皇朝法律的残酷。篇末，更用长段议论，大声疾呼删除繁苛的旧刑律，制定简明而能便民的新律令。这些记述和痛切的议论，表明班固具有深刻的观察力和对民众疾苦的同情心。《地理志》《艺文志》也都是影响深远的名篇。

三是体例组织严密合理。特别是在七十篇列传的编排上，做到了历史联系与逻辑联系相一致。为了避免零散纷繁、漫无头绪，班固成功地采用了专传与合传相结合的形式，作了周密安排。专传，是为记载人物事迹多者而设。合传，是将人物事迹联系密切，或是人物身份行为相近似者，合在一起记载。合传的设立，极具匠心，把二百多人物组织到四十七篇合传之中，显得眉目清楚，线索分明。而从现代观点看，设置合传，可以突出某一类型人物的行为和思想特征，以群体的形象出现，有利于反映社会历史情状。

班固又富有文学才华，所作《两都赋》《幽通赋》，是汉赋名篇，《汉书》的历史叙事，更是历史与文学相结合的典范。班固笔下的许多人物和场景写得栩栩如生，他熟练地运用了多种叙事技巧，如：用对话刻画人物性格；借细节描写反映人物的心理；对比手法；精心描写场面、情景，作有力的烘托等。特别是《苏武传》，历来评价为写得"慷慨悲凉，极其精彩"。为了表现苏武的民族气节和刚强不屈的性格，从其八十多岁的一生中，重点描述其出使、羁留匈奴十九年的艰苦经历；而在十九年岁月中，又仅仅选择诱降迫降、幽禁断食、流放牧羊、李陵苦劝等典型性事件，作了细致刻画，因而使苏武的形象生动传神，其艺术感染力千百年来不曾泯灭。《汉书》又多载有用之文。如西汉一代公卿名臣的重要论议，思想家的出色政论，文学家的辞赋华章，皆尽收书中。宋代文学家黄庭坚和他的朋友们经常以聚集在一起诵习的方式来研读《汉书》，从中吸取思想营养，并有"不读《汉书》则俗"的感叹。《汉书》的典雅文字如何受到历代文人学者的宝爱，由此可见一斑。

四

《汉书》撰成后，自魏晋至唐初六百年间，有众多学者"共行钻仰"，作注释者多达二十五家，形成了专门之学。唐初颜师古在此基础上，撰成《汉书注》，内容详审，成为注释《汉书》的集大成之作。至晚清，王先谦又撰有《汉书补注》，系主要采集清代考证学家研究《汉书》的成果，也甚便读者参考。《汉书》作为一部中国古代史学名著，早已传播到海外。10 世纪初，日本皇宫中的讲书仪式就有《汉书》的内容，日本古代正史《日本书纪》（成书于 720 年）和朝鲜高丽王朝官修《三国史记》（始修于 1145 年）都仿照了《汉书》编纂的体裁、体例。欧美学者对《汉书》的译介始于 19 世纪后半叶。至 20 世纪，英国、美国、法国、加拿大等国有更多的学者相继完成了选译和研究《汉书》的著作，为《汉书》向西方传播做出贡献。今天，《大中华文库》出版《汉书选》，精选出《汉书》中的名篇，由知名学者译成忠实、优美的文字，正是符合当前加强各国间文化交流需要的极有意义的工作，定将受到各国读者的欢迎，成为进一步了解和研究《汉书》的必读之书。

跋　语

读书治学之路崎岖曲折

却又充满欣喜格外充实

大学里种下梦想

研究生阶段幸遇名师指导

从此走进学术殿堂

深深庆幸自己赶上这伟大时代

沐浴着学术发展的大好春光

刻苦自励辛勤耕耘

三十几个寒暑

三百万字篇章

抒写我对祖国优良文化传统的挚爱

对新世纪学术灿烂前景的渴望

　　上面这段话，表达了我编完《史学萃编》全书后的真切感受。直至此刻，我的心中仍然洋溢着殷切的感激之情，因为这九种著作的相继撰成和全书汇集出版，论其根源都应得力于时代之赐！这也正如我在最近完成的《历史学新视野——展现民族文化非凡创造力》一书后记中所言："置身于这个伟大的时代，我才有真情、有毅力为深入发掘和理性对待祖国优秀传统文化而接连写出这些论著，并且充满乐观和深情地展望我们民族的未来。"

北京师范大学历史学院对本书的汇集出版给予了宝贵的大力支持。华夏出版社对全书出版予以热心帮助，责任编辑杜晓宇、董秀娟、王敏三位同志为编校工作付出很大心力。为这九本书稿做查核引文、校正错字、规范注释的工作甚为复杂繁重，幸赖各位教授、博士热心为我帮忙，细致工作，付出很大心力，他们是：晁天义、张峰、刘永祥、屈宁、焦杰、李玉君、张雷、施建雄、宋学勤、谢辉元。谨在此向以上单位和朋友郑重表示衷心的谢忱！夫人郭芳多年以来除尽力服务于其本职工作和照顾家庭之外，又为帮助我电脑录入、校对文稿等项付出辛勤的劳动，也在此向她深切致谢！

书中不当之处，诚恳地期望专家、读者惠予指正！

陈其泰

2017 年 8 月 12 日